デザコン2024

阿南

official book

Design Competition for KOSEN Students

目次

デザコン2024 阿南
official book

- 004 大会趣旨
  「新たな『つながり』を通したデザインの創造」
  （文：箕島 弘二　第21回全国高等専門学校デザインコンペティション
  実行委員会委員長、阿南工業高等専門学校校長）

008 空間デザイン部門

課題テーマ　タテ×ヨコ

- 010 受賞作品＋本選審査経過
  最優秀賞（日本建築家協会会長賞）
  豊田高専『瀬戸際を生き抜く登り窯』[071]
  優秀賞
  呉高専『両城解体』[034]
  豊田高専『水と住まう』[080]
  審査員特別賞
  仙台高専（名取）『うみ・ひと・まち・消防団
  ──未来へつなぐ防災意識』[057]
  鹿児島高専『港の日常──桜島と生きる』[094]
  建築資料研究社／日建学院賞
  米子高専『鳥取移住訓練──鳥取に来てみんさい』[070]
  三菱地所コミュニティ賞
  熊本高専（八代）『私の集落は柑橘色』[110]
  ベクターワークスジャパン賞
  明石高専『そらに刻む人形浄瑠璃──津波を待つ空き家』[099]
- 028 本選3作品＋本選審査経過

本選
- 031 本選審査総評
  「少しでも良い未来をつくるための取組みを──タテ×ヨコ」
  （文：羽藤 英二、三澤 文子、堀井 秀知）
- 032 本選審査結果：最終審査（公開審査）
- 036 開催概要

予選
- 038 予選審査総評
  「『風景』と『当事者性』」
  （文：羽藤 英二）
  予選開催概要
- 039 予選審査経過
- 041 予選通過11作品講評
  本選に向けたブラッシュアップの要望
  （文：羽藤 英二、三澤 文子、堀井 秀知）
- 043 予選101作品
- 053 審査員

054 構造デザイン部門

課題テーマ　つなげる架け橋

- 056 受賞作品
  最優秀賞（国土交通大臣賞）
  米子高専『要』[036]
  優秀賞（日本建設業連合会会長賞）
  米子高専『渡鳥橋』[030]
  優秀賞
  徳山高専『魁兜』[044]
  審査員特別賞
  徳山高専『翠月』[046]
  新モンゴル高専『竜』[027]
  日刊建設工業新聞社賞
  八戸高専『橋、好きになりました♡』[002]
  東京水道賞
  秋田高専『市松網代橋』[038]

本選
- 062 本選審査総評
  「接合部の工夫と試作の積み重ねがカギ」
  （文：中澤 祥二）
- 064 総合順位
- 065 本選審査経過
- 075 開催概要
- 076 本選45作品
- 088 応募要項と競技内容（要約）
- 091 審査員

092 創造デザイン部門

課題テーマ　未来につなげる脱炭素な社会

- 094 受賞作品
  最優秀賞（文部科学大臣賞）
  サレジオ高専『推し色でつながる推し活コミュニティツール
  OXIKARA』[002]
  優秀賞
  和歌山高専『ソダテル──脱炭素なまち「つくる・食べる・受け継ぐ」』[007]
  石川高専『小学生と公立小学校全寮化から広がる脱炭素』[009]
  審査員特別賞
  明石高専『マッスルチャージ』[004]
  仙台高専（名取）『緑を紡ぐ第一歩
  ──2050年のすべての生き物のために』[012]
  本選4作品

本選
- 101 本選審査総評
  「想像力と創造力を活かし、楽しく街を育てる」
  （文：吉村 有司）
- 102 本選審査経過
- 108 開催概要

予選
- 109 予選審査総評
  「創造的で実現可能な数々のアイディア」
  （文：吉村 有司）
  募集に際しての審査員長からのメッセージ
  「『未来につなげる　脱炭素な社会』に寄せて」
  （文：吉村 有司）
- 110 予選審査経過
- 111 予選開催概要
- 112 予選通過9作品講評
  本選に向けたブラッシュアップの要望
  （文：吉村 有司、中平 徹也、正本 英紀、岡田 未奈）
- 114 予選10作品
- 116 審査員／ワークショップ・ファシリテータ

第21回全国高等専門学校デザインコンペティション 阿南大会
デザコン2024 in 阿南
大会メインテーマ──繋

118 AMデザイン部門
[Additive Manufacturing]

課題テーマ　人と人が豊かにつながるものづくり

120　受賞作品
　　最優秀賞(経済産業大臣賞)
　　弓削商船高専『ヒールラクテクター』[023]
　　最優秀賞
　　仙台高専(名取)『はしもっとくん──食事を楽しく簡単に!!』[013]
　　仙台高専(名取)『ゼロステップで書けるペン　N-grip』[027]
　　審査員特別賞
　　大阪公立大学高専『ぐんぐんトー樹ング!!』[014]
　　神戸市立高専『shake hands』[017]
125　本選3作品

本選

126　本選審査総評
　　「数々の新たな挑戦」
　　（文：山口 堅三）
　　「さまざまな視点からの『繋ぐ』」
　　（文：永瀬 薫）
　　「作品を『提案』し、課題を『解決』していく力」
　　（文：米原 牧子）
128　本選審査経過
135　開催概要

予選

136　予選審査総評
　　「アイディアを向上させる」
　　（文：山口 堅三）
　　予選開催概要
137　予選審査経過
138　予選通過8作品講評
　　本選に向けたブラッシュアップの要望
　　（文：山口 堅三、永瀬 薫、米原 牧子）
140　予選24作品
143　審査員

144 プレデザコン部門

課題テーマ　過去⇒現在⇒未来×「繋」

146　受賞作品
　　空間デザイン・フィールド
　　最優秀賞(科学技術振興機構〈JST〉理事長賞)
　　小山高専『蔵の街　とちぎ』[空間004]
　　優秀賞(全国高等専門学校連合会会長賞)
　　秋田高専『コロッセオを繋ぐ』[空間011]
　　特別賞(全国高等専門学校デザインコンペティション実行委員会委員長賞)
　　呉高専『沈みゆく船』[空間009]
147　創造デザイン・フィールド
　　最優秀賞(科学技術振興機構〈JST〉理事長賞)
　　阿南高専『夢旅』[創造012]
　　優秀賞(全国高等専門学校連合会会長賞)
　　サレジオ高専『豊満』[創造001]
　　特別賞(全国高等専門学校デザインコンペティション実行委員会委員長賞)
　　仙台高専(名取)『All starts in Fukui』[創造011]
148　AMデザイン・フィールド
　　最優秀賞(科学技術振興機構〈JST〉理事長賞)
　　鶴岡高専『SeeU FROMUK』[AM008]
　　優秀賞(全国高等専門学校連合会会長賞)
　　神戸市立高専『moAI』[AM010]
　　特別賞(全国高等専門学校デザインコンペティション実行委員会委員長賞)
　　鶴岡高専『移動手段の歴史』[AM003]

本選

149　本選審査経過／総評
151　本選44作品
　　空間デザイン・フィールド20作品
　　創造デザイン・フィールド13作品
　　AMデザイン・フィールド11作品
155　開催概要

付篇

157　会場と大会スケジュール
158　開会式／閉会式・表彰式
161　応募状況
162　デザコンとは？／大会後記
164　過去の受賞作品(2004-2023)

註(本書共通)
＊本書に記載している「高専」は、高等専門学校および工業高等専門学校の略称。
＊高専名は、「高専名(キャンパス名)」で表示。
＊応募作品名は、原則としてエントリーシートの記載の通り。一部、提出したプレゼンテーションポスターなどに合わせて修正。作品名が予選と本選のプレゼンテーションポスターで異なる場合は、本選のプレゼンテーションポスターに合わせて修正。
＊作品番号は、原則として応募登録時の番号。
＊作品紹介欄の参加学生の氏名は、応募登録時の記載をもとに、同じ学科や専攻科、学年ごとにまとめて、高学年から順に記載。氏名の前にある◎印は学生代表。
＊外国人名は、カタカナ表記の場合は原則として(姓)・(名)で表示。姓を持たない場合は名前のみ表示。アルファベット表記の場合は、本人の申告通りに記載。
＊所属、学年の記載は、大会開催時(2024年11月)のもの。
＊「目次」の[000]、プレデザコン部門の[フィールド名000]は作品番号。「空間」は「空間デザイン・フィールド」、「創造」は「創造デザイン・フィールド」、「AM」は「AMデザイン・フィールド」を示す。

大会趣旨

箕島 弘二（第21回全国高等専門学校デザインコンペティション実行委員会委員長、阿南工業高等専門学校校長）

新たな「つながり」を通したデザインの創造

●美しい景観・歴史と産業が調和する阿南

全国の高専の学生が5部門に分かれてデザインの腕を競う、デザコン2024を開催した阿南高専が位置する徳島県南部には、四国最東端の蒲生田岬（かもだ岬温泉）、雄大な太平洋を望むドライブコースの南阿波サンライン、日本の滝100選の1つである轟の滝（轟九十九滝）など、琴線に触れる風光明媚な場所が数多くある。

また、阿波水軍の歴史と四国遍路のお接待文化が残る一方で、阿南市は豊かな水源（那賀川）や天然の良港（橘湾）に恵まれ、LED産業、製紙工業などの盛んな産業都市として発展してきた。中でも、LED生産量は世界的にもトップクラスであり、「光のまち阿南」としても知られている。

●四国で3回めの開催

デザコンは、1977年に明石高専と米子高専の建築学科の研究交流シンポジウムを起源としている。全国高等専門学校連合会が主催となる現在の開催形式に整えられたのは2004年であり、第1回デザコンが石川県で開催された。現在の5部門（空間デザイン、構造デザイン、創造デザイン、AMデザイン、プレデザコン）体制の運営になったのは2016年である（本書162〜163ページ参照）。

5部門の内、空間デザイン部門、構造デザイン部門、創造デザイン部門の3部門には、主として土木工学系や建築系の分野を学ぶ学生が参加し、AMデザイン部門には主に機械系の学生が参加している。プレデザコン部門は高専の本科3年生以下を対象とした、はじめてデザコンに参加する学生にとって応募しやすい部門という位置付けである。

デザコンは、毎年11月〜12月に開催され、今回の阿南大会で21回め、四国での開催は2008年の高松大会、2016年の高知大会に続き3回めとなる。

●課題に全力で挑戦する学生

毎年4月に各部門の募集要綱が発表されると、デザコンへ参加をめざす学生は夏休み返上で課題に取り組み、仲間や指導教員と議論しながら作品を仕上げる。予選を経て本選に参加する部門（空間デザイン部門、創造デザイン部門、AMデザイン部門）では、予選を通過した学生が、本選の会場で自らの提案について、社会の第一線で活躍する審査員と議論を交わす。応募はしたものの、残念ながら予選で敗退した学生は、翌年のデザコンに雪辱を期すべく、研鑽を積むことになる。

予選のない構造デザイン部門では全応募作品が本選に出られるが、当日に思うような結果を出せず、学生が涙を見せる場面もあり、デザコンにかける情熱を垣間見ることができる。

●「繫」にこめた思い──デザインでより良い未来を

デザコン2024の大会メインテーマは「繫（けい）」である。漢字「繫」の主な意味[*1]は、「つなぐ」「つながる」「かける」「かかる」「つながり、系統」である。今大会では、「繫」の持つ意味「つなぐ」から「2つ以上のものを結び付ける」、「つながる」から「意思をもって人々が交流する」、「つながり」から「関係が長く続く」──こういったことを実現する大会にしたいとの願いを込めた。

競技、作品、プレゼンテーションを通して、参加した多くの高専の学生が「つながり」、また、技術、アイディア、表現を「つなぎ」、さらに現在から未来に続く「つながり」を将来にわたって活用して、より良い未来が創造されることを期待している。

最後に、デザコン2024の開催にあたって、多くの協賛企業をはじめ、内閣府、文部科学省、国土交通省、経済産業省、科学技術振興機構、日本建築家協会、日本建設業連合会、阿南市、関係団体からの支援と協力に心より感謝申しあげる。

註
*1　諸橋轍次著、鎌田正・米山寅太郎修訂、大漢和辞典　修訂第2版、巻8、1989年、大修館書店、p.1191.

Design Competition 2024 in ANAN

デザコン2024 阿南　007

空間デザイン部門

タテ×ヨコ

災害に襲われるたびに人々は支え合い、街や制度を直し、次の災害に備えながら命を受け継いできた。「災間」を生き抜いた人々の生き方が友人、家族、地域を変えていく。
そこで、災害を見据えて、建築学、土木工学、都市計画学、農村計画学などによる既存の設計手法にとらわれずに、他の工学、芸術、文学、教育、文化財、医療、商業など、多様な分野の視点からとらえた地域資源と「繋」がりながら、自分の生き方を支える新しい空間デザインの可能性を提案してほしい。

▼部門紹介

建築、土木構築物、都市計画、地域計画や地区計画、各種スペースなどの設計案の優劣を競う。

予選▼

2024.7.29-8.19
予選応募
2024.9.1
予選審査
（リモート〈遠隔〉方式）

112※1作品

本選▼

2024.11.2
プレゼンテーション1「つなぐ」ワークショップ
プレゼンテーション2「つたえる」プレゼンテーション
「つながる」エクスカーション（学生交流会）
2024.11.3
プレゼンテーション3「たかめあう」クリティーク
最終審査（公開審査）
審査員総評

11作品

受賞▼

■最優秀賞（日本建築家協会会長賞）：
豊田高専『瀬戸際を生き抜く登り窯』［071］
■優秀賞：
呉高専『両城解体』［034］
豊田高専『水と住まう』［080］
■審査員特別賞：
仙台高専（名取）『うみ・ひと・まち・消防団
——未来へつなぐ防災意識』［057］
鹿児島高専『港の日常——桜島と生きる』［094］
■建築資料研究社／日建学院賞：
米子高専『鳥取移住訓練
——鳥取に来てみんさい』［070］
■三菱地所コミュニティ賞：
熊本高専（八代）
『私の集落は柑橘（みかん）色』［110］
■ベクターワークスジャパン賞：
明石高専『そらに刻む人形浄瑠璃
——津波を待つ空き家』［099］

8作品

※1　112作品：規定に違反した1作品［105］が失格、審査対象外に。審査対象は111作品。

デザコン2024 阿南　　009

受賞作品、本選作品と各作品の審査過程

今年の空間デザイン部門は、下記の ❷～❹ の過程で審査された。

作品展示 ❶

↓

つなぐ ❷

↓

つたえる ❸

↓

たかめあう ❹

凡例（本書10～30ページ）

❶ **作品展示**
作品ごとに、今回の展示ブースとして阿南高専が制作したタテ×ヨコ・ブース*1（以下、ブース）に展示。展示表現も審査対象となる。

❷ **プレゼンテーション1「つなぐ」ワークショップ**
抽選により各作品に割り当てられたインターミディエータ*2 が参加学生と一緒に、各作品のタテ×ヨコ・ブース前のテーブルにつく。学生がインターミディエータに向けて、プレゼンテーションポスター、模型、スライドショー・データ、動画、AR*3、身体などを使った自由な表現によるプレゼンテーション（作品説明）をした後、質疑応答、というワークショップ（120分間）。審査員3人は自由に移動して各作品のワークショップに参加。質疑応答の内容を参考に、参加学生は作品をブラッシュアップ（改善）する。最後（11:20～11:45）に、各作品が順に*4、審査員へ向けてワークショップの成果について説明する（各作品1分間、質疑応答なし）。この過程の内容は審査対象外。

❸ **プレゼンテーション2「つたえる」プレゼンテーション**
審査員3人が一緒に、規定の順序*5で各作品のタテ×ヨコ・ブースを巡回。それぞれのブースで、参加学生が上記❷の成果を踏まえて、審査員に対してプレゼンテーションポスター、模型、スライドショー・データ、動画、AR、身体などを使った自由な表現によるプレゼンテーション（作品説明8分間）をした後、質疑応答（12分間）。

❹ **プレゼンテーション3「たかめあう」クリティーク**
審査員と事務局の意向によって本選11作品を1組、2組、3組という3つの組に分け、各組に審査員1人が加わり、上記❸で判明した各作品の課題や当事者性、今回、創作した空間デザインについて組内で互いに批評し合う「批評合戦」を実施。進行は各組に委ねる。審査員は1回（20分間）ごとにそれぞれ別の組に移動し、これを3回繰り返す。

55"M：各作品の展示ブースに付属のモニタ。作品展示設営の写真内の位置を示す。

用語説明（本書10～30ページ）
*1 タテ×ヨコ・ブース：本選各作品の展示ブース。詳細は、本書36ページ「開催概要」、37ページ参照。
*2 インターミディエータ：技術者、行政関係者、市民、中学生などの多様な人々から成る。各作品に数人ずつ割り振られ、参加学生と同じテーブルにつき、作品の改善について一緒に考える仲間。当初は小中学生が20人ほど参加する予定だったが、当日の悪天候により参加者が激減して残念だった。
*3 AR：（Augmented Reality）拡張現実。
*4 順に：挙手により最初に説明する作品を決め、その後は説明を終えた作品が次の作品を指名する方式で審査順を決めた。
[034][110][094][051][053][070][071][080][099][033]の順。
*5 規定の順序：❷の最終過程で、最後に説明した作品を最初に審査、以降は、審査を終えた作品が次の作品を指名する方式で審査順を決めた。
[033][034][051][080][110][094][071][053][057][099][070]の順。

註（本書9～30ページ）
*[000]、000：作品番号。 ＊氏名の前にある◎印は学生代表。
＊「審査講評」の（羽藤＋三澤＋堀井）＝羽藤 英二（審査員長）＋三澤 文子＋堀井 秀知。
＊「審査経過」：文＝多田 豊（阿南高専）。
＊「審査経過」中の発言は、（羽藤）＝羽藤 英二（審査員長）、（三澤）＝三澤 文子、（堀井）＝堀井 秀知。
＊＊1：本選不参加。   ＊＊2：本選初日は不参加。

最優秀賞（日本建築家協会会長賞）

071 豊田高専

◎笠原 颯真、井澤 琴萩、廣田 菜都美、宮本 ちかの［建築学科4年］
指導教員：縄田 諒［建築学科］

瀬戸際を生き抜く登り窯

審査講評

模型、パース（透視図）、プレゼンテーション（作品の説明と表現）のいずれも完成度は高いが、完成度が高い分、提案内容が他作品と比べた時に守りに入っている印象があった。当事者性の観点をより強めることができれば、もう一皮むける（飛躍的に向上する）可能性がある。

（羽藤＋三澤＋堀井）

審査経過

① ▶重層的な展示を実現。
▶タテ×ヨコ・ブースの展示台に全体模型と断面模型、補助台に②で使うアイディア・マップや、③で使用する炭の浄化性能を示す動的な展示物を設置。背面の展示用パネルにプレゼンテーションポスター2枚と作品名を掲示し、その右手にモニタ（右上の写真参照）。
▶「見る人のことをよく考えた展示で、提案内容を伝えたいという気持ちが伝わってくる力作」（三澤）。

② ▶インターミディエータ：小学生1人、国土交通省の職員1人。
▶「一緒にアイディア・マップを作成する中で、アスレチック遊具のある公園など、地域住民の交流できる場が一緒にあると、この施設を訪れたくなる、という結論に至った。そうした提案を取り込みたい」（学生）。

③ ▶「地域外の人との交流と、移住者の増加とのどちらに重点を置いているのか」（堀井）→「当初は移住に重点を置いていたが、②を経て、外部から来た人たちが、この地域の魅力を他の地域に持ち帰って広げる、という面も検討すべきだと考えるようになった」（学生）。
▶「登り窯を維持するための燃料（木材）を生む林業をどのように守るのか」（堀井）→「林業は衰退しているが、放置林などの木材活用を図りたい」（学生）。
▶「どのような避難者を受け入れる想定か」（羽藤）→「土砂崩れの可能性がある区域では、災害発生時に9軒の家屋が被害を受ける予想。そこの住民が主な対象。また、ガスを利用できないなど、火力を使えない場合は、登り窯を調理などに活用する」（学生）。
▶「能登半島などでは遠距離避難が求められている。南海トラフ地震の発生時、この地域も遠距離避難の対象ではないか」（羽藤）→「この地区は、連絡道路が寸断して孤立するおそれもあるため、今回の提案は周辺地域からの避難が対象」（学生）。
▶「医者やボランティアなど、被災者をケア（世話）する人との関わりが必要ではないか」（羽藤）→「地域住民のボランティア用スペースを設定している」（学生）。

④ 活発な批評合戦を期待して、審査員がレベルの高さを評価していた［071］［080］［094］の集まった第1組。審査員の期待どおりにハイレベルな批評合戦が展開。1作品につき約5分間という限られた時間の中で、批評合戦を何十回と繰り返していった。

01 地域課題・設計趣旨

02 登り窯を活用したシステム

••• 優秀賞

(034) 呉高専

宮本 知輝(5年)、◎岩部 想**2、齋藤 和、土屋 日陽香(3年)[建築学科]
指導教員：安 箱敏[建築学科]　　　　　　**2：本選初日は不参加。

両城解体

審査講評

通常の建築デザインへのアンチテーゼ(反対意見)として建物の解体を積極的にとらえ、建物を失うことによってこの地域の風景を取り戻すというアプローチ(取組み方)が評価された。また、パース(透視図)は魅力的で高く評価された。それに比べて模型は、現状の敷地模型しかなく、解体後の姿を模型で立体的に表現できていない点が残念であった。

(羽藤+三澤+堀井)

審査経過

① ▶タテ×ヨコ・ブースを嵩(かさ)上げした場所に現況の全体模型、補助台に将来像の部分模型を展示。背面にプレゼンテーションポスター2枚を掲示した展示用パネルとモニタ(左手)を設置(右上の写真参照)。
▶部分模型は解体の過程を段階的に表現していた。
▶「現況の全体模型しかない。将来的な景観はモニタで表示するのみで、模型で示していないのが残念」(三澤)。
▶「全体模型で空き家に着色するなど、直感的に空き家率などを理解できる表現の工夫がほしかった」(三澤)。

② ▶インターミディエータ：阿南市建設部の職員1人。
▶行政の立場から、個人財産である空き家を街区単位ですべて解体することは難しいとの指摘あり。しかし、法的枠組みについての検討は不十分だったため、解体による効果を積極的に訴える方向性となる。加えて、解体資材などを活用して、かつてここに街があったという痕跡を積極的に残すことで、災害の危険性を鑑みて街を解体したという記憶を残し、その意味を強調することとなる。

③ ▶スライドショー(PowerPoint)と模型による説明。途中で地元住民へのヒアリング(聞き取り調査)の様子を動画で示す。模型を動かしながら解体のプロセスを説明。
▶沿線道路から直接は入れない敷地(地区内部)に立つ建物をすべて解体し、若い人は沿線道路沿いや低地で暮らすという提案に対して、「現在、地区内部で暮らす住民の災害時の避難や日常的な移動に関する課題について、どんな解決策を想定しているか」(羽藤+堀井)→「課題は未解決」(学生)。
▶「『つくること』ではなく『解体すること』を前向きにとらえた姿勢に感銘を受けた」(三澤)。
▶「太平洋戦争より前の、自然素材からできていた住宅は、解体後の廃材を再利用できるが、戦後の有害物質を含む建材を用いた住宅の廃材について、どう考えたか」(三澤)→「検討できていない」(学生)。

④ ▶審査員が建築的な提案力の高さを評価していた[033][034][099][110]の集まった第2組。各作品が自作を1分間でプレゼンテーションしてから、批評合戦を開始した。質問をしない学生に対して、審査員が質問を促す場面も見られた。

①

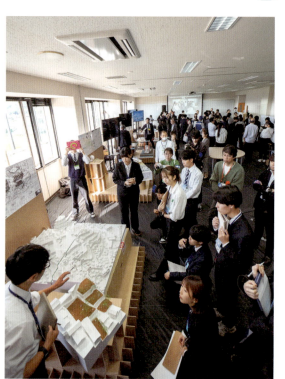
④

②

③

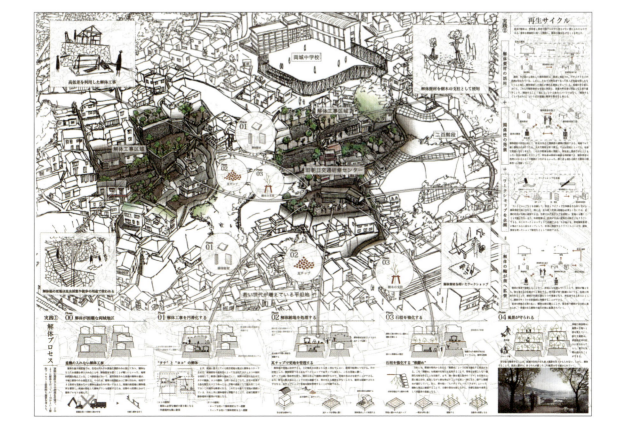

・・・ 優秀賞

080 豊田高専

◎佐野 琳香、石田 琉愛、島 瑞穂 [建築学科4年]
指導教員：縄田 諒 [建築学科]

水と住まう

審査講評

これまで建築学分野からのアプローチ（検討や提案）が不十分だった流域治水の分野に、建築学の視点で正面から取り組んだ作品。霞堤*6のメカニズムなどについて、ていねいに検討し、土木工学分野の扱う長い時間スケール（工程）の課題に取り組んだ点を評価した。

（羽藤+三澤+堀井）

審査経過

① ▶重層的な展示を実現。
▶タテ×ヨコ・ブースの展示台の2／3に全体模型、残り1／3の床を嵩（かさ）上げして断面模型を設置。展示台の前面部にパース（透視図）、補助台の前面部に作品名を配置した。背面にプレゼンテーションポスター2枚を掲示した展示用パネル、その右上にモニタを設置（右上の写真参照）。

↓

② ▶インターミディエータ：日本建築家協会四国支部徳島地域会の建築士1人。
▶貯水槽を1層から2層に増加して貯水量を増やすこと、建物の工事の際、一緒に森林を整備して間伐材を利用し、洪水の起きにくい川づくりにつなげること、などを話し合った。当初は、この地域の農家を守ることを主眼に置いていたが、この過程を通じて、この地域の林業を守るという視点も得た。

↓

③ ▶「模型は60年後の街で、これから段々と整備されて模型の姿になる、ということだと理解した」（三澤）。
▶「土木工学分野の計画のように長いスパン（期間）で霞堤の改善や水平避難を考えて、立体的な計画にしている。グリーン・インフラ*7の先進的な事例だと思う」（羽藤）。
▶「想定外の水量になった場合は避難が必要だ。建築の高さに関する提案は議論に上がったか」（羽藤）→「検討したが、水があふれたとしてもその被害は最小限になり、道路には水が来ないと考えた」（学生）。
▶「現在、遊水地に住んでいる人には出て行ってもらうのか」（羽藤）→「現在、ここに住んでいる人たちは、ここに住み続けることを前提としている」（学生）。
▶「誰が施設の管理や貯水槽の整備をするのか」（堀井）→「最終的な責任は行政だが、普段の維持管理は住民が担う。整備費用には洪水対策のダム建設費用を充てる。対象地域では行政がすべての費用を担うことは難しいと考え、住民が参加する仕組みとした」（学生）。
▶「住民の意識を維持するために、ソフト面での仕組みが必要ではないか」（堀井）→「地下部分を農園とするなど、住民が日常利用の場としても、ここに関わる仕組みにしている」（学生）。

↓

④ 活発な批評合戦を期待して、審査員がレベルの高さを評価していた[071][080][094]の集まった第1組。審査員の期待どおりにハイレベルな批評合戦が展開。1作品につき約5分間という限られた時間の中で、批評合戦を何十回と繰り返していった。

註
*6 霞堤（かすみてい）：堤防のある区間に開口部を設け、上流側の堤防と下流側の堤防が二重になるように構成した不連続な堤防。
*7 グリーン・インフラ：自然環境に備わる機能を、社会に存在するさまざまな課題の解決に活用しようとする考え方。

①

④

③

②

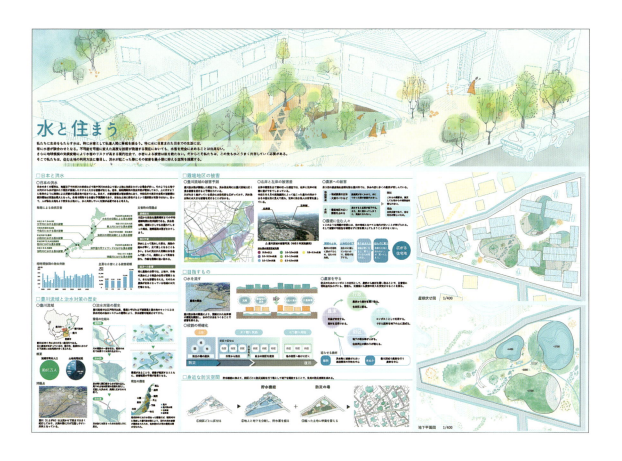
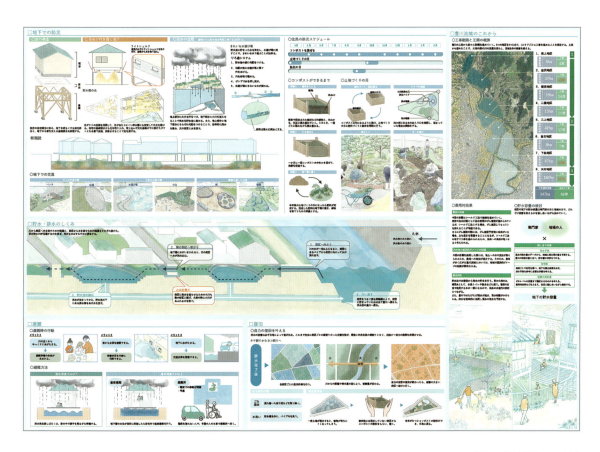

審査員特別賞

057 仙台高専（名取）

◎中村 向日葵(5年)、吉岡 冬雪(4年)、岩本 瑛(2年)
[総合工学科Ⅲ類建築デザインコース]
指導教員：坂口 大洋[総合工学科Ⅲ類建築デザインコース]

うみ・ひと・まち・消防団
—— 未来へつなぐ防災意識

審査講評
羽藤審査員長が最も推した作品。地域住民と消防団との関係性が段々と親密になっていく提案内容が高く評価された。　　（羽藤＋三澤＋堀井）

審査経過

① ▶タテ×ヨコ・ブースの展示台全体に沿岸部の地図と道路網、津波浸水範囲を表現。消防団詰所ごとに浸水の深さを高さ方向で表現した。背面にプレゼンテーションポスター2枚を掲示した展示用パネル、その右手にモニタを設置（右上の写真参照）。

② ▶インターミディエータ：徳島県建築士会所属の建築士1人。
▶仮設ブースの使い方や空地の利用方法などの提案を受けた。

③ ▶冒頭で震災の記憶を呼び覚ます表現が含まれている旨の注意があり、続いて大津波警報のサイレンが鳴る。サイレンがすべての人に届いていたのか、との問いかけから始まる。
▶「街の住民は消防団分団の位置や津波浸水域を理解しているのか？」(三澤)→「自分の住む地区について多少は知っているかどうか、というところだ」(学生)。
▶「災害が起こった時、消防団員は海岸の様子を見に行かざるを得ない場合もある。そういう問題(消防団員の負担)の解決についてどう考えている？」(羽藤)→「街全体で防災意識を高めることが、消防団の負担軽減に効果的ではないか」(学生)→「批判するとすれば、やぐらに頼るという拠点主義のところ。消防団員は拠点で監視するだけではなく、それぞれの住民が避難したかどうかを心配して、各地区へと見守りに行ってしまう。本当に消防団のことを思うのであれば、そこまで考えてほしかった」(羽藤)。
▶「消防団の組織をていねいに検討したのは1つの成果。消防団の活動は拠点で行なうべきか、それとも地域内に広がっていくべきか？」(羽藤)→「消防団の活動に地域住民や民間企業が参加したり、観光客をはじめとする多くの人々に消防団の活動を見せることで、消防団の役割を示していきたい」(学生)。

④ 建築的な提案力は劣るものの、まちづくりなどに強みのある[051][053][057][070]の集まった第3組。1つのブースを囲み、iPadなどを用いて作品の説明をしながら批評合戦を展開した。

❶

❸

❷

❹

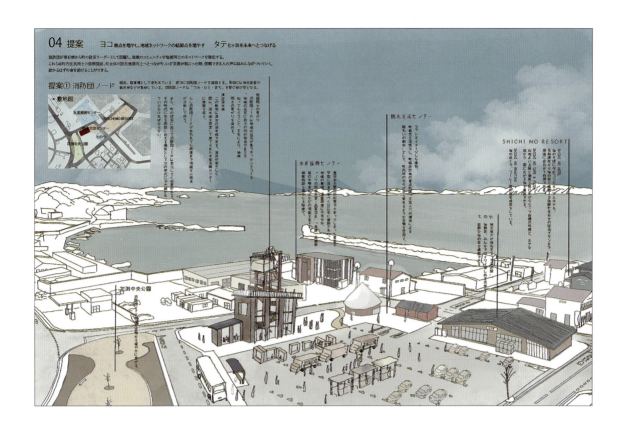
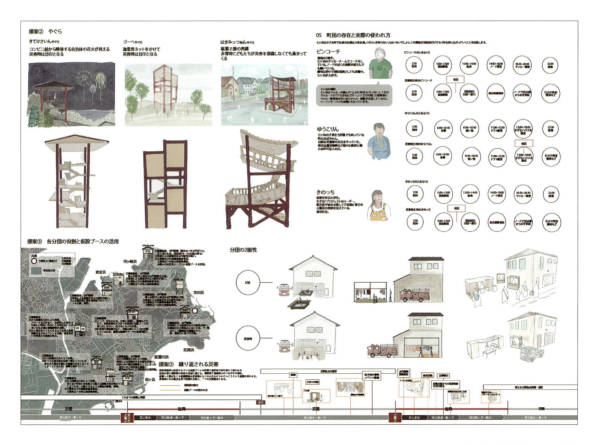

審査員特別賞

(094) 鹿児島高専

◎比良 香蓮、村山 伶菜[都市環境デザイン工学科5年]
指導教員：高安 重一[都市環境デザイン工学科]

港の日常──桜島と生きる

審査講評

ランド・アート*8のつくり方として、現在のSNS(Social Networking Service)などに「ささる」(効果の高い)提案内容になっている点や、現実性の高い点などが特に評価された。ただし、提案内容の分量が多い割に、展示空間では一部の提案内容にスペースの大部分を使っており、そのバランスの悪さから作品の魅力を十分に伝え切れなかった。

（羽藤+三澤+堀井）

審査経過

▶タテ×ヨコ・ブースの上に港にある退避舎の番号を示す大きな文字のオブジェクトを複数展示し、背面の展示台に文字のオブジェクトが退避舎の近くに配置されたイラストを掲示。こうした文字のオブジェクトに対して、全体模型(補助台)とプレゼンテーションポスター2枚を小さくまとめて展示し、右手奥にモニタを配置(右上の写真参照)。
▶予選通過後に現地調査を実施し、その結果をもとに提案内容を追加した。

▶インターミディエータ：徳島県技術士会所属の建設コンサルタント1人。
▶次の❸では、数字のオブジェについて、夜間にライトアップすることや火山灰を再利用してつくることなどをわかりやすく説明したい。
▶提案内容に、地域の人々と協力して退避舎に命名することなどを追加したい。

▶「テーマを退避舎1つに絞って、歴史や風景などを提案してもよかった」(三澤)。
▶「多くの観光客がいる時に火山が噴火しても、全員を受け入れられるのか？」(堀井)→「退避舎は火山噴火の予兆時に使用する施設で、多くの観光客を受け入れるにはスペースが不十分」(学生)。
▶「火山の噴火は、災害の中でも巻き込まれた時に助かる可能性が一番低い。あまり知られていない退避舎を誰もが知る存在にすることはとても重要だ」(堀井)。
▶「数字のオブジェを維持管理していく仕組みは？」(堀井)→「ワークショップでオブジェを作ることで、地域住民の愛着と協力を得られる」(学生)。

❶

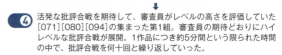
▶「本選11作品の中で最も実現性が高い。シンプルでわかりやすく、絵も魅力的。地域に根差して人々を守ってきた退避舎の存在が、この案のとても強力な武器」(羽藤)→「桜島町の住民もこの提案に賛同してくれた」(学生)。
▶「地形や一般的な住宅の形式からかけ離れた抽象度の高い作品だが、地域住民に受け入れられると思うか？」(羽藤)→「地域住民はこの案に賛同してくれた。地域に寄り添うのは大切だが、観光客は港の名前を聞いてもわからないので、防災面から港にある退避舎の番号という抽象的な数字を使って表現した」(学生)。

❹ 活発な批評合戦を期待して、審査員がレベルの高さを評価していた[071][080][094]の集まった第1組。審査員の期待どおりにハイレベルな批評合戦が展開。1作品につき約5分間という限られた時間の中で、批評合戦を何十回と繰り返していった。

註
*8 ランド・アート：土や岩、木など自然の素材を使い、屋外で大規模に展示する芸術作品。

❷

❸

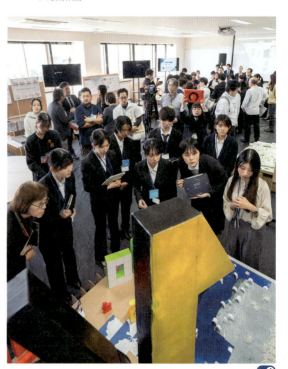
❹

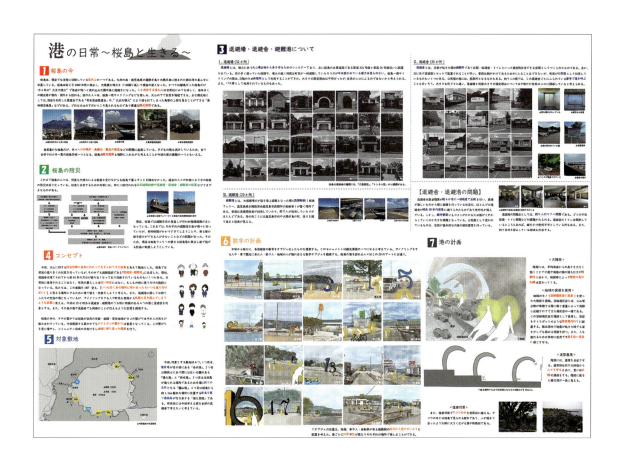
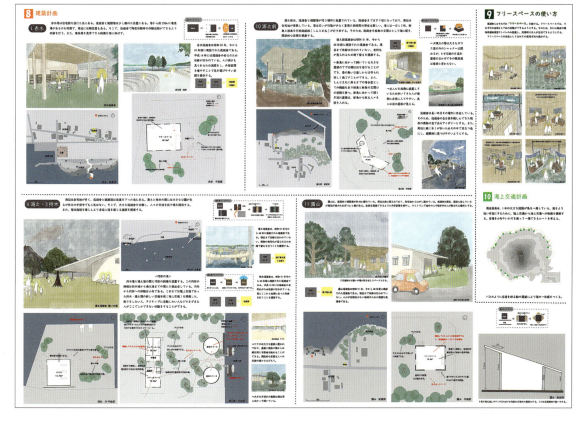

・・・建築資料研究社／日建学院賞

070 米子高専

◎松本 結郁、河﨑 舞、中島 奈々[建築学科5年]
指導教員：川中 彰平[総合工学科建築デザイン部門]

空間デザイン部門

鳥取移住訓練──鳥取に来てみんさい

審査講評

災害時における当事者性に対して、体験を重視するアプローチ（取組み方）を試みた実験的な作品。しかし、鳥取県全体というかなり広い範囲を対象としているため、現実味が薄くなってしまった。

（羽藤＋三澤＋堀井）

審査経過

① ▶初日の②を重視し、タテ×ヨコ・ブースの展示台全体を立体的な双六として表現。背面に双六のツールを置いた補助台、プレゼンテーションポスター2枚を掲示した展示用パネル、その右手にモニタを設置（右上の写真参照）。検討を経て「移住訓練」の効果を高めるには、1つ1つの建築をつくり込むことよりも、人々の「移住訓練」への関心を高めることのほうが重要だという結論になり、このような双六のアイデアになった。

② ▶インターミディエータ：災害ケースマネジメントに取り組む一般社団法人さいわいの理事1人。途中から、他作品に参加していた小学生3人も加わる。
▶当初、この作品には複数人の小中学生が参加する予定だったが、参加者が少なかったため、かなわなかった。
▶全員で双六を体験して感想を話し合い、双六のコマを追加するためのネタを集めた。

③ ▶「永住と一時避難のどちらを主に考えているのか？」（堀井）→「両方。日常時にコミュニティをつくっておいて、万一の災害時に人々が安心して過ごせる環境をつくる」（学生）。
▶「全国どこから来ても受け入れるのか、特定の地域にターゲットを絞るのか？」（羽藤）→「どこから来る人も受け入れる。ただし、訓練を通じて鳥取県に何度も来てくれる人には、施設の優先利用などの特典を付ける」（学生）。

▶「鳥取県民がこの計画に参加しないとうまくいかない。地元を巻き込む仕掛けは？」（堀井）→「地域の農家が収穫期のアルバイトを募集しているので、同じタイミングで来訪者を呼び込む」（学生）。
▶「表現方法について、学生間でどのような議論をしたのか？」（羽藤）→「予選通過時に各拠点の模型を作る案も出たが、最終的に、来訪者には訓練を楽しむことから始めてほしいという結論になり、この表現方法になった」（学生）。
▶仕事がないと移住はうまくいかない。家族連れには人口の多い鳥取市などが向いていて、田舎では移住者の受け入れが難しいのではないか？」（羽藤）→「鳥取県の人口が減っている一番の理由は、働く場所がないため。企業に着目すると、災害が起きた際、鳥取県に本社を移すという選択肢があるのは企業にとって魅力となる」（学生）。

④ 建築的な提案力は劣るものの、まちづくりなどに強みのある[051][053][057][070]の集まった第3組。1つのブースを囲み、iPadなどを用いて作品の説明をしながら批評合戦を展開した。

022

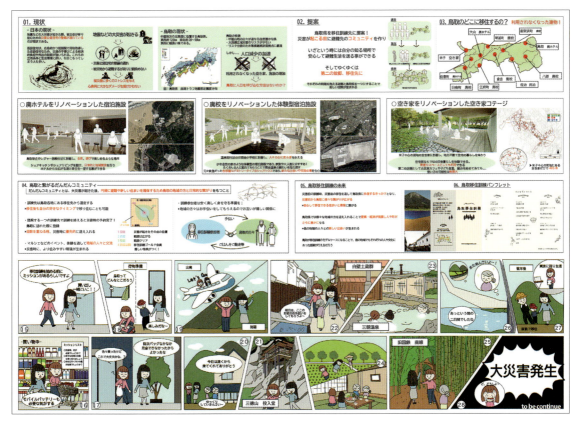

デザコン2024 阿南

三菱地所コミュニティ賞

(110) 熊本高専(八代)

◎田中 丈裕、光永 愛実、江藤 直太朗、徳本 豪海[建築社会デザイン工学科4年]
指導教員：森山 学[建築社会デザイン工学科]

私の集落は柑橘色(みかんいろ)

審査講評
衰退の進む集落が抱える大きな問題。それを解決する過程に高専の学生が参加し、課題と正面から向き合った点が評価された。しかし、模型のスケール感が不適切だった点で評価を落とした。（羽藤＋三澤＋堀井）

審査経過

① タテ×ヨコ・ブースの展示台に全体模型、展示台に置いた「蜜柑色」のミカン箱に坂道の部分模型を展示。背面の展示用パネルにプレゼンテーションポスター2枚を掲示し、その左手にモニタを設置（右上の写真参照）。
「全体模型は、土砂災害の危険箇所を立体的に斜線で示すなど、わかりやすい表現。対して、部分模型は勾配を間違えているなど、スケールアウト（現実性を伴わない規模）になっている。スケール（規模）を大きくしたため見栄えが悪い。模型は提案の命。勾配の正しい模型をていねいに作れば提案のよさも特色も伝わる」（三澤）。

② ▶インターミディエータ：防災士（徳島県内で防災士の資格を取得。母親でもある）1人。
▶寄せられた意見を付箋に記載して、プレゼンテーションポスターに貼るなど、「見える化」を工夫。
学生たちは地域住民だけを対象とし、住民の意見から静かな環境をつくることを重視。
しかし、ワークショップの中で、ここは魅力的な地域で、観光地となっていく可能性のあることが示される。ミカンの栽培や販売サービスなどを外部の人材と協力しながら実施することで、被災時の被災者支援につなげる。住民の意向を変えられるようなデザインを心掛けたい。

③ ▶「考え方はいい。だが、もっとていねいに設計してほしい」（三澤）。
▶「高齢者の生活を誰がケアするのか。単身で高齢者になった場合には、他の地域に移らざるを得ないのではないか。若い人たちはここで子育てしていけるのか」（羽藤）→「『若い人たちはこの集落に残らなくていい』と高齢者たちが言っていたので、その方向で計画していた。だが、②で、この地域の魅力を外部に発信していきたいという方向性に変わった」（学生）。

▶「『上の家』と『下の家』をつなぐモノラック（ミカン運搬用のモノレール）は象徴的で、ここで農業を体験してみたいと感じさせる」（羽藤）。
▶「地域のたたみ方の提案だと思っていた。②で外部から人を受け入れる計画に変わったようだが、地域住民は本当にそれを望んでいるのか？」（堀井）→「現在、集落に住んでいる人の『静かな環境で暮らしたい』という気持ちもわかるが、一方で『人とつながりたい』という思いもあるのではないか、と考えるようになった」（学生）。
▶「地域住民とつながる人の中にあなたたち高専の学生は入っていないのか。高専の学生や後輩たちが彼らとずっとつながっていくこともできるのではないか？」（堀井）→「自分たちがそこでイベントを開催していきたい」（学生）。

④ 審査員が建築的な提案力の高さを評価していた[033][034][099][110]の集まった第2組。各作品が自作を1分間でプレゼンテーションしてから、批評合戦を開始した。質問をしない学生に対して、審査員が質問を促す場面も見られた。

デザコン2024 阿南　025

ベクターワークスジャパン賞

099 明石高専

◎横山 澄玲、曾我 風太[**1]、宇都 椋太、的場 美咲[建築学科4年]
指導教員：東野 アドリアナ[建築学科] **1：本選不参加。

そらに刻む人形浄瑠璃
―― 津波を待つ空き家

審査講評

「失うこと」が「つながること」になるのか、哲学的な問いに答えようとした作品。審査員の批評に強く反論する学生たちの姿勢も含めて高く評価された。　　　　　　　　　　　（羽藤＋三澤＋堀井）

審査経過

① タテ×ヨコ・ブースの展示台と補助台に5地区の提案模型を設置し、背面の展示用パネルにプレゼンテーションポスター2枚を掲示、その左手にモニタ（右上の写真参照）。
模型の屋根を外していたため、審査員は屋根のない建築だと誤解した。模型に屋根を載せておき、取り外せるような工夫があるとわかりやすかった。

② ▶インターミディエータ：徳島市の津田新浜地区自主防災会連絡協議会青少年部の部員2人。
▶3つの改善点が挙がった。
①安全性：空き家のリノベーション（改修）の提案なので、安全性を伝える
②用途：人形浄瑠璃だけに使う施設ではないことを明確に伝える
③連携：観光資源とのつながりをつくる

③ ▶「今回の提案を人形座の座員に見せたか。普段は漁師の作業場で舞台にもなるというが、使い勝手は問題ないか？」（堀井）→「公演を1回見に行き、その後に座員から話を聞いたが、提案は見せていないので、使い勝手についてはわからない」（学生）。
▶「高さ8m超もの津波が来た場合の状況をどのように考えているのか？」（堀井）→「建物は倒壊するが、普段は路地にある倉庫に住民が集まっていることで、ここが一時的な避難場所になり、住民同士で安否を確認できる。災害への対策は検証していない」（学生）。
▶「高台に避難施設をつくるなどの議論はなかったのか？」（羽藤）→「地域住民はすでに高台へと移住しており、彼らがかつて住んでいた低平地に戻れる場所をつくる必要があると考えてこの提案になった」（学生）。
▶「建物や人形が流されてしまっても、人のつながりさえ残ればそれで構わない。その時は人と人をつなぐのが人形浄瑠璃でなくてもよい」（学生）。
▶「流されてもここには残るものがある、という設定もあり得たのでは？」（羽藤）
▶「観光客はどうなるのか？」（堀井）→「地域住民の集まる場所が各地区の避難拠点となっていて、この地域には避難場所として小学校がある」（学生）→「観光客は災害弱者なので、誰でもわかるような仕組みをつくるべき」（堀井）。

④ 審査員が建築的な提案力の高さを評価していた[033][034][099][110]の集まった第2組。各作品が自作を1分間でプレゼンテーションしてから、批評合戦を開始した。質問をしない学生に対して、審査員が質問を促す場面も見られた。

①

01 路地裏空間「そら」×「座」の人形浄瑠璃舞台
02 路地裏空間「そら」×「座」の楽屋
03 避難路×「座」の倉庫
04 町の水族館×「座」の稽古場
05 水産企業×「座」の人形浄瑠璃舞台

②

④

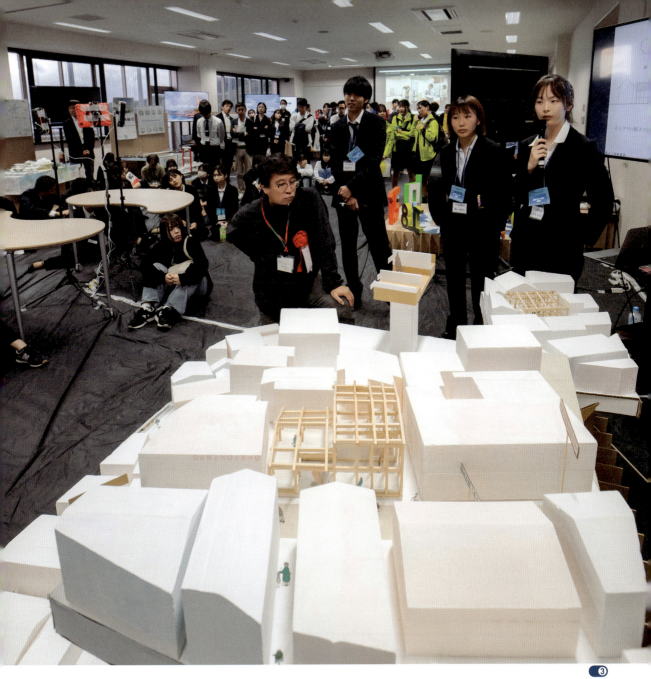

③

デザコン2024 阿南 027

- 本選3作品

033 仙台高専（名取）

◎吉田 勝斗(5年)、本田 佳奈絵(4年)、佐々木 心音(3年)、草野 伶旺(2年)
[総合工学科Ⅲ類建築デザインコース]
指導教員：坂口 太洋[総合工学科Ⅲ類建築デザインコース]

ため池と生きるまち

審査講評

三澤審査員が生涯をかけて取り組んできたテーマ「日本のすでにある美しい風景へと修景していく」の価値観に通じる作品。学生がこうした高い美意識を持っていることを評価した。　　　　（羽藤+三澤+堀井）

審査経過

① ▶タテ×ヨコ・ブースの展示台の約2／3を用いて敷地の全体模型を設置し、残り約1／3に補助台も使って、ため池や拠点施設などの部分模型を配置。展示台と離して、背面の展示用パネルにプレゼンテーションポスター2枚を掲示し、その左手にモニタを設置（右上の写真参照）。
▶全体模型は、ため池の水面に空が映え、予選時から高く評価されていた美しい風景を立体的に表現できていた。ただし、高低差や、既存のため池と新しく作った人工的なため池との違いの表現は不十分であった。
▶複数のため池間をつなぐ水路を糸で表現。その糸を会期中に段々と太くすることで、「水路に新しい役割を持たせることが、住民の水路への意識を高めることにつながる」ことを示す印象的な展示もあった。

② ▶インターミディエータ：徳島県危機管理部の職員1人。
▶「ため池は鯉の養殖以外にも地域資源として活用できる可能性がある」と指摘され、釣り舟、植栽、ビオトープを活用した観光ツアーなどによる地域内外の人々の交流を新たに検討した。

③ ▶スライドショー（PowerPoint）と模型による説明に加え、②の成果をイラストで表現。
▶「子供が落ちるなど、ため池は危険な存在と思われる場合も多い。この提案を地域住民に受け入れてもらうために工夫したことは？」（羽藤）→「地域住民への聞き取り調査により、ため池を危険な存在とは認識していないことを確認できたので、この提案にした」（学生）。
▶「この水の循環するシステムは、現実的に成立するのかが不明」（羽藤）。
▶「防災意識の低い住民に対して、日常生活の中で防災意識を高める仕掛けをつくるという提案だが、自分たちの当事者性についてはどうか？」（堀井）→「当事者としてため池と水路のつながりを見直し、この提案を地域住民に知ってもらえるよう努力したい」（学生）。

④ 審査員が建築的な提案力の高さを評価していた[033][034][099][110]の集まった第2組。各作品が自作を1分間でプレゼンテーションしてから、批評合戦を開始した。質問をしない学生に対して、審査員が質問を促す場面も見られた。

①

②
③

④

● 本選3作品

051 鹿児島高専

◎稲葉 陽大、福永 大翔[都市環境デザイン工学科5年]
指導教員：髙安 重一[都市環境デザイン工学科]

コスモプレイス──津波避難タワー×市民交流施設
×宇宙で導く新しい防災空間のカタチ

審査講評
予選の時点から審査員の評価が大きく分かれていた作品。本選では、築年数の浅い既存建築物を解体して提案する建築物を新築することの意味や、一時避難所として必要な機能を十分に検討できていないことなどが指摘され、評価を下げた。　　　　　　　　（羽藤+三澤+堀井）

審査経過

❶ ▶タテ×ヨコ・ブースの展示台を嵩（かさ）上げしたところに、敷地模型と建築模型とを展示。その前面部にパース（透視図）を掲示。背面の展示用パネルにプレゼンテーションポスター2枚を掲示し、その右手にモニタを設置。その他、パラボラアンテナなどの補助的な部分模型が補助台に置かれた（右上の写真参照）。

❷ ▶インターミディエータ：小学生1人が参加（途中から他の作品へ移動）。
▶防災ホールに球状の形態を採用した理由について質問され、この形状だと津波を受け流すことや、被災後は球形を横断する床の下の空間を自衛隊の活動基地に利用することなどを説明。次の❸でも、同じように説明することを決定。

❸ ▶あえて、マイクを使わず、地声で説明した。
▶「6階建てというボリューム（建物の規模）に対して、600mmの柱径は細いのでは？」（三澤）→「構造計算はしていないが、近隣の津波避難タワーの柱径とそろえた」（学生）。
▶「1998年建設の既存建物を僅か26年で解体するのか？」（三澤）→「市が、すでに解体を決めている」（学生）→「そのことに学生が反対しないといけない」（三澤）。
▶「大きな建物は、100年後にどうなるのかを想像してつくるべき。現在、想定している機能が100年後に変化しても対応できるよう検討しておく必要がある」（三澤）。
▶「津波避難タワーの機能を備えているが、何人を収容できるのか？」（堀井）→「緊急避難時は1,500人で、プライバシーを確保する場合は300人」（学生）。
▶「津波滞留時間を3日間としているが、本当に津波が3日で引くのか、疑問が残る。高知県では1週間を想定している」（堀井）。
▶「象徴的な形態は印象に残るが、飽きられるのも早い。地域の防災拠点が地域住民に飽きられては困る。この形態に妥当性はあるのか？」（羽藤）→「市の進める宇宙時代をテーマとしたまちづくりにふさわしいデザインにした。奇をてらったデザイン形態ではない。宇宙開発が続く限り、このデザインは飽きられない」（学生）。

❹ 建築的な提案力は劣るものの、まちづくりなどに強みのある[051][053][057][070]の集まった第3組。1つのブースを囲み、iPadなどを用いて作品の説明をしながら批評合戦を展開した。

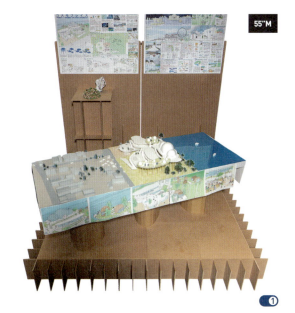
❶

❸

❹

● 本選3作品

[053] 呉高専

◎中野 愛子、重高 雅道、中川 皓晴、中村 菜那[建築学科4年]
指導教員：篠部 裕[建築学科]

カキハシ
——第一次産業の復興と第三次産業への発展を願うカケハシ

審査講評
予選では、産業と一体となった提案であることと同時に、提示した桁橋(自重を桁で支える一般的な構造の橋)の魅力的で素朴なデザインなどに見られる、高い美意識が評価された。しかし、本選では大型の吊り橋に変わったこと、デザイン自体が洗練されていないことなどから、評価を落とした。 (羽藤+三澤+堀井)

審査経過

① ▶タテ×ヨコ・ブースの展示台の手前に橋梁の部分模型を象徴的に展示し、その奥を補助台で嵩(かさ)上げして橋梁の全体模型を置いた。補助台の前面部に橋梁のパース(透視図)を掲示。背面には、プレゼンテーションポスター2枚を展示用パネルに掲示し、その右手にモニタを設置(右上の写真参照)。
▶「本選に向けたブラッシュアップの要望」(本書41ページ～参照)で、橋脚があることで災害を誘発する可能性を指摘され、桁橋から吊り橋へと変更した。

② ▶インターミディエータ：小学生2人。
▶市民とのつながりをつくる、遊歩道を公園のように使用する、などのアイディアを得た。

③ ▶「予選のプレゼンテーションポスターに描かれていた桁橋のほうが情緒はあり、カキの養殖という地場産業と一体となった風景をつくり出していた。ここに行ってみたいと思わせる世界観だったのに、吊り橋に変わったことで、どこにでもある単なる橋になってしまった。災害対策のため吊り橋にしたことは理解したが、桁上の木造構造物をなくしたのはなぜか？」(三澤)→「黒瀬川はカキの養殖が日本一なのに、誰もそのことを知らない。そのため、インパクトがあり、あの橋に行ってみたいと思わせる吊り橋をデザインした」(学生)
▶「平成30年7月豪雨(2018年)の際、広島県呉市の復興計画に携わったので、カキの生産量からしたらこのぐらいの規模が必要だということは理解した。その上で、この提案が実現し、地域住民に受け入れられるためには何が課題だと考えたか？」(羽藤)→「費用が問題」(学生)→「災害が起きたら流されてしまうが、コストを下げて、『カキの養殖』と『おもてなし』という2つの機能をもつ施設にするなど、もっとルーズに仕上げる選択肢はなかったのか？」(羽藤)→「この地域の第1次産業を発展させることに加え、第3次産業の発展にもつなげていくためにはインパクトのある橋が必要だと考えた」(学生)

④ 建築的な提案力は劣るものの、まちづくりなどに強みのある[051] [053] [057] [070]の集まった第3組。1つのブースを囲み、iPadなどを用いて作品の説明をしながら批評合戦を展開した。

本選 審査総評 少しでもよい未来をつくるための取組みを——タテ×ヨコ

羽藤 英二（審査員長）
三澤 文子
堀井 秀知

多彩な視点からの提案

いずれの作品も最優秀賞にふさわしいほどレベルが高かった。どの作品も難しい質問に的確に回答し、作品の根本となる問題意識や課題への提案について、学生同士で議論しながら制作してきた過程が伝わってきた。

また、土木工学分野の計画のように、長期にわたるスケール（日程）で課題を解決しようと取り組んだ作品、何気ない風景の中に最も大切なことがあることに気づかせてくれた作品、失うことで未来へつなげようとする大胆な作品など、現実社会に応用可能で、災害後の復興に関わる建築と都市、土木工学とがつながるような、さまざまなパタンの提案が集まった。

相手に伝えようとする熱意

デザイン・コンペティション（設計競技）という性格上、模型の作り方やパース（透視図）の描き方、展示の構成方法、プレゼンテーションへの取組み姿勢など、相手にいかに伝えようとするかという熱意の差が、受賞結果に表れたと思う。

南海トラフ地震は今後30年間に80％以上の確率で発生するとされる。すなわち、今を生きる高専の学生は将来、災害に向き合い、復興に携わる可能性が高い。そこでは、1人1人が災害の当事者となり、タテかヨコかもわからない複雑かつ理不尽な社会制度の中で、地域と行政、地域と産業のつながりを取り戻し、少しでもよい未来をつくり出していく誠実な取組みであるかどうかが試されることになるだろう。

本選 審査結果

空間デザイン部門

最終審査(公開審査)

総合的な完成度の高さが、勝敗を左右

審査員の推す作品が分かれる

はじめに、審査員3人がこれまでの審査過程の感想を述べ、その後、羽藤審査員長が本選参加11作品を対象に、1人5票ずつ受賞作品(企業賞を除く)に推す5作品へ投票することを提案。他の審査員2人が了承し、投票となった。
投票の結果、満票となる3得票が[071]、2得票が[034][057][080][094]の4作品、1得票が[033][053][099][110]の4作品

表1　本選――最初の投票集計結果(1人5票)

作品番号	作品名	高専名(キャンパス名)	羽藤	三澤	堀井	合計得票	受賞
033	ため池と生きるまち	仙台高専(名取)		●		1	
034	両城解体	呉高専		●	●	2	上位5作品
051	コスモプレイス	鹿児島高専				0	
053	カキハシ	呉高専			●	1	
057	うみ・ひと・まち・消防団	仙台高専(名取)	●		●	2	上位5作品
070	鳥取移住訓練	米子高専				0	
071	瀬戸際を生き抜く登り窯	豊田高専	●	●	●	3	上位5作品
080	水と住まう	豊田高専	●	●		2	上位5作品
094	港の日常	鹿児島高専	●		●	2	上位5作品
099	そらに刻む人形浄瑠璃	明石高専	●			1	
110	私の集落は柑橘(みかん)色	熊本高専(八代)			●	1	

表註　＊●は推す1票を示す。　＊協議により2得票以上の作品を上位5作品に決定。　＊作品名はサブタイトルを省略。

となった(表1参照)。
そこで、まず0票の[051][070]を選外としてよいか、について検討。[051]は「避難所とするのか、一時避難場所とするのかの検討が不十分」(堀井)、[070]は「高専の学生の設計する建築の可能性を広げたが、ここまで」(羽藤)との評価もあったものの、両作品とも上位5作品の候補から外れた(表1参照)。
次に、1得票の4作品について検討。[033]は「過疎化でも地域が存続できる可能性を感じさせる内容で、最優秀賞にふさわしい」(三澤)との高評価があったが、他の審査員の賛同を得られなかった。[053]は「生業を守りたいという視点はおもしろいが、橋の設計だけでなく対岸をつなぐという視点がほしかった」(堀井)、「木を使うのは地域の持続可能性のため。木造は劣化しやすいなどと言って簡単に片付けてはいけない」(三澤)、[099]は「耐震改修をしないという選択肢は、建築家の倫理観に反する」(三澤)、「『人形浄瑠璃を失ってもつながりがあればよい』と説明していたが、地域の人々はつながりを失ってしまう。人形も観光客も守る提案にしてほしい」(堀井)と、それぞれ厳しい評価が集まった。
[099]の学生からの「津波が到達するまでに避難所の小学校に避難できる」との反論には、「空き家などの耐震改修をしていないので、建物が倒壊して道をふさぎ、避難所まで辿り着けないのではないか」(三澤)と切り返された。
[110]は「孤立する集落について、オフグリッド(電力の自給自足)のような視点を提案できていれば、地元の人たちも理解しやすかったのに残念」(羽藤)などの意見が出た。高評価を得た作品もあったが、議論の末、1得票の4作品も上位5作品の候補から外れることになった(表1参照)。

2得票の作品は、どれも高い評価で混戦

続いて、2得票の4作品について検討した。[034]は「解体の仕組みを考えていくことは魅力的な仕事」(三澤)、「[110]と同様、

過疎化地域のたたみ方の提案だが、再生するにしても、解体するにしても、主役は地域住民。この作品は解体が地域住民に受け入れられる仕組みとなっている」（堀井）、「建物を間引くことで斜面地のよさが出て、ここに住みたいと思う人も現れると思う」（羽藤）。[057]は「地域を守る頼もしい存在と思われている消防団に、地域住民が近づける提案になっている」（羽藤）、「消防団を扱った作品の中では、団員を支える仕組みができていた」（堀井）と、それぞれ高い評価を得た。
[080]では「阿南市に霞堤*1があるのを知っていたか？」（羽藤）に、学生は「全国の霞堤を調べたので知っていた」と自信を持って回答。「建築を長く使うために地面の問題は重要。高い堤防を作るのではなく、日常的な水の出し入れに着目した点がすばらしい」（羽藤）、「共有地をどう扱うかという問題に取り組んでいて、実現性を感じた」（三澤）という高評価を得た。
[094]は「単に建築をつくるという提案を超えている」（羽藤）という高評価の一方、「展示自体は失敗。見る人は数字にしか目が届かないが、表現しているのは提案の1/6程度でしかない。数字以外の提案内容もすばらしいので、すべての提案を同じ広さで平等に展示してほしかった」（三澤）との指摘もあった。
協議した結果、3得票の[071]、2得票の[034][057][080][094]を上位5作品とし（表2参照）、各作品について再度、審議することになった。
[080]は「地域住民を模型で示した60年後までつなぎとめる仕組みがほしかった」（堀井）、[057]は「建築のデザイン面に課題がある」（三澤）などと指摘された。また、「プレゼンテーション3『たかめあう』クリティークでの批評合戦の際、手すりを付けるか、付けないか、という学生たちの議論がとてもよかった。図面や模型は簡単に修正できるが、建築は完成すると、修正するのが本当に難しいから」（三澤）との助言もあった。

ここで、羽藤審査員長が「課題は残るものの、総合的な提案力で先鋭化している[057][094]を審査員特別賞とし、一般に建築が検討してこなかった土木工学の巨大なスケール（規模）感を取り込み、技術面と社会制度面をトータルに考えている[034][080]と、3得票の[071]を上位3作品（最優秀賞と優秀賞）にしてはどうかと提案。他の審査員2人の了承を得て、審査員特別賞を[057][094]に決定した（表3参照）。

「新たな可能性」を抑え「総合的な完成度」に軍配が

ここから、審査員は優秀賞と最優秀賞を選ぶ議論に移った。
[034]は「通常の建築的思考では扱いにくい問題に取り組み、パース（透視図）が魅力的。解体にデザインの関与できる可能性を感じた」（羽藤）、[080]は「霞堤のメカニズムなど、長い時間軸で考えるべきテーマに取り組んだ点がすばらしい」（羽藤）など高く評価された。
[071]は「模型やプレゼンテーションなど、総合的にスキがなく、本選参加11作

表2　本選——上位3作品と審査員特別賞の決定（協議）

作品番号	作品名	高専名（キャンパス名）	羽藤	三澤	堀井	合計得票	受賞
034	両城解体	呉高専		●	●	2	上位3作品
057	うみ・ひと・まち・消防団	仙台高専（名取）	●		●	2	審査員特別賞
071	瀬戸際を生き抜く登り窯	豊田高専	●	●	●	3	上位3作品
080	水と住まう	豊田高専	●	●		2	上位3作品
094	港の日常	鹿児島高専	●	●		2	審査員特別賞

表註（表2-表4）　＊●は推す1票を示す。　＊作品名はサブタイトルを省略。

表3　本選——最優秀賞、優秀賞の決定（協議）

作品番号	作品名	高専名（キャンパス名）	羽藤	三澤	堀井	合計得票	受賞
034	両城解体	呉高専		●	●	2	優秀賞
071	瀬戸際を生き抜く登り窯	豊田高専	●	●	●	3	最優秀賞（日本建築家協会会長賞）
080	水と住まう	豊田高専	●		●	2	優秀賞

表4　本選——企業賞の決定（1企業1作品）

作品番号	作品名	高専名（キャンパス名）	羽藤	三澤	堀井	合計得票	受賞
033	ため池と生きるまち	仙台高専（名取）		●		1	
034	両城解体	呉高専		●	●	2	優秀賞
051	コスモプレイス	鹿児島高専				0	
053	カキハシ	呉高専			●	1	
057	うみ・ひと・まち・消防団	仙台高専（名取）	●		●	2	審査員特別賞
070	鳥取移住訓練	米子高専				0	建築資料研究社／日建学院賞
071	瀬戸際を生き抜く登り窯	豊田高専	●	●	●	3	最優秀賞（日本建築家協会会長賞）
080	水と住まう	豊田高専	●	●		2	優秀賞
094	港の日常	鹿児島高専	●	●		2	審査員特別賞
099	そらに刻む人形浄瑠璃	明石高専	●			1	ベクターワークスジャパン賞
110	私の集落は柑橘（みかん）色	熊本高専（八代）			●	1	三菱地所コミュニティ賞

表註　＊各企業が受賞作品以外から推薦する1作品を選出。

品の中で頭1つ抜け出ている」(堀井)との評価に、他の審査員2人も賛同した。その一方、「[071]は、[033][094][099]に比べて、地域資源を活用したデザインによって人々の気持ちを変えていく力はやや弱い。そこが強化されればさらによくなる」(羽藤)、「登り窯は建築の中に隠れているので、風景としては後世に残らないのではないか」(三澤)という指摘もあった。しかしながら、「現実の災害の現場では決めていくことがたくさんあり、設計者の思い通りにならないこともしばしば起こる。[071]は綿密に仕事しており、将来、南海トラフ地震が発生した場合でも、現実と向き合って社会を変えていける力を持っている」(羽藤)などと高く評価され、最終的に[071]を最優秀賞、[034][080]を優秀賞とした(表4参照)。

残る企業賞は、各企業が選定。[070]が建築資料研究社／日建学院賞、[110]が三菱地所コミュニティ賞、[099]がベクターワークスジャパン賞となった(表4参照)。

最後に、審査員から総評があり、受賞作品の学生が感想を述べ、空間デザイン部門の全過程が終了した。

(多田 豊　阿南高専)

註
＊1　霞堤(かすみてい)：本書16ページ註6参照。

「つながる」エクスカーション(学生交流会)

踊る阿呆に見る阿呆、同じ阿呆なら踊らにゃソンソン！

1日めのプレゼンテーション1「つなぐ」ワークショップとプレゼンテーション2「つたえる」プレゼンテーションを終え、2日めのプレゼンテーション3「たかめあう」クリティークの内容を深化させるために、学生が互いによく知っておくことも重要だと考えて、審査過程終了後、17:40〜18:30に「つながる」エクスカーション(学生交流会／以下、エクスカーション)を開催した。新型コロナウイルス感染症(COVID-19)が蔓延していた時期には、学生交流会のように大勢で集まるイベントを実施できなかったので、2019年東京大会以来5年ぶりの開催となる。

会場は高志会館1階の学生食堂。オープニング・アクトとして阿南高専の学生バンド「テッペントルシカ」が登場し、場内は大いに盛り上がった。乾杯の発声を務めたのは阿南高専科学技術振興会の西野賢太郎会長。会場に用意された菓子は、協賛の西野建設による寄付のほか、参加した各高専が持ち寄ってくれた地元の銘菓である。

徳島に来たのなら、阿波踊りは外せない。エクスカーションの締めは、もちろん阿波踊り！　会場に流れる「阿波よしこの節」に合わせ、参加者は「踊らにゃソンソン！」とばかりに、輪になりながら踊り合った。

(多田 豊　阿南高専)

本選
開催概要

空間デザイン部門概要
■課題テーマ
タテ×ヨコ
■課題概要
私たちの社会は何度となく災害に襲われ、人々は避難し、時には被災し、支え合い、街や制度を直し、やがて来る次の災害に備え、命を受け継いできた。参加学生が生まれてから約20年、この間にも、日本では大きな地震、津波、原発事故、火山の噴火、豪雨や洪水が起こっている。世界に目を向ければ、各地で激しい紛争が続いている。今後、人々が生きていく社会で何が起こるのか、そのすべてを想像することは困難だが、それでも人々は「災間」を生き抜き、それぞれの生き方が友人、家族、地域を変えていく。
災害後に噴出するさまざまな課題は、以前から内在していた問題が災害を機に一気に表れたものでもある。たとえば、災害後は被災地の人口減少や地域産業の衰退が進み、災害前の水準に戻るには多くの時間と投資が必要となる。また、平時にも、復興事業を進める際にも、縦割り行政の弊害や、横とのつながりの重要性がしばしば指摘される。
さあ、まずは自分たちの暮らす地域の課題や、予想される災害について知り、自分自身が災害に対してどのように向き合い、生きていくのかを考えてみよう。そのためには何が必要で、どのような可能性があるのか？ 建築学、土木工学、都市計画学、農村計画学などによる既存の設計手法にとらわれずに、他の工学、芸術、文学、教育、文化財、医療、商業など、多様な分野の視点から見た地域資源と「繋」がりながら、自分の生き方を支える新しい空間デザインの可能性を提案してほしい。

■審査員
羽藤 英二（審査員長）、三澤 文子、堀井 秀知
■応募条件
❶高等専門学校に在籍する学生
❷1～4人のチームによるもの。1人1作品
❸創造デザイン部門、AMデザイン部門への応募不可。ただし、予選未通過の場合、構造デザイン部門への応募は可
❹他のコンテスト、コンペティションに応募していない作品
■応募数
112作品*¹（321人、19高専）
■応募期間
2024年7月29日（月）～8月19日（月）
■設計条件
❶用途、規模、敷地は自由
❷幅広い分野の知見を含んだ建築物、土木構築物、都市農村空間などのデザイン
❸自分の生き方を支える、新しい空間デザインの可能性を提案すること
❹防災や事前復興をSTEAM教育の観点から考える「防災STEAM講座」の16のオンライン講座（復興についての考え方に関する4講義、災害のメカニズムや被害と対策に関する6講義、デジタルツールに関する6講義）の内容を学習した上で提案すること

本選審査
■日時
2024年11月2日（土）～3日（日）
■会場
阿南高専 創造テクノセンター棟4階マルチメディア室、高志会館1階学生食堂（「つながる」エクスカーション〈学生交流会〉）
■本選提出物
❶プレゼンテーションポスター：A1判サイズ最大2枚
❷プレゼンテーションポスターの電子データ：PDF形式。1ファイルにまとめる
❸スライドショー・データ
❹模型：展示スペースの展示範囲（右ページ「タテ×ヨコ・ブース」参照）に収まるサイズ
❺その他（任意）：動画、AR*²、身体表現のための用具など
■展示スペース
右ページの「タテ×ヨコ・ブース」を参照
■審査過程
参加数：11作品（37人〈内、本選不参加1人、本選初日は不参加1人〉、7高専）
2024年11月2日（土）
❶プレゼンテーション1「つなぐ」ワークショップ
10:00～11:15（ワークショップ）
11:20～11:45（成果報告）
❷プレゼンテーション2「つたえる」プレゼンテーション
13:20～15:25（前半）
15:30～17:00（後半）
❸「つながる」エクスカーション（学生交流会） 17:40～18:30
2024年11月3日（日）
❶プレゼンテーション3「たかめあう」クリティーク
9:00～10:15
❷最終審査（公開審査）、審査員総評 10:30～12:00
■審査方法
最終審査（公開審査）では、全過程の審査内容に基づき各審査員が推薦する5作品に投票。投票集計結果をもとに審査員3人による協議の上、各賞を決定（企業賞3作品は、各企業がそれぞれ選出）
■本選評価指標
❶地域の課題を当事者としてとらえているか
❷提案内容は単一分野の学術、技術、芸術にとどまらない総合的な知恵を有しているか
❸提案者の生き方を支える新しい空間デザインの可能性を切り開くものとなっているか
❹プレゼンテーション力（各審査過程での作品説明、展示表現、各種提出物の表現）

註
*1 112作品：規定に違反した1作品[105]が失格、審査対象外に。審査対象は111作品。
*2 AR：本書10ページ註3参照。

設計、制作：井内 陽斗(阿南高専5年)
協力：エヌ・アンド・イー株式会社、岡部興業株式会社

作品展示ブース
タテ×ヨコ・ブース

今回は、従来以上に自由な作品展示ができるように、MDF製(Medium Density Fiberboard：木質ボードの一種)の各作品の展示ブースを開催校である阿南高専で制作。展示台は、模型や人の重量にも耐えられるよう設計。

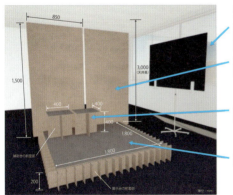

展示パネルや展示台の配置を変えられるので、各作品の個性に応じた多様な展示を表現できる。

55型モニタ 1台
(HDMIケーブル 3m×1本、OAタップ6個口 5m×1本)

展示用パネル 2台

補助台(初期案) 2台

展示台 1台

① 展示台(格子土台)：直交する線群。

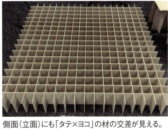

側面(立面)にも「タテ×ヨコ」の材の交差が見える。

② 展示用パネル：2つの要素(展示台と展示用パネル)が交差する点に、つながりと新しい空間が生まれる。

大会メインテーマ「繋」から着想を得て、展示用パネルを展示台の好きな場所に組み込める設計。作品展示の表現方法や目的に応じて配置できる。

③ 補助台：最終形。パーツを「タテ×ヨコ」に組み立てる。

会場配置図

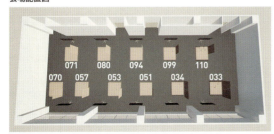

＊[000]、000：作品番号。

展示台のデザインに合わせた脚部。各パーツに溝を切って組み立てることで、上から見た平面構成が「タテ×ヨコ」のイメージになり、パーツ同士が「繋」がる。

予選 審査総評

「風景」と「当事者性」

羽藤 英二（審査員長）

高専の学生たちの力のこもった審査対象111作品を、予選事前審査ですべて読み込んだ上で、審査員3人がオンライン上で集い、予選審査を実施した。審査では、審査員それぞれの価値観が対峙するだけでなく、各作品を審査員3人が一緒に読み込んでいく内に、審査員自身の価値観が転換する瞬間もあり、審査自体、とてもダイナミックな内容となった。応募した学生たちもデザコン2024に参加する中で、1つの作品を一緒につくる学生間にも激しいぶつかり合いがあり、そのたびに自分なりの考えを獲得すると同時に、価値観が変わるような経験をしてきたことと思う。

本選では、予選を通過した11作品のプレゼンテーションをはじめとした審査過程を通じて、参加する学生たちと一緒に議論が積み重ねられていくことを楽しみにしている。

予選審査において、審査員の間で共通の価値観となったものに「風景」と「当事者性」がある。建築の提案においてよく「風景になじむ」という言葉が使われているが、それは建築の背景にある地政や文化、社会基盤を同時に考えることとも言える。今回のデザコン2024では、土木工学や建築学という分野の枠組みを超えた数多くの提案が集まった。本選では、応募した学生たちが「風景」をどのようにとらえたのかを聞いてみたい。

一方、制作者の「当事者性」が十分とは言えない作品も多数見られた。地域外から来た人が、その地域のために提案するという姿勢ではなく、地域の中から当事者として生まれてくる提案を期待したい。

予選 開催概要

■予選審査準備
2024年4月22日(月)～5月7日(火)：質疑応答期間
2024年5月1日(水)～：防災STEAM講座をインターネット上に公開(本書36ページ「開催概要」参照)
2024年7月29日(月)～8月19日(月)：応募期間
(「デザコン2024 in 阿南」公式ホームページより応募登録)
2024年8月20日(火)～22日(木)：作品の規定違反確認期間
阿南高専の空間デザイン部門事務局により、規定に違反している1作品[105]が失格、審査対象外に。予選審査対象は111作品
2024年8月23日(金)：予選審査対象111作品のプレゼンテーションポスターの電子データ、予選事前審査要項を審査員に配付
2024年8月23日(金)～31日(土)：予選事前審査
予選評価指標(右記参照)をもとに各審査員がそれぞれ推薦する20作品を選出

予選審査
■日時
2024年9月1日(日)10:00～17:00
■会場
阿南高専(事務局)、審査員は各所在地
■審査方式
事務局と各審査員とをインターネット回線でつなぎ、ビデオ会議アプリ「Zoom」を利用したリモート(遠隔)方式
■事務担当
多田 豊、藤原 健志(阿南高専)

■予選提出物
❶作品概要：エントリーフォームに入力
❷プレゼンテーションポスターの電子データ：A1判サイズ、高専名と氏名の記載不可、PDF形式
設計趣旨、図面(建築物の場合は配置図、平面図、立面図、断面図など。土木構造物や都市農村空間などの場合は配置図兼平面図、縦横断図など)、その他に透視図、模型写真、イラストなどを適宜選択し、表現すること
■予選通過数
11作品(37人、7高専)
■審査方法
審査員による予選事前審査の投票結果を参考に、予選審査対象111作品を審査。審査員3人による協議の上、予選通過作品を決定
■予選評価指標
①地域の課題を当事者としてとらえているか
②提案内容は単一分野の学術、技術、芸術にとどまらない総合的な知恵を有しているか
③提案者の生き方を支える新しい空間デザインの可能性を切り開くものとなっているか

予選 審査経過

今年の空間デザイン部門は、建築学分野と土木工学分野をはじめ、その他の分野の技術や知識が融合しなければ解決できない課題である「防災」を主軸にとらえ、審査員として土木建設分野より羽藤英二氏、建築分野より三澤文子氏、そして法曹界より堀井秀知氏の3人を招いた。

課題テーマは「タテ×ヨコ」とし、応募作品には異なるものが交わることで生まれる創造性を期待した。また、重視する審査項目として応募する高専の学生自身の「生き方」を支える空間のデザインを求めた。

今年は112作品の応募があったが、阿南高専の空間デザイン部門事務局による規定確認の結果、1作品[105]が失格となり、審査対象は111作品となった。事前に、審査対象111作品のプレゼンテーションポスター（以下、ポスター）の電子データ（PDF形式）を審査員に配付し、予選事前審査として1人につき推挙する20作品の選出を依頼した。

2024年9月1日（日）に、事務局と各審査員をインターネット回線でつなぎ、ビデオ会議アプリ「Zoom」を利用したリモート（遠隔）方式にて予選審査を実施した。

予選事前審査投票で満票となる3得票の作品はなく、2得票が12作品、1得票が36作品となった（表5参照）。2得票の12作品[028][033][034][051][057][070][071][076][080][094][099][110]の内、7作品に羽藤審査員長と三澤審査員の票が入り、5作品に羽藤審査員長と堀井審査員の票が入った。三澤審査員と堀井審査員2人の票が入った作品はなかった（表5参照）。

3人の審査員は、まず、2得票の12作品を予選通過候補と見なしてよいか、制作した学生が記載した作品概要とポスターを1作品ずつ確認して、それぞれの作品に対する意見を表明しながら、ていねいに審議を進めた。審査員間で特に意見が分かれたのは提案の社会性や現実性の面についてであった。

たとえば、[051]は「『ハコモノありき』で管理運営の主体が不透明であり、採算性を見通せないことで評価できない」（三澤）という意見のある一方、「社会性を十分に備えた作品なので、プロモーションや管理運営などの面については、本選までに検討を重ねれば、さらに提案内容を深め

表5　予選──予選事前審査　得票集計結果（1人につき推薦する20作品へ投票）

作品番号	作品名	高専名（キャンパス名）	羽藤	三澤	堀井	合計
028	マチに潜む小さな災害	仙台高専（名取）	●		●	2
033	ため池と生きるまち	仙台高専（名取）	●	●		2
034	両城解体	呉高専	●	●		2
051	コスモプレイス	鹿児島高専	●		●	2
057	うみ・ひと・まち・消防団	仙台高専（名取）	●	●		2
070	鳥取移住訓練	米子高専	●		●	2
071	瀬戸際を生き抜く登り窯	豊田高専	●	●		2
076	茶園景	呉高専	●	●		2
080	水と住まう	豊田高専	●		●	2
094	港の日常	鹿児島高専	●	●		2
099	そらに刻む人形浄瑠璃	明石高専	●	●		2
110	私の集落は柑橘（みかん）色	熊本高専（八代）	●		●	2
013	防災公園　兼　避難所	サレジオ高専			●	1
017	暮らしがはぐくむ日常	舞鶴高専	●			1
019	ロボ×ラボ	米子高専			●	1
021	灯×CNC	米子高専		●		1
022	debriscape	米子高専			●	1
024	柳ケ瀬アングラ百貨店	岐阜高専	●			1
030	和顔愛語	豊田高専			●	1
031	くれまちの杜	呉高専	●			1
032	新しい「籠城」	大阪公立大学高専		●		1
040	館(タテ)のうえの消防館	明石高専		●		1
044	船変万化	仙台高専（名取）		●		1
046	猫が逃げる	仙台高専（名取）			●	1
053	カキハシ	呉高専			●	1
055	基いの軸	呉高専		●		1
056	イロリエネルギー	岐阜高専			●	1
058	ただいま、未来へ	豊田高専		●		1
066	駅に潜む波動	豊田高専		●		1
068	ごめんあそばせ	高知高専		●		1
069	Re: farm	高知高専		●		1
073	傘に溜まる	熊本高専（八代）			●	1
074	宙（そら）に浮かぶ町　輪中	岐阜高専		●		1
075	まつりと防災が交差するみち	呉高専			●	1
083	出張三条会	舞鶴高専			●	1
084	停滞は後退だ！	阿南高専		●		1
089	しおのまち	仙台高専（名取）		●		1
093	逃げる場所　赤瀬館	熊本高専（八代）	●			1
101	廻る、繋ぐ	呉高専		●		1
104	パレットパーク	石川高専			●	1
106	浸水空間を親水空間に	石川高専	●			1
108	放課後ネットワーク集落	岐阜高専			●	1
113	わいわい！　わくわく！　水だわい！	熊本高専（八代）		●		1
115	地域のつながりによる伝統工芸の継承	石川高専		●		1
117	ダイトウ・スイガイ	大阪公立大学高専			●	1
123	わたしたちのシンボル	都城高専			●	1
124	木々と共にも息づく未来	仙台高専（名取）		●		1
125	のぼってつなぐ、まちあわせの塔	小山高専			●	1
	合計		20	20	20	60

表註
＊作品は予選事前審査で得票した48作品。票の入らなかった作品は未掲載。
＊作品番号[105]はプレゼンテーションポスターの電子データの規定違反により、失格。審査対象外。
＊●は推挙する1票を示す。
＊作品名はサブタイトルを省略。

られるのではないか」(堀井)という意見も出るなど、審査は難航した。このように、ほぼすべての作品について、侃々諤々(かんかんがくがく)の議論が展開した。

その後、本選へ進む10作品に絞るため、審査員は予選事前審査投票で2得票の12作品を予選通過候補作品として、それぞれ落選とすべき2作品に投票。得票集計結果をもとに、どの2作品を落選とするかについての議論に移った(表6参照)。堀井審査員は[071][076]を比較して[076]を、[094][099]の比較から[099]を落選候補として提案。三澤審査員は[028][051]を、羽藤審査員長は[028][076]を落選候補に挙げた(表6参照)。ここで挙がった落選候補4作品について、審査員間で意見を交換していく中で、「[028]の発想はすばらしいが、現実性が低い」(堀井)、「[076]は災害への検討が不十分である」(羽藤)との意見も出た。

次に、落選候補として選出されなかった8作品[033][034][057][070][071][080][094][110]と、審査員1人が落選候補とした2作品[051][099]を予選通過とし、審査員2人が落選候補とした[028][076]をそのまま落選とするかについて、予選事前審査投票で1得票となった36作品の見直しと合わせて議論を進めた(表6参照)。

堀井審査員は自身のみが票を入れた予選事前審査投票で1得票の[117]について、「弁護士会との連携の面では評価できるが、デザイン性の面から[051]のほうがすぐれている」との意見を表明。このため、[117]はこれ以上、議論の土俵に上がらなかった。

三澤審査員は、「[051]のようなハコモノの提案を高専の学生にしてほしくない。それよりも予選事前審査で1得票の[053]が最も心に残った」として、「[053]は奇をてらった意匠ではなく災害を底辺に据えたからこそ生まれた、2050年にも残る地域のための風景をつくり出している。正に土木工学と建築学の範疇を超えたところに未来の方向性を見出すという今回の課題テーマにふさわしい作品ではないか」と[053]を強く推したため、他の審査員の同意を得て、[053]を予選通過候補として議論の俎上に載せることとなった(表7参照)。

これに対して、堀井審査員は橋を提案した3作品[053][095][112]の内では、[053]が最もすぐれているとしながらも、

災害時の脆弱性についての対策がないことを指摘した。一方、羽藤審査員長は、「[053]は地域で実際に起こった災害を乗り越えるための発展的な提案」と評価。改めて協議した結果、審査員2人が落選候補とした[028][076]よりも[053]のほうがすぐれていることで審査員の意見が一致した。

次に、審査員1人が落選候補とした2作品[051][099]と[053]を比較し、作品の水準が同等であることを審査員一同で確認。再審議の上、[028][076]を落選とし、予選事前審査で1得票であったものの、[053]は、審査員の総意として、地域課題を読み込んだ上で橋梁の新しい役割を提案していることを評価され、[051][099]とともに予選通過候補に加えられた。

最終的に、予選事前審査で2得票の10作

品[033][034][051][057][070][071][080][094][099][110]と、1得票の1作品[053]の計11作品を予選通過とした(表7参照)。

予選通過作品には本選出場の決定を伝えるとともに、審査員の作成した「本選へ向けたブラッシュアップの要望」(本書41ページ~参照)を送付した。

なお、本選では、会場に設置されたiPadで予選未通過作品を紹介した。

(多田 豊 阿南高専)

*文中の[ ]内の3桁数字は、作品番号。

表6　予選——第1回投票　得票集計結果(1人につき落選候補2作品へ投票)

作品番号	作品名	高専名(キャンパス名)	羽藤	三澤	堀井	合計	
033	ため池と生きるまち	仙台高専(名取)				0	
034	両城解体	呉高専				0	
057	うみ・ひと・まち・消防団	仙台高専(名取)				0	
070	鳥取移住訓練	米子高専				0	
071	瀬戸際を生き抜く登り窯	豊田高専				0	
080	水と住まう	豊田高専				0	
094	港の日常	鹿児島高専				0	
110	私の集落は柑橘(みかん)色	熊本高専(八代)				0	
051	コスモプレイス	鹿児島高専		×		1	落選候補へ
099	そらに刻む人形浄瑠璃	明石高専			×	1	落選候補へ
028	マチに潜む小さな災害	仙台高専(名取)	×	×		2	落選候補へ
076	茶園景	呉高専	×		×	2	落選候補へ

表註
*作品は予選事前審査で2得票の12作品。
*×は落選候補への1票を示す。
*▨は予選通過作品を示す。
*作品名はサブタイトルを省略。

表7　予選——三澤審査員の推薦した作品を候補に追加(協議)

作品番号	作品名	高専名(キャンパス名)	羽藤	三澤	堀井	合計
033	ため池と生きるまち	仙台高専(名取)				0
034	両城解体	呉高専				0
057	うみ・ひと・まち・消防団	仙台高専(名取)				0
070	鳥取移住訓練	米子高専				0
071	瀬戸際を生き抜く登り窯	豊田高専				0
080	水と住まう	豊田高専				0
094	港の日常	鹿児島高専				0
110	私の集落は柑橘(みかん)色	熊本高専(八代)				0
051	コスモプレイス	鹿児島高専		×		1
099	そらに刻む人形浄瑠璃	明石高専			×	1
028	マチに潜む小さな災害	仙台高専(名取)	×	×		2
076	茶園景	呉高専	×		×	2
053	カキハシ	呉高専		●		

表註
*作品は予選事前審査で2得票の12作品と1得票で予選通過した1作品[053]。
*●は予選事前審査で1得票の作品から推薦された1票を示す。
*×は落選候補への1票を示す。
*▨は予選通過11作品を示す。
*作品名はサブタイトルを省略。
*追加で推挙された1作品を含む13作品を審議した結果、
第1回投票で審査員2人の落選候補となった[028][076]が落選。11作品が予選通過。

本選に向けた ブラッシュアップの要望

審査員：羽藤 英二（審査員長）、三澤 文子、堀井 秀知

コスモプレイス——津波避難タワー×市民交流施設×宇宙で導く新しい防災空間のカタチ

(051) 鹿児島高専

審査員によって評価が分かれた作品である。平時に利用している施設が避難施設になることの重要性や、高い密度でさまざまな提案をしているところが評価された一方、運営主体や運営上の採算性などの計画の実現性について、検討が不十分であるとの厳しい意見もあった。ロケットの打ち上げを新しい観光としてとらえようとする海外事例などもある現状において、もっとソフト面を検討し、計画の実現性をさらに高める提案を本選では期待したい。

ため池と生きるまち

(033) 仙台高専（名取）

地域資源であるため池（鯉の養殖場）を描いた計画地全体のパース（透視図）が大変に美しく、街への愛情を感じられる作品である。日本には世界に誇れる景観がたくさんあるのに、多くの地方では都会の影響を強く受けた建築や都市をつくってしまい、地方固有のよさを喪失しつつある。こうした現状に対して、この作品では地方に固有の産業を活かしながら、素朴で繊細な建築と景観とをつくろうとしているところが評価された。
ただし、提案している建築物（構造物）については検討が不十分な印象があるので、本選ではさらに検討を重ねた作品となることを期待する。

カキハシ——第一次産業の復興と第三次産業への発展を願うカケハシ

(053) 呉高専

平成30年7月豪雨（2018年）で多大な被害を受けた地域の産業であるカキ養殖について、提案している具体的な再生案が「縦と横とをつなぐ」という今年の空間デザイン部門の趣旨に沿っている点が評価された。提案した橋は風景として地域に根差したものとなり、50年後にもここに残る風景となっていく可能性を持っている。そうした視点を設計者が持っていることも評価された。
しかしながら、橋は災害時に被害を受けやすい構造物でもあり、この提案により新たな水害や他の災害を誘発する恐れがあるのではないか、との意見も出た。本選では、こうした問題点への技術的な解決策を期待したい。

両城解体

(034) 呉高専

計画地は土砂災害の怖れがある広島県呉市の傾斜地。人口減少と高齢化が進む中で、「残す」のではなく「解体」を創造的な行為としてとらえたことが評価された。また、写真のコラージュなど表現手法もすぐれており、ダイアグラム（図表）では擁壁、階段、住宅の高さなどを正確に把握した上で、適切な解体方法を導く過程を示すなど、技術的な面でもすぐれていると評価された。
一方で、災害後でさえも自宅を解体することは、住み手にとても辛い思いを与えるのに、この作品では災害も起きていないのに自宅を解体していくことになる。そのことを住み手にどのように伝えていくのか、という視点を加えてほしい。「解体することが正しい」ということはすでに説明できているので、本選ではさらにそこに住む人々の思いに寄り添った提案を期待したい。

うみ・ひと・まち・消防団——未来へつなぐ防災意識

(057) 仙台高専（名取）

消防団をテーマとする作品が複数あった中で、この作品は建築物の提案に留まらず、既存の運用や仕組みを見直すことにまで言及しており、それによって提案する空間が有効に利用されることにつなげている点を評価された。一方、これに上下方向の計画も加えれば、災害時の安全な避難や空間的な広がりにつながっていくのではないか、との指摘もあった。
また、祭事などの盛んな地域ではレジリエンス（回復力）の高いことが知られているので、もっと「楽しさ」のある提案が、人々の防災意識を未来につなぐのではないか。

空間デザイン部門

鳥取移住訓練──鳥取に来てみんさい

(070) 米子高専

過去の災害において、被災地からの避難を機にこれまでのコミュニティとのつながりを失ってしまい、避難先での新しいコミュニティになじめないことで、生活再建が遅れている被災者は多く存在する。そうした課題に対して、災害が起こる前に2地域居住の仕組みを整え、人口減少の進む鳥取県に人口を呼び込もうとするアイディアが評価された。
ただし、米子市、倉吉市、鳥取市それぞれの特徴をとらえた部分の検討が不十分で、この内容で本当に鳥取県に人々を呼び込めるのか、という疑問が残る。空間的な計画について、本選に向けてさらなるブラッシュアップが期待される。

港の日常──桜島と生きる

(094) 鹿児島高専

噴火による災害が日常化している鹿児島県の桜島周辺を対象敷地として、災害弱者となる観光客にも着目し、土木工学分野と建築学分野の両面から防災的な役割を持つ構造物や建築物を検討していること、提案がやわらかさのあるパースペクティブ（透視図）で表現されていることが評価された。しかしながら、全体的にレイアウトに工夫がなく、作品の本来持つ魅力が十分に引き出せていない。

瀬戸際を生き抜く登り窯

(071) 豊田高専

焼き物の街として全国的に知られている愛知県瀬戸市を対象敷地として、その魅力的な風景の中に残る登り窯を、ものづくりの息遣いや躍動感あふれる明るい建築物へと再生することにより、価値を最大限に生かそうとする提案は実現性が高く、審査員から評価された。その一方、まちづくりという観点では完成度が高いものの、防災や事前復興という視点からは不十分な点が見られる。

そらに刻む人形浄瑠璃──津波を待つ空き家

(099) 明石高専

「あきらめることで、あきらめない」という大胆な作品。地域の伝統文化である人形浄瑠璃を学べる場をつくり、「その文化を失わせまい」という人の心をつくろうとする提案である。全国から人形浄瑠璃を学びたい若者がここに集い、そこでしか学べない文化と触れることで、地域に若者が定着していくソフト面への評価は高い。
しかしながら、ハード面（建物）については、規模が過大という意見があった。すべて失うという選択肢が本当によいのか、それとも一部を防災の拠点として残し、観光客などの人命や貴重な人形を失わないようにするべきか、本選でじっくりと話を聞いてみたい。

水と住まう

(080) 豊田高専

地震対策と比べて、これまで建築的な提案が少なかった流域治水について取り組んだこと、過去の災害をていねいに読み込んでいることが評価された。これまで何度も水害に遭いつつも、経済的な理由などにより同じ場所に住宅が建てられてきた現実がある。こうした流域治水の課題に対しては、移転や輪中（堤防で囲まれた地域）などの他に、作者が提案している地下水貯水という技術もすでにあり、作品自体は目新しいものではない。地方において、この提案にどのような実現性があるのかをさらに検討してほしい。また、住宅地の現状について、もっとわかりやすく説明してほしい。

私の集落は柑橘色

(110) 熊本高専（八代）

津波や洪水、土砂災害といった複合災害において、孤立する恐れのある集落の課題に対して、ミカンの木やその周辺にあるモノラック（ミカン運搬用のモノレール）などの具体的な地域資源を活用した対策を提案していることが評価された。一方、提案内容は全体的にまとまっているものの、図面の表現に工夫がなく、提案しようとする作品の本来の魅力を十分に伝えられていないのではないか。表現方法をもっと検討してほしい。

＊000：作品番号。　＊2024年9月1日　予選審査で3人の審査員が述べた講評を統合。

ヴァラティエ諸島

(003) 阿南高専

◎四越 大嘉、柿本 一成、
國原 優希、松本 知大
[創造技術工学科建設コース4年]

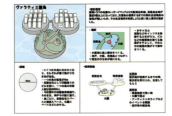

ギャンブルキャンプ！ 薬王寺！

(015) 阿南高専

◎石山 航多、小川 世晃、
竹内 遥人、原 凰介
[創造技術工学科建設コース4年]

逃道

(006) 米子高専

◎似内 暁彦
[建築学専攻専攻科1年]

米子城下の方舟町家──水辺を生かした災害避難

(016) 米子高専

◎堀尾 真緒
[建築学専攻専攻科1年]

POLE──緊急時にも休息を

(011) サレジオ高専

◎今任 唯、菊地 玉笑、鈴木 心寧
(3年)、菊池 里莉(2年)
[デザイン学科]

暮らしがはぐくむ日常──京都府舞鶴市小橋にて

(017) 舞鶴高専

◎奥田 歩
[総合システム工学専攻建設工学
コース専攻科1年]

いつも通り

(012) サレジオ高専

◎濱中 昴、真鍋 歩希、橋本 美乃
(3年)、林 譲葉(2年)
[デザイン学科]

ロボ×ラボ

(019) 米子高専

◎渡邉 萌果[建築学科5年]

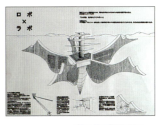

防災公園 兼 避難所──りんぐ

(013) サレジオ高専

相葉 悠海(3年)、◎村山 朔太郎、
西原 次郎(2年)[デザイン学科]

ミライをテラス

(020) 米子高専

◎阿形 遼子、野波 ふゆ、松尾 夏実、左近 愛菜
[建築学科5年]

町を編む

(014) 豊田高専

◎小柴 雄大、工藤 大翔、
塚田 博喜、内藤 壮馬
[建築学科3年]

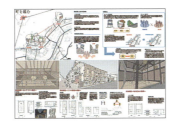

灯×CNC──提灯から広がる災害コミュニティ

(021) 米子高専

◎谷野 彼方、濱崎 大志、三好 雪子、
藤江 桜良[建築学科5年]

空間デザイン部門

debriscape──海に浮かぶ未来遺跡
(022) 米子高専
◎植松 桜子、黒田 礼奈、田中 すずな[建築学科5年]

マチに潜む小さな災害──空き家問題に潜む小さな災害・大きな災害の火種
(028) 仙台高専(名取)
◎田邉 優和(5年)、武蔵 翔(4年)、小林 桃子(2年)
[総合工学科Ⅲ類建築デザインコース]

つながるすまい──集い備える地方の災害
(023) 米子高専
◎梅林 蒼、瀬戸口 健人
[建築学科5年]

山間部の土砂災害と高齢者避難
(029) 米子高専
◎浦林 丈人、田中 悠羅[建築学科5年]

柳ケ瀬アングラ百貨店
(024) 岐阜高専
◎水口 聖菜、中谷 文乃、大石 爽真
[先端融合開発専攻専攻科1年]

和顔愛語
(030) 豊田高専
◎横越 清高、中村 かのん、石井 香凜、後藤 由奈
[建築学科3年]

音鳴りの杜──現代版火の用心
(025) 米子高専
◎松原 ひな子
[建築学専攻専攻科1年]

くれまちの杜
(031) 呉高専
◎林 青空、積山 蒼人[建築学科5年]

桃李の紡ぎ
(026) 豊田高専
◎加藤 桃佳、木田 琴奈、藤岡 小温、細田 明良[建築学科3年]

新しい「籠城」──「活動の軸」×「内外の軸」
(032) 大阪公立大学高専
◎髙城 優真
[総合工学システム学科都市環境コース4年]

みんなが繋がる、釧路の新しい顔
(027) 釧路高専
◎松江 裕哉、上田 康太郎、金子 大晟
[創造工学科建築デザインコース建築学分野4年]

安のそだてかた
(035) 仙台高専(名取)
◎高野 莉緒(5年)、畠山 綺(4年)、志賀 光(3年)、大河原 煌生(2年)
[総合工学科Ⅲ類建築デザインコース]

044

笑輪——紡ぎ繋ぐ古代の暮らし

036　都城高専

◎藤井 颯太、長友 優太、
児玉 茉優、田中 美羽
[建築学科4年]

福井町にくびったけ

042　阿南高専

◎野村 芽以、一色 美汐、
武澤 秋太郎、前田 哲汰
[創造技術工学科建設コース4年]

縦と横の広がり——閉鎖的な現代に終止符を

037　大阪公立大学高専

◎森本 修誠
[総合工学システム学科都市環境コース4年]

スポンジ・シティ——洪水に備える日常の都市デザイン

043　秋田高専

伊澤 優希菜
[グローバル地域創生工学専攻建設工学コース専攻科1年]／
◎小林 憧子、佐々木 悠介
[創造システム工学科土木・建築系空間デザインコース4年]

想いを未来につなぐ美術館——宮城県美術館に文化財レスキューの拠点をつくる

038　仙台高専(名取)

◎河西 絵里奈(5年)、佐々木 環(4年)、
丹野 和奏(3年)、國府田 かつ子(2年)
[総合工学科Ⅲ類建築デザインコース]

船変万化——川が繋ぐ境界と歴史

044　仙台高専(名取)

◎桃井 亜里紗(5年)、
斎藤 花楠子(4年)、成田 さわ(2年)
[総合工学科Ⅲ類建築デザインコース]

結ぶ水光　ただよう鰭——水生生物と人のサードプレイス

039　仙台高専(名取)

◎早坂 凜(5年)、佐藤 想乃(4年)、
佐藤 瑞姫(3年)、関 悠月(2年)
[総合工学科Ⅲ類建築デザインコース]

交錯する町——地域と都市を結ぶフェリーターミナル

045　明石高専

◎田中 大登[建築学科5年]

館のうえの消防館

040　明石高専

◎長野 晏大、岸本 颯馬、橋本 翠、
新井 万都里[建築学科4年]

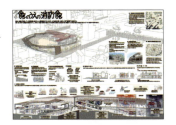

猫が逃げる

046　仙台高専(名取)

◎加藤 颯(5年)、白戸 杏南(4年)、
大越 綾乃(3年)、遠藤 あやの(2年)
[総合工学科Ⅲ類建築デザインコース]

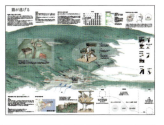

蛍のメッセージ

041　仙台高専(名取)

◎早坂 真之介(5年)、齊藤 純寛(4年)、齋藤 匠(3年)、
俵谷 響(2年)[総合工学科Ⅲ類建築デザインコース]

つなぐつながる水駅——水駅を拠点としてヒト、モノをつなぐ

047　仙台高専(名取)

◎長沼 杏、根本 香梨(4年)、
佐藤 新夏(2年)
[総合工学科Ⅲ類建築デザインコース]

空間デザイン部門

「ありづか」のまち

(048) 仙台高専(名取)

◎齋藤 温(5年)、織田 麟平、福山 遥冬(4年)、岩間 陸世(2年)
[総合工学科Ⅲ類建築デザインコース]

イロリエネルギー

(056) 岐阜高専

◎土田 翔月[建築学科4年]

向き合うまち

(049) 高知高専

◎小松 野乃香
[ソーシャルデザイン工学科まちづくり・防災コース3年]

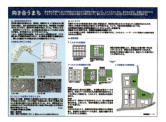

ただいま、未来へ

(058) 豊田高専

◎角野 心音、井戸 あかり、杉山 さくら[建築学科4年]

星を読む

(050) 呉高専

◎工藤 周悟、栗栖 琴美、竹本 快未
[建築学科4年]

二つの暮らしを支える――重なる日常と災害

(059) 呉高専

◎上木 優太朗、福重 聖海、宮本 倖之介[建築学科4年]

海へ祈り、海と暮らす

(052) 仙台高専(名取)

◎佐藤 唯央(5年)、菅原 沙弥翔(4年)、小野寺 遥香(3年)、鈴木 璃莉(2年)
[総合工学科Ⅲ類建築デザインコース]

あなんであなたと明け暮らす

(061) 阿南高専

◎吉成 杏奈、柿本 律葵、吉田 好花
[創造技術工学科建設コース4年]

Aiで繋がる

(054) 明石高専

◎鹿島 美羽、丹野 裕己
[建築学科4年]

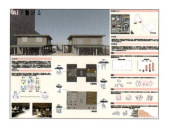

街の歴史と持続する

(062) 豊田高専

◎戸軽 大智、神尾 瞭太郎、古賀 舜大、吉開 大貴[建築学科4年]

基いの軸

(055) 呉高専

◎金谷 賢志朗[建築学科5年]

まだ終わらない

(063) 豊田高専

◎鈴木 陽介、谷 柊汰、寺島 一翔
[建築学科4年]

Bamboo Schootion

064 熊本高専(八代)

◎野田 華凜、林 小梅、平田 菜々、テラウォンサトン・タナボーン
[建築社会デザイン工学科4年]

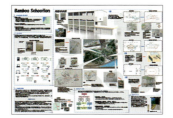

To lien大楽毛

072 釧路高専

◎水口 敬太
[創造工学科建築デザインコース建築学分野4年]

KuReduce

065 呉高専

◎垣原 大輝、妹尾 凌成、柳井 秀斗、山本 雄大[建築学科4年]

傘に溜まる

073 熊本高専(八代)

◎夘野木 海尋、山下 大輝、長尾 泰雅
[建築社会デザイン工学科5年]

駅に潜む波動

066 豊田高専

◎金子 愛士、神谷 陽輝、田浦 瑠依、バン・バンデット
[建築学科4年]

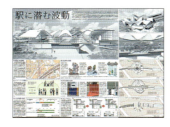

宙に浮かぶ町　輪中

074 岐阜高専

◎池田 光詠、岡本 奏、早川 純平
[先端融合開発専攻専攻科1年]

防災コミュニティ広場――ひろっぱ

067 釧路高専

◎森 美結、大島 宗高
[創造工学科建築デザインコース建築学分野4年]

まつりと防災が交差するみち

075 呉高専

◎中浦 太智、森谷 志麻、白武 和、石村 吏玖[建築学科4年]

ごめんあそばせ

068 高知高専

◎中澤 息吹、辻 心美、鎌倉 叶彩
[ソーシャルデザイン工学科まちづくり・防災コース5年]

茶園景――斜面地の「縁」をつなぐ

076 呉高専

亀田 朋樹[プロジェクトデザイン工学専攻専攻科1年]／
◎橘髙 雷士[建築学科5年]／
岩倉 輝[環境都市工学科3年]

Re: farm

069 高知高専

◎山本 航士、西山 里桜、池田 美優、佃 勇輝
[ソーシャルデザイン工学科まちづくり・防災コース5年]

産物のタマリバ

077 仙台高専(名取)

◎長谷部 大夢(5年)、猪狩 奈那、鈴木 拓跳(4年)、三浦 靖弘(3年)
[総合工学科Ⅲ類建築デザインコース]

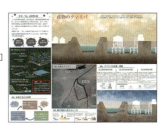

空間デザイン部門

citlity──cityとMobilityを融合させたいという願いを込めた名前です。

(078) 鶴岡高専

◎池田 夢叶、遠藤 嘉人［創造工学科情報コース3年］／丹野 瑛太、佐藤 圭悟［創造工学科電気・電子コース3年］

Turning Rail Village

(085) 岐阜高専

◎加藤 幸之助［建築学科4年］

Artist In forest──アートと守るやまとまち

(079) 高知高専

◎切詰 紅羽、小野川 隆生、清水 聡太、小松 温人
［ソーシャルデザイン工学科まちづくり・防災コース5年］

泊の江井ヶ館

(086) 明石高専

◎増井 ゆふ美、江口 茉央、髙木 まどか［建築学科4年］

まなぶ・まわる・まもる──地域の心のよりどころとなる交流の場

(081) 呉高専

◎タン・ブンリム、藤野 弘大
［建築学科4年］

縦と横が紡ぐうみうららの水上未来集落

(087) 都城高専

◎津曲 世成、中西 凜斗、立石 海人、村脇 穂菜実［建築学科4年］

Walk to the Community Center──最適経路への誘導

(082) 熊本高専（八代）

◎大西 沙世、梅田 知華
［建築社会デザイン工学科5年］

よなぐ・つなぐ・ひなぐ──日奈久温泉防災公園都市構想

(088) 熊本高専（八代）

◎佐々木 陸翔、桑原 愛翔、チャイ・ソンキム
［建築社会デザイン工学科5年］

出張三条会

(083) 舞鶴高専

◎日下部 元喜
［総合システム工学専攻建設工学コース専攻科1年］

しおのまち

(089) 仙台高専（名取）

◎竹内 駿翔（5年）、伊藤 弓史（4年）、斎藤 陽希（2年）
［総合工学科Ⅲ類建築デザインコース］

停滞は後退だ！

(084) 阿南高専

◎高橋 颯太、森 悠成、野村 侑世、井内 陽斗
［創造技術工学科建設コース5年］

廃校再考──蘇る廃校、地域を守る防災の砦

(090) 米子高専

◎赤路 素春、浅田 渓達
［総合工学科建築デザインコース4年］

道草がつなぐ船坂のみらい
091 明石高専
◎早柏 拓途、竹市 安里、岸 環樹、名子 純矢[建築学科4年]

どうめぇ給食、食べりん。
098 豊田高専
◎小松 峻太朗[建築学科4年]

和紙をはる
092 熊本高専(八代)
◎三笠 華凜、竹田 真麻、中野 千尋、野中 麗杏[建築社会デザイン工学科4年]

レラ・ノシケ──災害と共に生きていく、地域と学生を繋ぎ照らすタワー
100 釧路高専
◎佐藤 澄果、狩野 由奈、竹田 早希[創造工学科建築デザインコース建築学分野5年]

逃げる場所　赤瀬館
093 熊本高専(八代)
◎飯谷 彩乃[建築社会デザイン工学科5年]

廻る、繋ぐ──街を廻る道によって命を繋ぐ
101 呉高専
◎阿地方 蓮、釜山 栞太、花房 拓磨、森口 幹太[建築学科4年]

湊川隧景──町と川繋がる景色
095 明石高専
◎古元 瑛翔、今田 遼太郎、植原 大翔、阪田 暁音[建築学科4年]

図書館×義務教育学校──大楽毛小学校×中学校
102 釧路高専
◎飯田 圭人、志谷 富海也[創造工学科建築デザインコース建築学分野4年]

一期一会──10年後の人吉へ
096 熊本高専(八代)
◎寺本 芽生、松崎 嵐、尾上 翔稀、松岡 侑聖[建築社会デザイン工学科4年]

パレットパーク──住環境の再編のための公園の駅化
104 石川高専
◎北川 真、本馬 颯太(5年)、清水 彩也乃、諸橋 茉歩(4年)[建築学科]

つなげて、かさねて
097 大阪公立大学高専
◎兼山 智太[総合工学システム学科都市環境コース4年]

守りと実り　第六次産業×コミュニティ**3
105 明石高専
◎須原 千尋、吉本 瑚春、中前 稔、川下 大輝[建築学科4年]

**3：プレゼンテーションポスターの電子データの規定違反により、失格。審査対象外。

空間デザイン部門

浸水空間を親水空間に

(106) 石川高専

◎鋤柄 満帆子、安藤 望心、
高野 凛夏、安井 幹造［建築学科4年］

MJ-ARENA──防災意識を高めるアリーナ

(114) 都城高専

◎吉丸 颯一［建築学科5年］

災間攻略！ 緑ヶ丘のボドゲカフェ

(107) 熊本高専（八代）

◎村上 蓮
［建築社会デザイン工学科4年］

地域のつながりによる伝統工芸の継承

(115) 石川高専

◎森田 はるか、東 稜子
［建築学科5年］

放課後ネットワーク集落──Public in someone's Private

(108) 岐阜高専

◎佐藤 梅香［建築学科5年］

橘計画2024

(116) 阿南高専

◎木村 響、後藤 翼、丸山 美莉、
新居 香麦
［創造技術工学科建設コース4年］

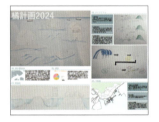

来訪者と地元民を繋ぐ

(111) 都城高専

◎松下 倖大［建築学科5年］

ダイトウ・スイガイ

(117) 大阪公立大学高専

◎森本 貫士
［総合工学システム学科都市環境
コース4年］

舟運の再生──橋上と船の繋がり

(112) 大阪公立大学高専

◎森部 みさき
［総合工学システム学科都市環境
コース4年］

誘引する駅──歴史・自然・人々が溶け込む宝達駅の計画

(118) 石川高専

◎室岡 姫奈(5年)、本山 愛紗、
宇野 蒼唯(4年)［建築学科］

わいわい！ わくわく！ 水だわい！──人が集まる公園を中心とするまちづくり。

(113) 熊本高専（八代）

◎山田 ゆり、佐生 恵美子、
メ 亮吾、村﨑 紅彩
［建築社会デザイン工学科4年］

学び・日常

(119) 都城高専

◎川野 莉奈［建築学科5年］

ご飯を待っていただきます

(120) 熊本高専（八代）

◎西村 羽誕、小森田 夏実、鬼塚 晏利、梅木 心
[建築社会デザイン工学科5年]

木々と共にも息づく未来

(124) 仙台高専（名取）

◎齋藤 由良(5年)、髙野 昊樹(4年)、櫻井 青輝(3年)、山口 衣音(2年)
[総合工学科Ⅲ類建築デザインコース]

いばきた千提寺パーキングエリア――茨木市北部の魅力発信

(122) 大阪公立大学高専

◎平岡 佳大
[総合工学システム学科都市環境コース4年]

のぼってつなぐ、まちあわせの塔
――鉄塔避難所とロープウェイ：洪水時の安全な避難戦略

(125) 小山高専

◎大平 稔矩、安田 莉央、吉葉 風子、西山 陽翔
[建築学科5年]

わたしたちのシンボル

(123) 都城高専

◎河野 百笑 [建築学科5年]

*作品番号[001] [002] [004] [005] [007] [008] [009] [010] [018] [060] [103] [109] [121]は登録時の不備により欠番。
*000：作品番号。
*氏名の前にある◎は学生代表。
**3：プレゼンテーションポスターの電子データの規定違反により、失格。審査対象外。

審査員 ●Jury

審査員長
羽藤 英二
はとう　えいじ

東京大学大学院　教授

1967年	愛媛県松山市生まれ
1990年	広島大学工学部第四類学科卒業
1992年	広島大学大学院工学研究科環境専攻修士課程修了 日産自動車総合研究所　研究員(-1998年)
1998年	愛媛大学工学部環境建設工学科　助手(-2003年)
2003年	同、助教授(-2006年)
2006年	ネパール工科大学(ネパール)　Visiting Professor(兼任) 東京大学大学院工学系研究科都市工学専攻　准教授(-2012年)
2012年	同学大学院同研究科社会基盤学専攻　教授

[主な活動]
都市工学、社会基盤計画の専門家として国内外で活動。

[主な建築作品、都市計画]
『鄭州新都市設計』(2012年)、『長崎駅舎・駅前広場等デザイン基本計画』(2014年)、『池袋ブランディング・シティ戦略(国際競争力強化地域戦略)』(2016-17年)、『道後温泉別館 飛鳥乃湯泉基本設計』(2017年/2018年度グッドデザイン賞)など。

[主な論文]
「動学的意思決定機構に着目した自律型交通計画──管制システムの研究」(2001年/世界交通学会Bursary Prize)、「バルセロナの歴史的発展過程と歩行者の行動圏域を考慮した広場──街路のネットワーク分析」(2013年/土木学会〈論文賞〉)など。

審査員
三澤 文子
みさわ　ふみこ

建築家

1956年	静岡県富士市生まれ
1979年	奈良女子大学理学部物理学科卒業 現代計画研究所に勤務(-1985年)
1985年	Ms建築設計事務所設立、主宰
2001年	岐阜県立森林文化アカデミー木造建築専攻　教授(-2009年)
2009年	同、客員名誉教授
2011年	京都造形芸術大学(現・京都芸術大学)通信制大学院建築研究科　教授(-2015年)
2022年	住宅医協会　代表理事

[主な建築作品]
『ケナル山荘』(2001年)、『白水湖畔ロッジ』(2003年)、『禅定庵』(2007年)、『北沢建築工場』(2010年/2013年日本建築士会連合会優秀賞)など。

[主な論文]
「自力建設プロジェクトに関する教育プログラムとその実践教育貢献」(2007年/2007年日本建築学会教育賞(教育貢献))など。

[主な著書]
『木造住宅の可能性』(1994年、INAX出版(現・トゥーヴァージンズ))、『住宅に空間力を──住まいかたと住むくふう』(2000年、彰国社)、『最高の木造住宅をつくる方法』(2011年、エクスナレッジ)、『5人の先生が教える──一生幸せなエコハウスのつくりかた』(共著、2019年、エクスナレッジ)など。

審査員
堀井 秀知
ほりい　ひでとも

弁護士、防災士

1973年	徳島県徳島市生まれ
1996年	司法試験合格
1997年	神戸大学法学部法律学科卒業 司法修習(-1999年)
1999年	弁護士登録(徳島弁護士会、第51期)
2014年	防災士　資格取得
2008年-	徳島大学教養教育院　非常勤講師「憲法」
2020年-	さいわい　理事
2024年-	徳島弁護士会災害対策委員会　委員長 四国弁連災害対策委員会　委員 日本弁護士連合会災害復興支援委員会　副委員長

[主な活動]
弁護士、防災士として徳島県の事前復興指針委員などを歴任し、徳島県における災害ケースマネジメント体制構築などの活動に携わるとともに、平成28年熊本地震(2016年)、平成30年7月豪雨(西日本豪雨、2018年)、令和6年能登半島地震(2024年)などをはじめとする各地の災害支援に取り組む。日本災害復興学会に所属。

デザコン2024 阿南　053

構造デザイン部門

つなげる架け橋

2019年東京大会から続く「紙」を素材とした橋。2023年舞鶴大会と同様に、2～4に分割した部品（橋を分割した各要素。複数の部材で構成された構築物）をつないで形成した橋に、静的（固定）荷重と衝撃荷重を与え、耐荷性能を競う。紙の特徴を生かして、「耐荷性」「軽量性」「デザイン性」にすぐれた橋を求める。

▼部門紹介

規定の条件で製作した構造物(「作品」)の構造的な合理性、および力学的な強さと軽さを競う。

2024.9.17-9.30
応募
2024.10.21-10.28
プレゼンテーションポスターと仕様確認表の電子データ提出

本選▼
52作品

2024.11.2
仕様確認
審査員審査
耐荷性能試験1(競技)
学生交流会
2024.11.3
耐荷性能試験2(競技)
最終審査(非公開審査)
審査結果発表、審査員総評

受賞▼
7作品

■最優秀賞(国土交通大臣賞):
米子高専『要』[036]
■優秀賞(日本建設業連合会会長賞):
米子高専『渡鳥橋(とっとりきょう)』[030]
■優秀賞:
徳山高専『魁兜(かいと)』[044]
■審査員特別賞:
徳山高専『翠月(すいげつ)』[046]
新モンゴル高専『竜』[027]
■日刊建設工業新聞社賞:
八戸高専『橋(きょう)、好きになりました♡』[002]
■東京水道賞:
秋田高専『市松網代橋』[038]

デザコン2024 阿南　055

構造デザイン部門

載荷装置 A

構造デザイン部門

全国高等専門学校デザインコンペティション

註（本書55〜61ページ）
*000、[000]：作品番号。　　*氏名の前にある○印は学生代表。　　*受賞順、順位順、作品番号順に掲載。
*総得点が同点の場合は、軽量点の高いほうを上位とする。総得点、軽量点が同点の場合は、同順位とする。　　*「質量」の前の★は、載荷の全過程成功を示す。
**1：本選不参加。

056

●●● 最優秀賞(国土交通大臣賞)

036 米子高専

◎遠藤 諒悟、越田 奏羽、齊鹿 夏希(4年)、中村 歩夢、片岡 芯太、徳永 惇哉(3年)
[総合工学科建築デザインコース]
担当教員：北農 幸生、藤原 圭康[総合工学科建築デザイン部門]

要

★ 質量：160.8g 「部材数」：4 総得点：133.0

審査講評

広げた扇2つの端部同士を橋の中央でつなぎ、構造物全体としてアーチ形状になっている。載荷点から斜めに配置された束材[*1]はアーチが負担する圧縮力の一部を負担し、複数の引張材[*2]により橋にかかる荷重を分散して支えている。この点で本作品のデザイン性や構造的な合理性は高いと言える。

また、各部材の役割に応じて適切な断面が設定されている。たとえば、圧縮材の断面算定にあたり、トラス[*3]解析により部材軸力[*4]を求め、オイラー座屈[*5]が発生しないような断面を算定するなど、軽量化を図っている。

さらに、衝撃力を緩和する対策として、静的(固定)荷重載荷時はほとんど変形しないが、衝撃荷重載荷時には潰れることによって衝撃のエネルギーを吸収するような箱を設けている。多くの作品が衝撃荷重の載荷時に壊れてしまったのに対して、本作品は衝撃荷重に耐えていることからこの機構が有効であったと考えられる。

本作品は比較的、単純な形状ではあるが、各所に独自の工夫が見られ、完成度が高い。その結果、高い軽量点も獲得している。 （中澤 祥二）

註
*1 束材：主に、圧縮力を負担し、大きな部材を支えたりつないだりする短い柱(垂直部材)。
*2 引張材：引張力のかかる部材。
*3 トラス：三角形を組み合わせた構造形式。
*4 軸力：部材の軸方向に動く引張力または圧縮力。
*5 座屈：細長い部材に圧力を徐々に加えていくと、ある大きさの圧縮力で急に横に大きく曲がってしまう現象。細長い部材が座屈する現象を特にオイラー座屈と呼ぶ。

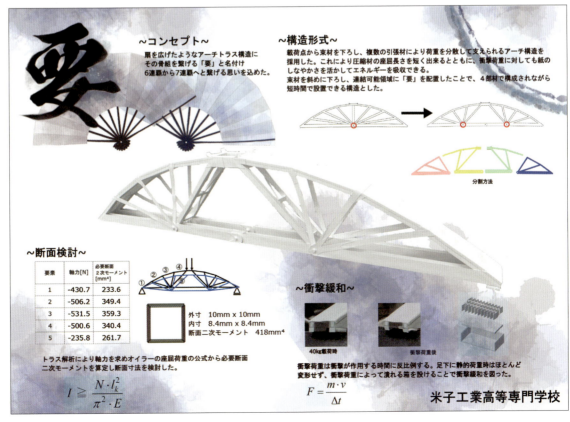

~コンセプト~
扇を広げたようなアーチトラス構造にその骨組を繋げる「要」と名付け6連覇から7連覇へと繋げる思いを込めた。

~構造形式~
載荷点から束材を下ろし、複数の引張材により荷重を分散して支えられるアーチ構造を採用した。これにより圧縮材の座屈長さを短く出来るとともに、衝撃荷重に対しても紙のしなやかさを活かしてエネルギーを吸収できる。
束材を斜めに下ろし、連結可能領域に「要」を配置したことで、4部材で構成されながら短時間で設置できる構造とした。

~断面検討~

要素	軸力[N]	必要断面 2次モーメント [mm⁴]
1	-430.7	233.6
2	-506.2	349.4
3	-531.5	359.3
4	-500.6	340.4
5	-235.8	261.7

外寸 10mm x 10mm
内寸 8.4mm x 8.4mm
断面二次モーメント 418mm⁴

トラス解析により軸力を求めオイラーの座屈荷重の公式から必要断面二次モーメントを算定し断面寸法を検討した。

$$I \geq \frac{N \cdot l_k^2}{\pi^2 \cdot E}$$

~衝撃緩和~

40kg載荷時 　　　 衝撃荷重時

衝撃荷重は衝撃が作用する時間に反比例する。足下に静的荷重時はほとんど変形せず、衝撃荷重によって潰れる箱を設けることで衝撃緩和を図った。

$$F = \frac{m \cdot v}{\Delta t}$$

米子工業高等専門学校

優秀賞(日本建設業連合会会長賞)

030 米子高専

◎槇野 永人、田巻 智理、川上 修太朗、岡田 紗和、田立 早笑、辻野 功人
[総合工学科建築デザインコース4年]
担当教員：北農 幸生、藤原 圭康[総合工学科建築デザイン部門]

渡鳥橋
とっとりきょう

★質量：166.0g 「部材数」：4 総得点：132.7

審査講評

本作品は昨年、舞鶴大会で最優秀賞となった作品(『鴛鴦(えんおう)』)を改良したものであり、構造上、不可欠な部分を補強して耐荷性能の向上を図るとともに、応力*6が生じない不要な部分を極力取り除いた、シンプルで力学的に明快なトラス*3構造を採用している。また、橋の核となる接合部は、確実に力を伝達するために、圧縮継手*7、引張継手*7ごとに適切な補強を施している。

圧縮材*8については、十分な座屈*5耐力があるかどうかを検証するために、製作過程で実験を実施している。特に、材料である紙の材料特性に湿度が大きな影響を与えることに着目し、天気の違いによる部材の座屈耐力を検討している点も興味深い。実験結果では、雨天時の紙部材の座屈荷重*9は、晴天時の半分程度になることが示されている。

(中澤 祥二)

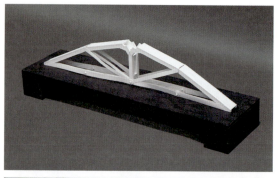

註
*3 トラス：本書57ページ註3参照。
*5 座屈：本書57ページ註5参照。
*6 応力：外力によって物体に力がかかった際、物体の内部に発生する圧力。変形に抵抗する力。
*7 継手：2つの部材をその材軸方向(長手方向)につなぐ接合部、接合する方法や部材のこと。圧縮継手は圧縮力に抵抗してつなぐもの、引張継手は、引き離そうとする引張力に抵抗してつなぐもの。
*8 圧縮材：圧縮力のかかる部材。
*9 座屈荷重：座屈を生じる荷重。

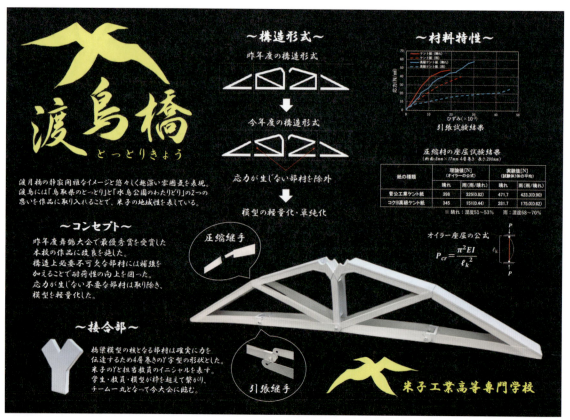

● ● ● 優秀賞

[044] 徳山高専

新田 結(5年)、◎廣中 隼輝、福寿 幹(4年)、金子 まりも(3年)、有馬 虎珀(2年)、大迫 鈴歌(1年)[土木建築工学科]
担当教員：海田 辰将、山根 達郎[土木建築工学科]

魁兜
(かいと)

★ 質量：170.9g 「部材数」：4 総得点：130.1

審査講評

本作品は圧縮力を分担する弓に見立てた上弦材(ボウ)と引張力を分担する下弦材(ストリング)からなるボウストリングトラス構造を採用している。座屈[*5]を考慮して圧縮力を分担する部材に太い部材を採用する一方、引張材[*2]には細い部材を採用したメリハリの利いた作品になっており、これが軽量化につながっている。圧縮力を分担する部材は、2つのI形断面の部材、I形断面の弱軸[*10]まわりの座屈を補剛[*11]する横支材[*13]、ねじれを防ぐための上弦面の面材から構成されており、圧縮強度の向上と軽量化に大きく貢献していて、そのアイディアは秀逸である。

(中澤 祥二)

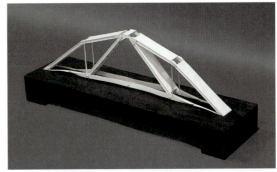

註
*2 引張材：本書57ページ註2参照。
*5 座屈：本書57ページ註5参照。
*10 弱軸：変形しやすい方向の基準軸のこと。変形しにくい方向の基準軸が強軸。
*11 補剛：座屈を防ぐために補強材などで剛性(*12)を補うこと。
*12 剛性：外部から曲げやねじりの力を受けた際に変形しにくい性質、その度合い。
*13 横支材：圧縮力を支える上弦材の弱軸まわりの座屈(横方向への座屈)を、横から支える部材。

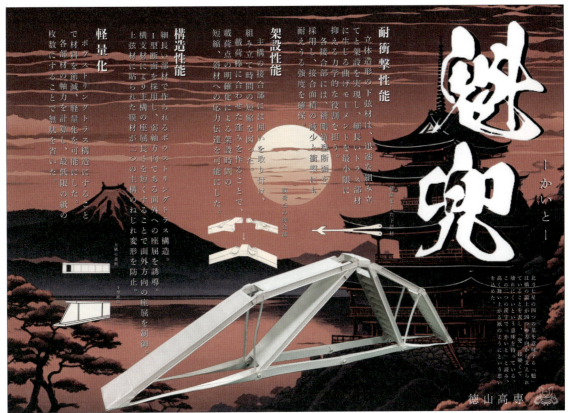

デザコン2024 阿南 059

審査員特別賞

(046) 徳山高専

尾崎 未悠[環境建設工学専攻専攻科2年]／◎福島 鈴葉(5年)、中越 凜子、窪田 澪(3年)、石津 雅、藤井 敦大(2年)[土木建築工学科]
担当教員：海田 辰将、山根 達郎[土木建築工学科]

翠月
（すいげつ）

★ 質量：207.7g 「部材数」：4 総得点：127.7

審査講評

本作品は圧縮力を分担するアーチとアーチを補剛[11]するクロスケーブル（アーチを補強するために交差させてつなげたケーブル）から成る構造である。アーチは横長の箱型断面をしており、面外座屈[5]（強軸[14]まわりの座屈）に起因する横倒れを抑止している。
アーチの面内座屈については、クロスケーブルが座屈補剛の役割を果たしており、合理的な部材配置を工夫していると評価できる。また、クロスケーブルの接合にはピン[15]を両側から挟むような方法が採用されており、高強度の上、設置も容易である。さらに、衝撃荷重載荷時に橋が水平方向にずれた場合を想定して、支点部を工夫するなど、完成度の高い作品となっている。

（中澤 祥二）

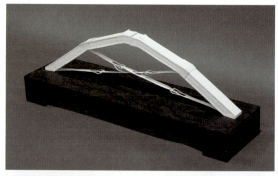

註
*5 座屈：本書57ページ註5参照。　*11 補剛：本書59ページ註11参照。
*14 強軸：変形しにくい方向の基準軸。　*15 ピン：回転を許す接合方法。

●●● 審査員特別賞

(027) 新モンゴル高専

◎バトモンフ・ホンゴルゾル、ジャラガルサイハン・ビシレル、モンフバト・エグシグレン**1、バヤラー・バトルデ**1、バザル・ナランゴー**1、ブレントグトフ・ソロンゴ**1[土木建築工学科4年]
担当教員：バータル・ボロルツェツェグ[土木建築工学科]

竜

★ 質量：294.0g 「部材数」：4 総得点：111.5

審査講評

本作品は一対の竜から形状のインスピレーションを受けているようで、圧縮力に抵抗するアーチ状の圧縮材[8]とクロスに掛けられた引張材[2]から構成された、シンプルで力学的に明快な構造となっている。クロスに掛けられた引張材が圧縮材の座屈[5]を防ぐことで、載荷性能の向上につながっている。載荷点の補強や、橋を分割した部品（「部材数」：係数を決める、橋を構成する各要素。複数の部材で構成された構築物）と部品の連結部分の強度を補強するなどの工夫も見られる。
また、ポスターには明記されていないが、圧縮力を受ける部材の横倒れに対する工夫なども見られ、完成度の高い作品となっている。

（中澤 祥二）

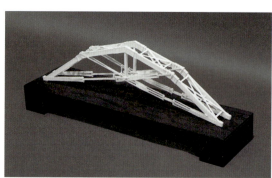

註
*2 引張材：本書57ページ註2参照。　*5 座屈：本書57ページ註5参照。
*8 圧縮材：本書58ページ註8参照。

**1：本選不参加。

●●● 日刊建設工業新聞社賞

002 八戸高専

◎天間 大斗、岩織 圭汰、田村 虎太郎、江渡 修司、沢口 東也、松枝 賢勢
[産業システム工学科環境都市・建築デザインコース4年]
担当教員：丸岡 晃 [産業システム工学科環境都市・建築デザインコース]

橋、好きになりました♡

★ 質量：286.0g 「部材数」：4 総得点：117.7

審査講評

本作品はトラス*3形状の極めてシンプルなデザインである。また、作業効率の向上を目的として、基本となる部材ユニット（長さ80×幅7.5×奥行7.5mmの管材）を多用すると説明しているが、圧縮力が作用する上弦材では、上面に紙を補強した上で追加の横補剛*11材を導入するなどの細かな配慮が見られる。また、基本となる部材ユニットの製作方法にも工夫が見られ、完成度の高い作品と評価できる。
ただし、「基本ユニットを多用する」という考え方は有効だと思われるが、軽量化を考えた場合、部材応力*6に応じた断面の選定、引張材*2にも圧縮材*8と同じ断面形状を使うことの是非については意見が分かれるかもしれない。

（中澤 祥二）

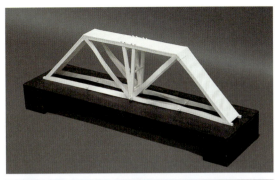

註
*2 引張材：本書57ページ註2参照。　*3 トラス：本書57ページ註3参照。
*6 応力：本書58ページ註6参照。　*8 圧縮材：本書58ページ註8参照。
*11 補剛：本書59ページ註11参照。

●●● 東京水道賞

038 秋田高専

◎菅原 琉惺 [創造システム工学科土木・建築系3年] ／
今野 友翔 [創造システム工学科機械系2年] ／山田 陣 [創造システム工学科1年]
担当教員：丁 威 [創造システム工学科土木・建築系国土防災システムコース] ／
井上 誠 [創造システム工学科土木・建築系空間デザインコース]

市松網代橋

★ 質量：749.1g 「部材数」：4 総得点：108.4

審査講評

本作品は圧縮力に抵抗する台形状のフレーム（上弦材）と引張力を負担する下弦材で構成されており、力学的に明快な構造となっている。上弦材には座屈*5や横倒れを十分に考慮した長方形断面を採用するとともに、補剛*11のための面材や一定間隔で束材*1を導入するなどの配慮が見られる。下弦材は作品名の由来となる市松網代の模様を模した、大変ユニークな作品となっている。
一方、他の受賞作品と比較すると、本作品の質量はやや重い。軽量化の観点から考えると、より単純な引張材*2を工夫することも重要であろう。また、束材の有効性については疑問があり、さらに考察を進める必要があると思われる。

（中澤 祥二）

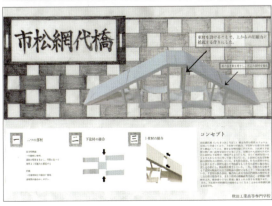

註
*1 束材：本書57ページ註1参照。　*2 引張材：本書57ページ註2参照。
*5 座屈：本書57ページ註5参照。　*11 補剛：本書59ページ註11参照。

接合部の工夫と試作の積み重ねがカギ

中澤 祥二(審査員長)

昨年と同条件で、作品のレベルアップに期待

2019年の東京大会以降、今年で6回めとなる「紙を素材とした橋のデザイン」を求める構造デザイン部門は、今年は「つなげる架け橋」という課題テーマで、紙と木工用接着剤で製作した橋(橋梁模型=製作物=「作品」)の「耐荷性」「軽量性」「デザイン性」を競うものである。要求される条件は、前年の舞鶴大会と同様に、耐荷性能試験でおもりを載荷する直前に、複数の部品(橋を分割した各要素。複数の部材で構成された構築物。2~4を設定)を「つなぎ」、1つの橋を完成させ、所定の静的(固定)荷重と衝撃荷重に耐えることである。紙という素材の持つ強さやしなやかさ、軽さなどの特性を最大限に引き出すことに加えて、複数の部品をどのように接合するかが重要なポイントである。

審査における作品の評価は、競技得点と審査員評価点の合計となる(本書64ページ表1参照)。競技得点は、静的荷重や衝撃荷重の載荷による載荷点、軽量な作品ほど高得点となる軽量点の合計に、設置時間の遅延や橋を構成する部品の数(「部材数」。多いほど高評価)を考慮した係数を乗じて評価される。

審査員評価点は、①「『作品』(橋)の構造的な合理性」、②「『作品』(橋)の独自性」、③「プレゼンテーションポスターの出来栄え」の観点から、3人の審査員により採点される(本書68ページ表2参照)。また、作品に対する④「審査員との質疑応答の内容」も審査対象であり、今年は、どの作品も審査員の質問に対して適切な回答をしていたように思われる。

多くが、圧縮力を負担する上弦材と引張力を負担する下弦材とで構成

今回も「橋を分割した複数の部品を、再び接合して1つの橋を完成させ、静的荷重と衝撃荷重に耐える構造」をデザインする必要がある。作品全体の傾向としては、水平支持反力*1を直接、載荷台へ伝えることができないために、圧縮力を負担する上弦材と引張力を負担する下弦材とを分けて構成し、水平方向に対して自己釣合いが成立するような構造形式が多く見られた。この傾向は、水平反力を載荷台へ直接伝達できる支持条件であった2022年有明大会の作品と比較すれば明らかである。

上弦材には山形状のフレーム構造*2、台形状のラーメン構造*3、多角形化されたアーチ構造*4などが採用されている。上弦材は圧縮力を負担するために、座屈*5に対する強度を勘案して断面を算定している作品が多く見られた。

特に、材料である紙の弾性*6や剛性*7を求めるための材料実験を行ない、既往の座屈理論に基づいて断面を定め、載荷実験を実施して耐力を検証するというプロセスを経て製作した作品があり([036])、印象に残った。また、圧縮材*8である上弦材は横倒れを防ぐためにある程度の幅が必要となる。極端に幅の狭い上弦材は、耐荷性能試験の際に横倒れを起こして崩壊する例が散見された。

接合部には、さまざまなアイディア

下弦材は引張力のみを負担するため、上弦材と同じような断面形状である必要はない。そのため、下弦材にはケーブルのような細い構造(断面2次モーメント*9が小さい部材)が採用されることも多い。また、下弦材はシンプルな構造でよいため、軽量化する上でのポイントとなる。ただし、上弦材の圧縮力と釣り合わせるためには、かなり大きな引張力を負担することになるため、接合部の強度に配慮する必要がある。今回は、1つの橋を複数の部品に分割する必要があり、単純で高強度の接合部が要求された。そ

のため、接合部には多くのアイディアが提案されていた。

このように、構造物を圧縮材と引張材に分けて、その役割に応じて適切な断面を選定することは、構造物の力学的な明快さ、合理性、軽量化につながると考えられ、受賞作品の多くはこの特徴を備えていると思われる。

それ以外の興味深いアイディアとして、衝撃荷重に耐えるために、静的荷重載荷時はほとんど変形しないが、衝撃荷重載荷時には、潰れることによって衝撃のエネルギーを吸収する箱を設けた例（［036］）なども見られた。

全載荷過程の成功はわずか8作品

今大会の応募は52作品、審査対象となったのは51作品である。昨年と同じ課題で期待していたが、今年は最終の衝撃載荷に耐えたのが8作品で、昨年の9作品と比べると、やや残念な結果に終わった。とは言え、耐荷性能試験の途中で惜しくも破壊した橋の中にも、さまざまに工夫されたものが多数あった。これらの橋の崩壊傾向としては、アーチやラーメン*3部材の座屈による破壊、引張材や部材の接合部での破断、両支点付近や載荷点まわりでの破壊が多い。このような破壊傾向を分析して対策を考えることは重要であり、今回の受賞作品の中には、参考になる対策方法がいろいろと含まれている。すべての載荷に成功した作品の多くは、数々の試作を繰り返しており、試作を通じて耐荷性と軽量性を両立させた作品が総合点で上位となったのであろう。

最後に、参加した作品に関わったすべての学生が、デザコンを通じて、チームワークの大切さや創造性を養う貴重な経験ができたことを切に願っている。

註
*1 水平支持反力：水平方向に作用する力。支持部が水平方向に固定されていれば、水平支持反力は発生する。一方、水平方向に滑るような支持部において、水平支持反力は発生しない。
*2 フレーム構造：細長い部材（骨組部材）により構成されたフレーム（骨格）からなる構造形式。

山形状のフレーム構造。[018]

*3 ラーメン構造：垂直材（柱）と水平材（梁）を剛接合した構造形式。この構造体を構成する部材がラーメン部材。

台形状のラーメン構造。[025]

*4 アーチ構造：アーチ形に部材を組み上げた構造形式。

多角形化されたアーチ構造。[021]

*5 座屈：本書57ページ註5参照。
*6 弾性：力が加わって変形した物体が、その力が除かれた際、元の形に戻ろうとする性質。
*7 剛性：本書59ページ註12参照。
*8 圧縮材：本書58ページ註8参照。
*9 断面2次モーメント：力の作用した点や軸を中心に回転する方向に部材を変位させようと作用する力（曲げモーメント）にどの程度耐えられるか（梁材の変形のしにくさ）を示す値。物体の断面（大きさや形状）を変えると変化する。

*000、[000]：作品番号。

構造デザイン部門

表1　総合順位

作品番号	作品名	高専名（キャンパス名）	質量(g)	「部材数」	仕様確認	載荷点 [70点]	軽量点 [20点]	「部材数」係数	設置時間係数	合計 [108点]	審査員評価点 [30点]	総得点 [138点]	順位	受賞
036	要	米子高専	160.8	4	○	70	18.371	1.2	1.0	106.04	27.00	133.0	1	最優秀賞*1
030	渡鳥橋(とっとりきょう)	米子高専	166.0	4	○	70	17.795	1.2	1.0	105.35	27.33	132.7	2	優秀賞*2
044	魁兜(かいと)	徳山高専	170.9	4	○	70	17.285	1.2	1.0	104.74	25.33	130.1	3	優秀賞
046	翠月(すいげつ)	徳山高専	207.7	4	○	70	14.222	1.2	1.0	101.07	26.67	127.7	4	審査員特別賞
002	橋(きょう)、好きになりました♡	八戸高専	286.0	4	○	70	10.329	1.2	1.0	96.39	21.33	117.7	5	日刊建設工業新聞社賞
027	竜	新モンゴル高専	294.0	4	○	70	10.048	1.2	0.9	86.45	25.00	111.5	6	審査員特別賞
038	市松網代橋	秋田高専	749.1	4	○	70	3.943	1.2	1.0	88.73	19.67	108.4	7	東京水道賞
024	縁結橋	松江高専	1,334.4	4	○	70	2.214	1.2	0.9	77.99	20.00	98.0	8	
042	共橋(ともはし)	呉高専	331.0	4	○	40	8.924	1.2	1.0	58.71	25.33	84.0	9	
003	SSM橋	明石高専	321.9	4	○	40	9.177	1.2	1.0	59.01	23.67	82.7	10	
016	優	苫小牧高専	181.5	4	○	30	16.275	1.2	1.0	55.53	26.33	81.9	11	
045	合	呉高専	273.3	4	○	30	10.809	1.2	1.0	48.97	27.00	76.0	12	
021	ツ。	舞鶴高専	200.4	4	○	30	14.741	1.2	1.0	48.32	26.67	75.0	13	
020	SECOND IMPACT(セカンドインパクト)	舞鶴高専	320.9	4	○	30	9.205	1.2	1.0	47.05	23.67	70.7	14	
026	心臓	新モンゴル高専	331.1	4	○	30	8.922	1.2	1.0	46.71	23.67	70.4	15	
019	NITI-C	石川高専	282.4	3	○	30	10.460	1.1	1.0	44.51	24.67	69.2	16	
040	Quadruple	秋田高専	768.8	4	○	40	3.842	1.2	1.0	47.35	21.00	68.3	17	
015	マルボーズ・マイスター	苫小牧高専	186.1	4	○	20	15.873	1.2	1.0	43.05	25.00	68.0	18	
051	Sumber(スンベル)	モンゴル科技大高専	306.2	4	○	30	9.647	1.2	1.0	42.82	22.00	64.8	19	
031	elegant arch	近畿大学高専	435.2	4	○	30	6.788	1.2	1.0	39.73	22.33	62.1	20	
028	弦	福井高専	520.6	3	○	30	5.674	1.1	1.0	35.32	24.00	59.3	21	
039	四安弧(スーアンコ)	群馬高専	147.7	4	○	10	20.000	1.2	1.0	32.40	26.33	58.7	22	
052	青空(あおぞら)の架(か)け橋(はし)	モンゴル科技大高専	338.2	4	○	20	8.734	1.2	1.0	31.03	24.00	55.0	23	
013	B.bridge	神戸市立高専	1,387.5	4	○	30	2.129	1.2	1.0	34.70	19.33	54.0	24	
009	幣舞	釧路高専	391.7	3	○	20	7.541	1.1	1.0	30.30	23.00	53.3	25	
018	薩摩富士	鹿児島高専	349.1	3	○	20	8.462	1.1	1.0	28.18	22.00	50.2	26	
004	まごころこめて手づくり　にほんばし	大阪公立大学高専	243.4	4	○	10	12.136	1.2	1.0	23.91	26.00	49.9	27	
048	橋をしれ！　橋を!!	有明高専	261.2	3	○	10	11.309	1.1	1.0	23.44	26.00	49.4	28	
025	覇有虎子(ハウトラス)	石川高専	733.7	2	○	20	4.026	1.0	1.0	24.03	21.33	45.4	29	
041	赤城(あかぎ)	群馬高専	169.3	4	○	0	17.448	1.2	1.0	20.94	23.00	43.9	30	
011	三鶴(みつや)の訓	釧路高専	364.2	3	○	10	8.111	1.1	1.0	19.92	23.33	43.3	31	
023	月	長野高専	473.4	4	○	10	6.240	1.2	1.0	19.49	22.00	41.5	32	
035	Truss bridge	IETモンゴル高専	337.4	3	○	10	8.755	1.1	1.0	18.57	21.33	39.9	33	
029	柔(YAWARA)	福井高専	480.9	2	○	10	6.143	1.0	0.9	14.53	24.00	38.5	34	
017	ブエンテ橋	福島高専	778.5	3	○	10	3.794	1.1	1.0	15.17	22.00	37.2	35	
032	big truss	近畿大学高専	647.5	4	○	10	4.562	1.2	1.0	15.73	21.33	37.1	36	
001	月山	鶴岡高専	735.0	4	○	10	4.019	1.2	1.0	15.14	22.00	37.1	37	
049	8時15分～8時20分のキセキ	小山高専	407.3	2	○	10	7.253	1.0	1.0	15.53	20.67	36.2	38	
022	剛弓	長野高専	331.7	4	○	0	8.906	1.2	1.0	10.69	23.00	33.7	39	
034	mou genkaiii....	IETモンゴル高専	326.7	3	○	0	9.042	1.1	1.0	09.95	23.33	33.3	40	
007	翠風	都城高専	368.9	4	○	0	8.008	1.2	1.0	09.61	23.33	32.9	41	
012	ラポール	鶴岡高専	395.0	4	○	0	7.478	1.2	1.0	08.08	23.67	31.7	42	
006	しょうゆ	和歌山高専	1,865.3	2	○	10	1.584	1.0	1.0	10.43	17.67	28.1	43	
033	徳島ラーメン橋☆改	阿南高専	672.4	3	○	0	4.393	1.1	1.0	4.83	18.67	23.5	44	
014	高塚山	神戸市立高専	641.9	3	○	0	4.602	1.1	0.9	4.56	18.00	22.6	45	
047	ハニカムスター	岐阜高専	1,124.9	3	○	0	2.626	1.2	1.0	2.89	19.33	22.2	46	
043	氷	明石高専	528.6	4	○	0	5.588	1.2	0	0	22.00	22.0	47	
005	ハシ。	大阪公立大学高専	310.5	4	○	0	9.514	1.2	0	0	20.67	20.7	48	
037	さぬきふじ	香川高専(高松)	468.6	3	○	0	6.304	1.1	0	0	19.33	19.3	49	
050	漢橋(OTOKO BASHI)	岐阜高専	1,948.7	3	○	0	1.516	1.1		1.50	16.33	17.8	50	
010	うめ	和歌山高専	604.0	2	○	0	4.891	1.0	0	0	17.33	17.3	51	
008	MUGEN SARD BRIDGE nismo	松江高専	1,499.2	1	×	-	-	-	-	-	-	-	-	

表註
＊順位順、作品番号順に掲載。
＊「仕様確認」欄の○は合格、×は仕様違反。
＊ ▨ は載荷の全過程を成功した8作品を示す。
＊載荷点：70点満点＝静的載荷得点＋衝撃載荷得点
静的載荷得点：静的(固定)荷重の載荷で耐荷荷重のkgf*3数が点数(40点満点)。
衝撃載荷得点：衝撃荷重の載荷に成功したら30点。
＊軽量点：20点満点。質量の小さい順で1位の作品に20点、2位以降については、1位の作品の質量を該当作品の質量で除した数値に20を乗じた点数(小数点第4位を四捨五入して、小数点第3位まで表示)を与える。

$$該当作品の軽量点＝\frac{質量の最も小さい作品の質量(g)(今回は147.7g)}{該当作品の質量(g)}×20$$

ただし、製作物を載荷装置に設置後、載荷する段階で「崩壊」と判断された場合は、軽量点の対象外。
＊競技得点：108点満点＝(載荷点＋軽量点)×「部材数」係数×設置時間係数
(小数点第3位を四捨五入して、小数点第2位まで表示)

＊「部材数」係数：橋を分割した部品の数(「部材数」)が2の場合は1.0、3の場合は1.1、4の場合は1.2。
＊設置時間係数：120秒以内に設置を完了した場合は1.0、120秒を超えた場合は0.9。300秒を超えた場合は0で失格とし、耐荷性能試験では審査対象外となる。
＊審査員評価点：3人の審査員の評価点(各30点満点)の平均点(小数点以下第3位を四捨五入して、小数点第2位まで表示)。詳細は本書68ページ表2参照。
＊総得点：138点満点＝競技得点＋審査員評価点
(小数点以下第2位を四捨五入して、小数点第1位まで表示)
＊総得点が同点の場合は、軽量点の高いほうを上位とする。総得点、軽量点が同点の場合は、同順位とする。
＊作品名は、サブタイトルを省略。
＊作品番号[008]は仕様確認で規定違反により失格。耐荷性能試験に参加させたが審査対象外。

＊1　最優秀賞：最優秀賞(国土交通大臣賞)。
＊2　優秀賞：優秀賞(日本建設業連合会会長賞)。
＊3　kgf：重量キログラム。重さ、重力、力、荷重など物体にかかる力を表す単位。地球上では、10kgfは10kgの物体にかかる力(重力)。

本選 審査経過

4分割と300g以下の軽量化に多くがチャレンジ

課題設定 | 昨年と同じ難問で、参加者に挑む

今大会は、「デザコン2023 in 舞鶴」と同様、くさびやピンなどを使わずに、2〜4の部品(橋を分割した各要素。複数の部材で構成された構築物)のみをつなげて1つの橋を形成するという条件で、静的(固定)荷重に加えて衝撃荷重にも耐えるという難題であった。衝撃荷重は、橋の片方の支点部分に六角ナットを挟む設計にしておき、載荷時に六角ナットを引き抜いて支点部分を落下させることにより、加えた。接合して1つの橋を組み立てるための部品の数(「部材数」)が多いほど、また橋の質量が小さいほど高得点を獲得できる。しかし、部品の数が増えると、荷重に耐える上で弱点となる連結部の数が増える。また、軽量化のために、橋を構成する部材の断面を薄く小さくすると圧縮力により変形したり、引張力によって破壊する可能性が高まる。軽量にするためには、構造的に合理性の高い形状を見つける必要があり、とても難易度が上がる。

展示設営 | 耐荷性能試験を中継するサテライト会場も用意

今大会では、耐荷性能試験(競技)の会場である第1体育館に加えて、競技の状況を中継し、観戦することができるサテライト会場を作品展示ブースの並ぶ第2体育館(仕様確認、審査員審査の会場でもある)に設けた。

大会開始の3日前から、昨年の舞鶴大会に参加した学生を中心に、阿南高専の学生が授業の合間を縫って、載荷試験装置の搬入や仕様確認会場の設営などを進めた。そして、舞鶴大会に参加した学生は、今大会には参加しなかったものの、オリ

1_橋を分割した部品の数

2_「ずれ止め機構」の深さの確認

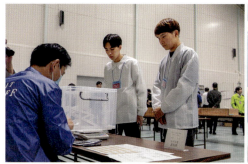

3_質量測定

エンテーション時に使用する見本の橋を製作。昨年、自らはクリアすることのできなかった衝撃荷重の載荷まで耐えられる橋を見事に完成させた。

仕様確認 | 約9割が1回めで合格

大会初日の9:00より仕様確認を開始した。仕様確認に用いる装置は、昨年と同じく木製の箱とし、作品の寸法を円滑に確認できるよう、橋を構成する部品の数(「部材数」。2〜4と設定)ごとに用意した。最初に、この箱に橋を入れ、製作限界内に収まっているか、橋を構成する部品が継手*1の重複範囲内で接合されているか、を作品番号順に確認していく。加えて、載荷点の位置確認用の治具(器具)を用いて、載荷治具*2を置く「ずれ止め機構」の深さが規定の範囲を超えていないかを併せて確認した。

1回めの仕様確認で約9割の作品が合格し、不合格の作品には手直しを指示した。不合格の主な原因は、製作限界内に橋が収まらないこと、継手の重複範囲不良などである。手直しは、不合格が確定した後、30分間を制限時間として、所定の手直しスペースで、各自の持参した器具を用いて行なった。その結果、再度の仕様確認で、1作品[008]を除いてすべての作品が合格した。

なお、[008]は、継手の重複部分に不良箇所があり、橋が一体となったまま分割できなかったため、残念ながら、規定違反により失格、審査対象外となった。

註(本書65〜75ページ) ＊000、[000]：作品番号。 ＊文中の作品名は、サブタイトルを省略。高専名(キャンパス名)『作品名』[作品番号]で表示。

質量と橋を構成する部品の数(「部材数」)による作品分布

仕様確認を合格した51作品。それぞれ部品を接合して橋にした状態(左)と、部品に分解した状態(右)

凡例：

作品番号	質量(g)	「部材数」
部品を接合した橋	橋を分割した部品	

＊☆は、全載荷過程を成功。

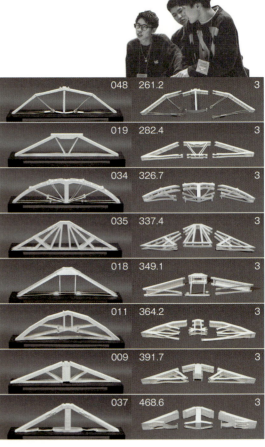

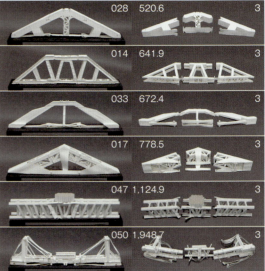

「部材数」 2 　　　　　「部材数」 3

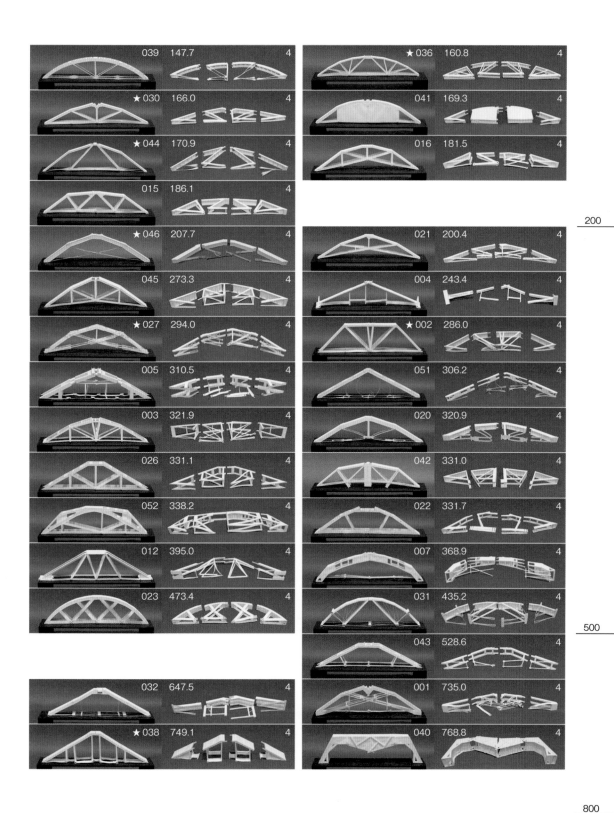

「部材数」 4

デザコン2024 阿南 067

審査員審査 | 試験や解析の結果で効果的なアピールも

「デザコン2023 in 舞鶴」と同様に、仕様確認と並行して審査員審査を実施した（表2参照）。審査員3人は一緒に、作品番号の大きいものから順に各作品の展示ブースを巡回し、実物の橋とプレゼンテーションポスター（以下、ポスター）を確認しながら、製作した学生の代表1人と1分間ほどの質疑応答を行なった。審査員からの質問に対して、学生は作品のコンセプト、構造形式、製作上の工夫点などについて、ほぼ規定時間内で回答していた。中には、ポスターに材料の要素試験結果のグラフや解析結果を載せ、構造的に工夫した点などを審査員に対して効果的にアピールした作品[030]などもあった。

表2　審査員審査による審査員評価点

作品番号	作品名	高専名 （キャンパス名）	中澤					岩崎					奥田					総得点 [90点]	審査員 評価点 [30点]
			①	②	③	④	合計 [30点]	①	②	③	④	合計 [30点]	①	②	③	④	合計 [30点]		
001	月山	鶴岡高専	7	7	7	2	23	7	7	7	2	23	4	8	6	2	20	66	22.00
002	橋（きょう）、好きになりました♡	八戸高専	7	5	6	2	20	8	7	7	2	24	8	5	5	2	20	64	21.33
003	SSM橋	明石高専	7	6	7	2	22	7	7	8	2	24	7	8	8	2	25	71	23.67
004	まごころこめて手づくり　にほんばし	大阪公立大学高専	8	7	8	2	25	8	7	8	2	25	8	8	9	3	28	78	26.00
005	ハシ。	大阪公立大学高専	6	5	6	2	19	8	7	8	2	25	7	4	6	1	18	62	20.67
006	しょうゆ	和歌山高専	6	5	6	2	19	7	7	7	3	24	1	3	4	2	10	53	17.67
007	翠風	都城高専	7	7	7	2	23	7	8	7	2	24	5	9	7	2	23	70	23.33
008	MUGEN SARD BRIDGE nismo	松江高専	-	-	-	-	-	-	-	-	-	-	-	-	-	-	-	-	-
009	幣舞	釧路高専	7	6	7	2	22	8	8	8	3	27	7	6	5	2	20	69	23.00
010	うめ	和歌山高専	5	7	5	1	18	6	7	6	2	21	4	4	4	1	13	52	17.33
011	三鶴（みつや）の訓	釧路高専	7	6	7	2	22	7	7	7	2	23	6	8	8	3	25	70	23.33
012	ラポール	鶴岡高専	6	7	6	2	21	8	8	7	3	26	6	8	7	3	24	71	23.67
013	B.bridge	神戸市立高専	6	7	6	2	21	7	7	7	2	23	2	5	6	1	14	58	19.33
014	高塚山	神戸市立高専	6	6	6	2	20	6	6	7	3	22	4	4	3	1	12	54	18.00
015	マルボーズ・マイスター	苫小牧高専	8	7	8	2	25	8	7	8	3	26	6	8	8	2	24	75	25.00
016	優	苫小牧高専	8	8	8	3	27	7	7	9	2	25	8	8	8	3	27	79	26.33
017	プエンテ橋	福島高専	7	6	6	2	21	8	7	7	2	24	6	6	5	2	19	66	22.00
018	薩摩富士	鹿児島高専	7	6	6	2	21	8	7	8	3	26	5	6	6	2	19	66	22.00
019	NITI-C	石川高専	7	7	6	2	22	8	7	8	3	26	8	8	8	2	26	74	24.67
020	SECOND IMPACT（セカンドインパクト）	舞鶴高専	7	7	8	2	24	8	6	8	2	24	7	7	7	2	23	71	23.67
021	ツ。	舞鶴高専	8	8	8	3	27	8	8	8	3	27	8	8	7	3	26	80	26.67
022	剛弓	長野高専	7	6	7	2	22	7	7	7	3	24	7	7	7	2	23	69	23.00
023	月	長野高専	6	6	6	2	20	8	7	8	2	25	6	6	7	2	21	66	22.00
024	縁結橋	松江高専	6	6	6	2	20	7	7	8	2	24	5	5	4	2	16	60	20.00
025	覇有虎子（ハウトラス）	石川高専	6	6	7	2	21	7	7	8	2	24	6	5	6	1	18	64	21.33
026	心臓	新モンゴル高専	6	6	6	2	20	8	8	8	2	26	6	7	8	4	25	71	23.67
027	竜	新モンゴル高専	7	6	7	2	22	8	7	8	3	26	8	8	8	3	27	75	25.00
028	弦	福井高専	7	7	8	2	24	8	8	8	2	26	5	6	9	2	22	72	24.00
029	柔（YAWARA）	福井高専	8	7	8	2	25	8	7	8	2	25	6	7	7	2	22	72	24.00
030	渡鳥橋（とっとりきょう）	米子高専	8	7	8	3	26	8	8	8	3	27	8	9	9	3	29	82	27.33
031	elegant arch	近畿大学高専	6	7	7	2	22	7	7	8	2	24	6	7	6	2	21	67	22.33
032	big truss	近畿大学高専	6	7	6	2	21	7	7	8	2	24	5	6	6	2	19	64	21.33
033	徳島ラーメン橋☆改	阿南高専	6	6	6	2	20	7	7	8	2	24	4	4	6	2	16	56	18.67
034	mou genkaiii....	IETモンゴル高専	7	6	6	2	21	7	7	7	2	23	6	7	9	2	24	70	23.33
035	Truss bridge	IETモンゴル高専	6	6	6	2	20	7	7	9	2	25	5	5	7	2	19	64	21.33
036	要	米子高専	7	7	8	2	24	8	8	8	3	27	9	9	9	3	30	81	27.00
037	さぬきふじ	香川高専（高松）	6	6	6	2	20	7	7	7	2	23	4	4	5	2	15	58	19.33
038	市松網代橋	秋田高専	6	6	6	2	20	7	7	8	2	24	4	4	5	2	15	59	19.67
039	四安弧（スーアンコ）	群馬高専	7	7	8	2	24	8	8	8	3	27	7	7	8	6	28	79	26.33
040	Quadruple	秋田高専	5	6	6	2	19	7	7	9	2	25	4	4	9	2	19	63	21.00
041	赤城（あかぎ）	群馬高専	6	6	7	2	21	8	7	7	2	24	8	8	6	2	24	69	23.00
042	共橋（ともはし）	呉高専	8	8	7	3	26	7	7	8	3	25	7	7	8	2	24	76	25.33
043	氷	明石高専	7	6	7	2	22	7	7	8	3	25	5	6	6	2	19	66	22.00
044	魁兜（かいと）	徳山高専	7	6	8	2	23	7	8	8	2	25	9	8	8	3	28	76	25.33
045	合	呉高専	7	8	7	2	24	8	9	8	3	28	7	8	9	3	27	81	27.00
046	翠月（すいげつ）	徳山高専	8	8	8	3	27	8	8	8	3	27	5	8	8	5	26	80	26.67
047	ハニカムスター	岐阜高専	5	5	6	2	18	6	7	6	2	21	6	6	5	2	19	58	19.33
048	橋をしれ！　橋を!!	有明高専	8	8	7	2	25	8	8	9	3	28	7	8	8	2	25	78	26.00
049	8時15分～8時20分のキセキ	小山高専	6	6	5	1	18	7	7	7	4	25	6	6	6	2	20	62	20.67
050	漢橋（OTOKO BASHI）	岐阜高専	5	6	6	2	19	6	6	7	2	21	1	4	3	1	9	49	16.33
051	Sumber（スンベル）	モンゴル科技大高専	7	6	6	2	21	7	7	8	2	24	6	7	6	2	21	66	22.00
052	青空（あおぞら）の架（か）け橋（はし）	モンゴル科技大高専	7	7	8	2	24	7	8	7	2	24	7	8	7	2	24	72	24.00

表註
＊審査員評価点：3人の審査員の評価点（各30点満点）の平均点（小数点以下第3位を四捨五入して、小数点第2位まで表示）。各作品の得点となる。
＊作品名は、サブタイトルを省略。　＊作品番号[008]は仕様確認で規定違反により失格。審査対象外。

凡例
評価項目
①：「作品」（橋）の構造的な合理性[9点満点]　②：「作品」（橋）の独自性[9点満点]　③：プレゼンテーションポスターの出来栄え[9点満点]　④：審査員との質疑応答の内容[3点満点]

DAY 1 初日

耐荷性能試験1（競技）
雨天による高い湿度は、橋（紙）に影響も

昨年に続き、初日に半数の作品、2日めに残り半数の耐荷性能試験を実施した。2作品参加した高専については、原則として、事前に提出された仕様確認表に記載している予想質量の大きいほうの作品が初日の耐荷性能試験に参加するように調整したが、参加作品数の関係で、2日めに2作品の耐荷性能試験を実施した高専もあった（表4参照）。仕様確認での規定違反で失格し、審査対象外となった1作品[008]を含め、競技には52作品が参加した。

13:00からのオリエンテーションで耐荷性能試験の内容を説明した後、13:40より第1体育館で3台の載荷装置を使って、3作品ごと同時に耐荷性能試験を開始した。初日は27作品が参加し、原則として、予想質量が大きい順に9組に分けて実施した（表3参照）。

初日は、台風の影響により会場周辺に雨が降っており、参加学生の多くが高い湿度（最高90％超）により橋の材料である紙への影響を気にしていた。そのため、競技直前まで持参した乾燥剤などで橋を乾かす参加学生の姿も見られた。

司会による競技開始の合図と当時に、参加学生は収納ボックスから橋の構成部品を取り出し、舞台上で組み立て、載荷治具を設置する。旗審が設置の完了を確認した後、静的荷重として、おもりを10kgf[*3]ずつ順に4回載荷していき、合計40kgfの載荷成功後、六角ナットを引き抜くことで橋に衝撃荷重が加わる。衝撃荷重の載荷に見事、成功すると、客席からは大きな歓声が起こった。

各組の試験が終わるごとに、司会が勝因や敗因、コンセプトなどについて各作品の学生にインタビューし、審査員からは各作品への講評があった。

DAY 2 2日め

耐荷性能試験2（競技）
全載荷過程成功数は昨年より減、果敢な挑戦は増

2日めの8:45から、残り25作品の耐荷性能試験を実施。2日めは初日の雨もあがり、前日とは打って変わって晴天の中での開始となった。また、2日めの耐荷性能試験も初日同様、大きなトラブルもなく、無事に終えることができた。

昨年に引き続いて同様の競技内容であったものの、最後の衝撃荷重の載荷まで全載荷過程をクリアできた作品は審査対象の51作品中8作品であった。部品を接合した橋で衝撃荷重の載荷に耐えるということが、いかに難しい耐荷条件であったかを再度、認識することとなった。

今大会は、「デザコン2023 in 舞鶴」と同様に、静的荷重と衝撃荷重に耐えることに加えて、橋を構成する部品の多さと橋の軽さが高得点に結び付く。上位をめざして、参加作品の約6割（昨年は5割強）が部品の数4（4つの部品から構成され、「部材数」係数が最高になる）でチャレンジした。また、参加作品の約3割が、橋の質量を300g以下に調整して耐荷性能試験に臨んだ。その結果、最後の衝撃荷重の載荷（全載荷過程）まで耐えられた作品はわずか8作品であった。なお、それら8作品はすべて部品の数4で、その内6作品は橋の質量が300gを下回るなど、ギリギリまで軽量化されていた（本書64ページ表1参照）。

最終的に、載荷治具の設置時点や最初のおもり10kgf載荷時点での破壊が13作品、おもり10kgfまでの成功が12作品、おもり20kgfまでの成功が5作品、おもり30kgfまでの成功が10作品、おもり40kgfまでの成功が3作品であった。

構造デザイン部門に参加した学生と指導教員の数は、海外からの参加を含め300人を超え、大会は大いに盛り上がった。

表3 耐荷性能試験1の載荷順 初日（11月2日）

載荷装置A

載荷順	作品番号	作品名	高専名（キャンパス名）	質量(g)
1	050	漢橋(OTOKO BASHI)	岐阜高専	1,948.7
2	024	縁結橋	松江高専	1,334.4
3	001	月山	鶴岡高専	735.0
4	034	mou genkaiii....	IETモンゴル高専	326.7
5	029	柔(YAWARA)	福井高専	480.9
6	036	要	米子高専	160.8
7	015	マルボーズ・マイスター	苫小牧高専	186.1
8	020	SECOND IMPACT(セカンドインパクト)	舞鶴高専	320.9
9	018	薩摩富士	鹿児島高専	349.1

載荷装置B

載荷順	作品番号	作品名	高専名（キャンパス名）	質量(g)
1	013	B.bridge	神戸市立高専	1,387.5
2	017	プエンテ橋	福島高専	778.5
3	025	覇有虎子(ハウトラス)	石川高専	733.7
4	005	ハシ	大阪公立大学高専	310.5
5	037	さぬきふじ	香川高専（高松）	468.6
6	052	青空(あおぞら)の架(か)け橋(はし)	モンゴル科技大高専	338.2
7	041	赤城(あかぎ)	群馬高専	169.3
8	011	三鶴(みつや)の訓	釧路高専	364.2
9	048	橋をしれ！　橋を!!	有明高専	261.2

載荷装置C

載荷順	作品番号	作品名	高専名（キャンパス名）	質量(g)
1	006	しょうゆ	和歌山高専	1,865.3
2	040	Quadruple	秋田高専	768.8
3	032	big truss	近畿大学高専	647.5
4	026	心臓	新モンゴル高専	331.1
5	043	氷	明石高専	528.6
6	046	翠月(すいげつ)	徳山高専	207.7
7	022	剛弓	長野高専	331.7
8	007	翠風	都城高専	368.9
9	049	8時15分～8時20分のキセキ	小山高専	407.3

表註（表3～表4）　＊載荷装置3台を使って、同時に3作品ずつ載荷。載荷装置ごとに、原則として、事前に提出された仕様確認表に記載している予想質量の大きな作品から順に載荷。
＊同一高専で2作品が参加の場合は、原則として、予想質量の大きいほうの作品が初日（11月2日）の耐荷性能試験1に参加。
＊各作品の「質量(g)」は、仕様確認で計測した数値。
＊■の8作品は、載荷の全過程を成功。　＊作品名は、サブタイトルを省略。
＊作品番号[008]は仕様確認で規定違反により失格。耐荷性能試験に参加させたが審査対象外。　＊作品番号[038]と[039]は、出立時間の都合で順序を入れ替えた。

表4 耐荷性能試験2の載荷順 2日め（11月3日）

載荷装置A

載荷順	作品番号	作品名	高専名（キャンパス名）	質量(g)
1	042	共橋(ともはし)	呉高専	331.0
2	019	NITI-C	石川高専	282.4
3	039	四安弧(スーアンコ)	群馬高専	147.7
4	031	elegant arch	近畿大学高専	435.2
5	033	徳島ラーメン橋☆改	阿南高専	672.4
6	002	橋(きょう)、好きになりました♡	八戸高専	286.0
7	004	まごころこめて手づくりにほんばし	大阪公立大学高専	243.4
8	044	魁兜(かいと)	徳山高専	170.9
9	030	渡鳥橋(とっとりきょう)	米子高専	166.0

載荷装置B

載荷順	作品番号	作品名	高専名（キャンパス名）	質量(g)
1	009	幣舞	釧路高専	391.7
2	008	MUGEN SARD BRIDGE nismo	松江高専	1,499.2
3	014	高塚山	神戸市立高専	641.9
4	003	SSM橋	明石高専	321.9
5	035	Truss bridge	IETモンゴル高専	337.4
6	012	ラボール	鶴岡高専	395.0
7	021	ツ。	舞鶴高専	200.4
8	016	優	苫小牧高専	181.5
9	038	市松網代橋	秋田高専	749.1

載荷装置C

載荷順	作品番号	作品名	高専名（キャンパス名）	質量(g)
1	028	弦	福井高専	520.6
2	047	ハニカムスター	岐阜高専	1,124.9
3	010	うめ	和歌山高専	604.0
4	023	月	長野高専	473.4
5	045	合	呉高専	273.3
6	027	竜	新モンゴル高専	294.0
7	051	Sumber(スンベル)	モンゴル科技大高専	306.2

構造デザイン部門

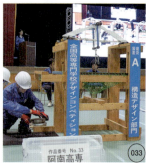

DAY 2
2日め

DAY 1
初日

デザコン2024 阿南　073

構造デザイン部門

学生交流会
学生同士が作品について熱心に語り合う

初日の耐荷性能試験1の後に実施した学生交流会（技術交流）では、競技会場である第1体育館の舞台に3作品の学生が順に登壇して、作品名の由来、コンセプト、デザインの意図などについてプレゼンテーション。[024]への「圧縮材を接合する継ぎ手部分の形状は？」、[036]への「載荷実験を重ねて、橋の製作工程を早める工夫を見つけた？」、[046]への「クロスケーブル（本書60ページ参照）の作成方法は？」など、客席の学生や教員、協賛企業関係者からの質問に答えた。

その後、全員で作品展示ブースの並ぶ第2体育館に移動し、参加学生は実際に作品を見ながら、それぞれの意見を活発に交換していった。作品展示ブースの脇に協賛企業のブースを設置していたことも手伝って、学生同士の技術交流に加え、普段から実務に携わる協賛企業の技術者たちと学生とが、製作した橋について意見を交わす場面も見られた。

審査結果発表、審査員総評

独自の工夫を重ねた作品が上位入賞

今年、受賞した7作品すべてが橋を構成する部品の数4で全載荷過程を成功し、その内6作品が300g未満の軽量であった。中でも、米子高専『要』[036]の質量は160.8gと全載荷過程を成功した作品中で最も軽量であり、このことが最優秀賞の獲得につながったものと考えられる。

総じて、参加作品のレベルの高さを感じた大会であった。

構造形式は、アーチ構造[*4]やトラス構造[*5]の作品が多かった印象である。また、部品を「つなぐ」継手構造を工夫しなければ、想定した耐荷性能を得られない。そのため、1つの橋とするために接合する部品の形状や構造に応じて、継手を独自に工夫した作品が見られた。加えて、静的荷重を載荷した後の衝撃荷重に対して衝撃のエネルギーを吸収する部材(構造物)を作成した作品([036]など)もあった。このような独自の工夫を積み重ねた作品が、上位入賞を達成したのではないか。

今年は初日と2日めで天候が変わり、環境条件が大きく異なったものの、厳しい環境条件の中、おもりの載荷直前まで最善を尽くし、限界まで挑戦する学生たちの姿には感動を覚えた。今回の厳しい条件から得た多くの経験を糧に、来年の大会にもぜひチャレンジしてほしい。

(角野 拓真、井上 貴文　阿南高専)

註
* [*1] 継手：本書58ページ註7参照。
* [*2] 載荷治具：おもりを載荷するための器具。本書88ページ図2参照。
* [*3] kgf：本書64ページ註3参照。
* [*4] アーチ構造：本書63ページ註4参照。
* [*5] トラス構造：本書57ページ註3参照。

本選
開催概要

構造デザイン部門概要
- ■課題テーマ
つなげる架け橋
- ■課題概要
2019年東京大会から続く紙を素材とした橋。そのデザインを競う。
❶おもりの載荷直前に会場で2つ以上(2〜4)の部品(橋を分割した各要素。複数の部材で構成された構築物)をつないで1つの橋を作成すること。
❷静的(固定)荷重に加えて、衝撃荷重にも耐える橋にすること。
紙という素材の特徴をよくとらえて、上記の条件を満足させる「耐荷性」「軽量性」「デザイン性」にすぐれた橋を製作してほしい。
- ■審査員
中澤 祥二(審査員長)、岩崎 英治、奥田 秀樹
- ■応募条件
❶高等専門学校に在籍する学生
❷個人または6人以内のチームによるもの。1人1作品
❸他部門への応募不可
❹同一高専で2作品まで応募可。ただし、同一高専で2作品を応募する場合、同じ形や同じ構造コンセプト(力の流れや荷重の負担の仕組み)の作品は不可。同様の作品を応募した場合、片方の作品は、失格として耐荷性能試験では審査対象外とする、または、参加を認めないことがある
- ■応募数
52作品(270人、30高専)
- ■質疑応答期間
質疑：2024年4月22日(月)〜5月7日(火)
回答：2024年5月15日(水)より「デザコン2024 in 阿南」公式ホームページにて公開
- ■応募期間
2024年9月17日(火)〜30日(月)
- ■事前提出物の提出期間
2024年10月21日(月)〜28日(月)
- ■事前提出物
❶作品概要：エントリーフォームに入力
❷プレゼンテーションポスターの電子データ：A2判サイズ(横)1枚、PDF形式
❸仕様確認表の電子データ：A4判サイズ、XLSX形式
- ■製作条件と設計条件
本書88ページ参照

本選審査
- ■日時
2024年11月2日(土)〜3日(日)
- ■会場
阿南高専　第1体育館(耐荷性能試験、学生交流会)、第2体育館(仕様確認、審査員審査、学生交流会)
- ■本選提出物
❶橋(製作物＝「作品」)：指定どおりのもの(本書88ページ参照)
❷プレゼンテーションポスター：A2判サイズ(横)1枚。高専名、作品名、コンセプト、橋の写真、アピールポイントを記載
- ■審査過程
参加数：52作品(270人〈内、本選不参加9人〉、30高専)
2024年11月2日(土)
❶仕様確認　9:00〜11:30
❷審査員審査　10:00〜11:30
❸耐荷性能試験1(競技)　13:40〜15:40
❹学生交流会(技術交流)　15:40〜17:00
2024年11月3日(日)
❶耐荷性能試験2(競技)　8:45〜10:40
❷最終審査(非公開審査)　11:00〜12:00
❸審査結果発表、審査員総評　12:00〜12:10
- ■審査方法
「競技得点」と「審査員評価点」を合計した総得点をもとに、審査員3人による協議の上、各賞を決定(本書89ページ参照)

縁結橋──Enmusubikyou

024　松江高専

★順位：8　質量：1,334.4g　「部材数」：4　総得点：98.0

大西 成弥、友國 健晟(5年)、淺野 広太(3年)[環境・建設工学科]／◎新崎 真央[電気情報工学科4年]／阿瀬川 獅友[情報工学科4年]
担当教員：堀田 崇由[環境・建設工学科]

共橋(ともばし)

042　呉高専

順位：9　質量：331.0g　「部材数」：4　総得点：84.0

◎宇川 陽樹[環境都市工学科5年]／畝 倖太、上林山 翼、小桜 果、桑原 帆乃未(4年)、百相 里花(2年)[建築学科]
担当教員：松野 一成[建築学科]

SSM橋

003　明石高専

順位：10　質量：321.9g　「部材数」：4　総得点：82.7

◎羽馬 義瑛、井田 千尋、小久保 翔也、隅谷 樂、松村 昌真、水島 羽琉[都市システム工学科3年]
担当教員：大城 雄希[都市システム工学科]

   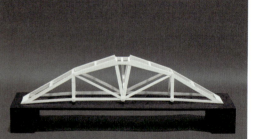

優──MASAHIRO

016　苫小牧高専

順位：11　質量：181.5g　「部材数」：4　総得点：81.9

◎有坂 優宏(5年)、上林 寛弥(4年)[創造工学科都市・環境系]／真木 丈士朗(5年)、佐藤 泰樹(4年)[創造工学科機械系]／俣野 林太郎(5年)、近藤 暁(2年)[創造工学科情報科学・工学系]
担当教員：中村 努[創造工学科都市・環境系]

註(本書76〜87ページ)　＊000：作品番号。　＊氏名の前にある◎印は学生代表。　＊順位順、作品番号順に掲載。　＊総得点が同点の場合は、軽量点の高いほうを上位とする。総得点、軽量点が同点の場合は、同順位とする。　＊「順位」の前の★は、載荷の全過程成功を示す。　＊＊1：本選不参加。
＊＊2：仕様確認で規定違反により失格。耐荷性能試験に参加させたが審査対象外。

合――あい

(045) 呉高専

◎西口 幹人、橘髙 雷士、小嶋 翔太、大塚 惺矢、大中 康輝、藤原 福人
[建築学科5年]
担当教員：三枝 玄希[建築学科]

順位：12　質量：273.3g　「部材数」：4　総得点：76.0

ツ。――継手の構造について

(021) 舞鶴高専

井上 博之[建設システム工学科都市環境コース4年]／
◎植西 佐、陌間 聡志(2年)、永井 泉希、芝井 咲月、間宮 帆香(1年)
[建設システム工学科]
担当教員：玉田 和也[建設システム工学科]

順位：13　質量：200.4g　「部材数」：4　総得点：75.0

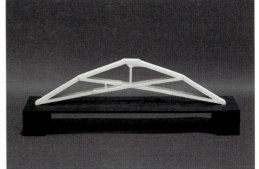

SECOND IMPACT

(020) 舞鶴高専

◎川村 拓海[建設システム工学科都市環境コース5年]／
平中 太朗、平木 彪雅[建設システム工学科建築コース4年]／
石﨑 裕生、藤田 朔夜、荻野 歩[建設システム工学科3年]
担当教員：玉田 和也[建設システム工学科]

順位：14　質量：320.9g　「部材数」：4　総得点：70.7

心臓――HEART

(026) 新モンゴル高専

◎ラハガワオチル・アミンエレデネ、
ブテドウヤンガ・エンフアマガラン、トゥメンバヤル・テンギス、
イデルツォグト・アマルジャルガル、フレルスフ・バヤラジャフラン、
ツォグオー・トゥグルドゥル[土木建築工学科5年]
担当教員：バータル・ボロルツェツェグ[土木建築工学科]

順位：15　質量：331.1g　「部材数」：4　総得点：70.4

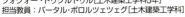

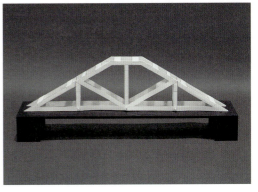

NITI-C──構造研究家

(019) 石川高専

◎山口 隼、松本 莉歩、石川 琥珀、古瀬 翔大郎、浜田 裕輝、小林 英幸
[建築学科4年]
担当教員：小川 福嗣[建築学科]

順位：16　質量：282.4g　「部材数」：3　総得点：69.2

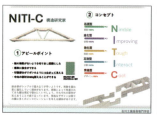
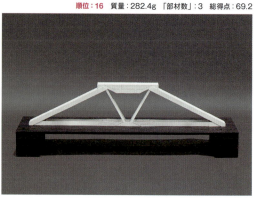

Quadruple

(040) 秋田高専

◎小笠原 悠太郎、松渕 栞利、山正 史織
[創造システム工学科土木・建築系3年]
担当教員：丁 威
[創造システム工学科土木・建築系国土防災システムコース]／
井上 誠[創造システム工学科土木・建築系空間デザインコース]

順位：17　質量：768.8g　「部材数」：4　総得点：68.3

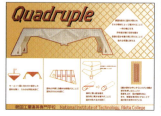

マルボーズ・マイスター

(015) 苫小牧高専

◎中嶋 一心、大沢 穂香、齊藤 翔太、寅尾 美羽
[創造工学科都市・環境系5年]／
田村 飛世莉[創造工学科応用化学・生物系2年]／
山中 望々夏[創造工学科1年]
担当教員：中村 努[創造工学科都市・環境系]

順位：18　質量：186.1g　「部材数」：4　総得点：68.0

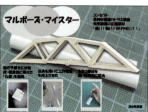

Sumber
スンベル

(051) モンゴル科技大高専

◎エンクトゥシグ・ガンゾリグ、シューデル・ガンザム、
ゲゲーレル・エルデネブルガン、ブヤンジャルガル・バヤンバット、
オチルプヤン・アマルタイワン、バヤルジャヴラン・バヤルバート
[土木建築学科2年]
担当教員：アミナー・バトアマガラン[土木建築学科]

順位：19　質量：306.2g　「部材数」：4　総得点：64.8

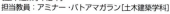

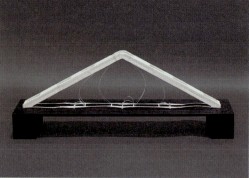

elegant arch

(031) 近畿大学高専

◎古川 直、山本 唯生、春木 遼太
[総合システム工学科都市環境コース建築系5年]
担当教員：松岡 良智[総合システム工学科都市環境コース建築系]

順位：20　質量：435.2g　「部材数」：4　総得点：62.1

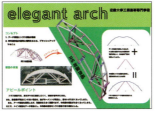

弦

(028) 福井高専

小谷 朝日(5年)、◎石田 誠一郎(3年)、齋藤 翔太(2年)、牧田 匠望、榎 翔生(1年)[環境都市工学科]／野村 梨帆[電気電子工学科2年]
担当教員：樋口 直也[環境都市工学科]

順位：21　質量：520.6g　「部材数」：3　総得点：59.3

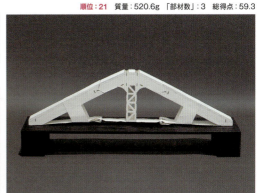

四安弧（スーアンコ）

(039) 群馬高専

◎小林 光希、小林 志門(5年)、平田 花菜子、山本 拓海、小川 桜子、中村 和弥(2年)[環境都市工学科]
担当教員：木村 清和、渡邊 祥庸[環境都市工学科]

順位：22　質量：147.7g　「部材数」：4　総得点：58.7

青空の架け橋

(052) モンゴル科技大高専

◎ビルグーデイ・シジルバートル、
エルデネホロル・シャグダルスレン(5年)、テンギス・バヤスガラン、ナランソロング・ナランツヤ、エンフマンライ・ムンフゾリグト、チンゾリグ・バトバヤル(2年)[土木建築学科]
担当教員：アミナー・バトアマガラン[土木建築学科]

順位：23　質量：338.2g　「部材数」：4　総得点：55.0

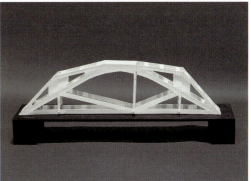

B.bridge

⑬ 神戸市立高専

◎津川 桂海羽(4年)、稲石 帆乃果、坂下 仁那(2年)、牧﨑 小柚(1年)
[都市工学科]
担当教員：上中 宏二郎[都市工学科]

順位：24　質量：1,387.5g　「部材数」：4　総得点：54.0

幣舞——nusamai

⑨ 釧路高専

本橋 幸大[建設・生産システム工学専攻科1年]／◎山崎 至恩、惣宇利 瑠珂(5年)、菅野 はな、植竹 文花(3年)
[創造工学科建築デザインコース建築学分野]
担当教員：西澤 岳夫、岩間 雄介
[創造工学科建築デザインコース建築学分野]

順位：25　質量：391.7g　「部材数」：3　総得点：53.3

薩摩富士

⑱ 鹿児島高専

◎水流 瑞季、鶴薗 颯太、福元 涼太、荊原 久美子、福永 泰誠、平川 善介[都市環境デザイン工学科4年]
担当教員：内田 一平[都市環境デザイン工学科]

順位：26　質量：349.1g　「部材数」：3　総得点：50.2

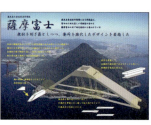

まごころこめて手づくり　にほんばし——すべての橋は「にほんばし」に繋がっている

④ 大阪公立大学高専

◎一口 凌太朗(5年)、山本 光(4年)
[総合工学システム学科都市環境コース]
担当教員：岩本 いづみ
[総合工学システム学科プロダクトデザインコース]

順位：27　質量：243.4g　「部材数」：4　総得点：49.9

構造デザイン部門

080

橋をしれ！ 橋を!!

(048) 有明高専

◎岩屋 昂士朗、泉 裕介(専攻科2年)、溝田 嵩弥(専攻科1年)
[建築学専攻]／宇佐 仁徳(4年)、上村 明美、石瀧 希実(3年)
[創造工学科建築コース]
担当教員：岩下 勉[創造工学科建築コース]

順位：28　質量：261.2g　「部材数」：3　総得点：49.4

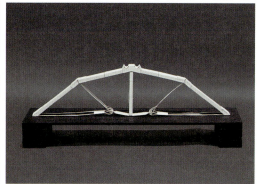

覇有虎子（ハウトラス）

(025) 石川高専

◎岡田 光、清造 竜之丞(3年)、松島 千夏(2年)[環境都市工学科]
担当教員：重松 宏明[環境都市工学科]

順位：29　質量：733.7g　「部材数」：2　総得点：45.4

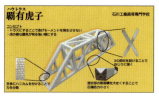

赤城──「紙」毛野國大橋（かみつけのくにおおはし）

(041) 群馬高専

島崎 飛里(5年)、◎今井 和空、杉原 菜々(3年)、関根 恵信(1年)
[環境都市工学科]／引間 行星[機械工学科3年]／金井 拓哉
[電子情報工学科1年]
担当教員：木村 清和、渡邊 祥庸[環境都市工学科]

順位：30　質量：169.3g　「部材数」：4　総得点：43.9

三鶴の訓（みつやのくん）

(011) 釧路高専

佐藤 侃音[建設・生産システム工学専攻専攻科1年]／◎渡邊 紅音、
狩野 由奈、武田 紗奈(5年)、松江 裕哉(4年)、鈴木 美桜(3年)
[創造工学科建築デザインコース建築学分野]
担当教員：西澤 岳夫、岩間 雄介
[創造工学科建築デザインコース建築学分野]

順位：31　質量：364.2g　「部材数」：3　総得点：43.3

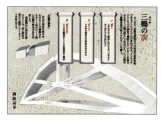
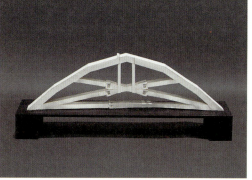

デザコン2024 阿南　081

月

023 長野高専

◎Serey Rothanak Or、大澤 佑羽、錦山 美鈴、林 花穏、森岡 ななみ**1(5年)、Yiapaoher Fongher(4年)
[環境都市工学科]
担当教員：大原 涼平[工学科都市デザイン系]

**1：本選不参加。

順位：32　質量：473.4g　「部材数」：4　総得点：41.5

Truss bridge

035 IETモンゴル高専

◎サンダグドルジ・ゾルバヤル、プレブサンブー・アマルトゥシン(4年)、スミヤクフー・ホラン、カリウナ・アリウンセッテゲル(3年)
[建設工学科]
担当教員：ビャンバツォグト・アルビンザヤ、ダールハイ・ブルガン
[建設工学科]

順位：33　質量：337.4g　「部材数」：3　総得点：39.9

柔──柔靭なアーチと平明な機能美

029 福井高専

保木 克也、畑 季佑(5年)、◎玉村 真優、藤上 隼玖(2年)、三川 結聖、園 空河(1年)[環境都市工学科]
担当教員：樋口 直也[環境都市工学科]

順位：34　質量：480.9g　「部材数」：2　総得点：38.5

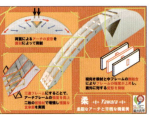

プエンテ橋──つなげる架け橋

017 福島高専

◎大津留 優仁、三瓶 蒼惟、會田 光基、松崎 太希、田中 妃万里、鈴木 大翔[都市システム工学科3年]
担当教員：相馬 悠人[都市システム工学科]

順位：35　質量：778.5g　「部材数」：3　総得点：37.2

big truss

(032) 近畿大学高専

◎川上 弘泰、牧村 賢祐(5年)、三永 綾音、長柄 花凜(4年)
[総合システム工学科都市環境コース建築系]
担当教員：松岡 良智[総合システム工学科都市環境コース建築系]

順位：36　質量：647.5g　「部材数」：4　総得点：37.1

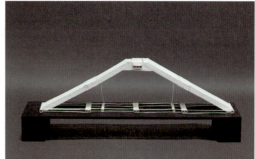

月山

(001) 鶴岡高専

◎小野寺 泰河[創造工学科情報コースITソフトウェア分野5年]／
土井 紗稀寧[創造工学科情報コース2年]／
阿部 來翔[創造工学科化学・生物コース2年]
担当教員：和田 真人[創造工学科機械コースデザイン工学分野]

順位：37　質量：735.0g　「部材数」：4　総得点：37.1

8時15分〜8時20分のキセキ

(049) 小山高専

◎畑中 優志、齋藤 さくら、鈴木 愛佳[建築学科4年]
担当教員：本多 良政[建築学科]

順位：38　質量：407.3g　「部材数」：2　総得点：36.2

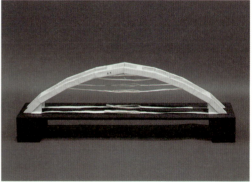

剛弓

(022) 長野高専

◎小畠 歩之、笠井 健生、小林 歩夢(5年)、小関 すず、師田 結衣、
安田 茉央(4年)[環境都市工学科]
担当教員：大原 涼平[工学科都市デザイン系]

順位：39　質量：331.7g　「部材数」：4　総得点：33.7

mou genkaiii....

034　IETモンゴル高専

◎ゴトブ・フレルーエレデネ、トゥブシンサイカン・マンライバヤル、オロスー・ナランバートル(4年)、
ダヴァドルジ・パトーエレデネ(3年)[建設工学科]
担当教員：ビャンバツォグト・アルビンザヤ、ダールハイ・ブルガン[建設工学科]

順位：40　質量：326.7g　「部材数」：3　総得点：33.3

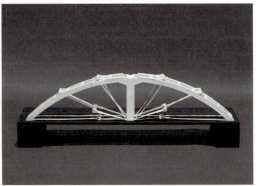

翠風

007　都城高専

◎岩切 大昌[建築学専攻専攻科1年]／中城 美祐、別府 優心、川崎 奨馬、山下 夏輝[建築学科5年]
担当教員：大岡 優[建築学科]

順位：41　質量：368.9g　「部材数」：4　総得点：32.9

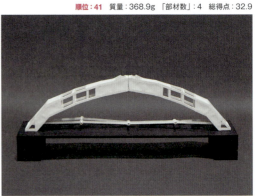

ラポール

012　鶴岡高専

◎保科 来海[創造工学科化学・生物コース材料工学分野5年]／齋藤 源治郎、鈴木 佑弥[創造工学科化学・生物コース2年]／保科 光琉[創造工学科1年]
担当教員：和田 真人[創造工学科機械コースデザイン工学分野]

順位：42　質量：395.0g　「部材数」：4　総得点：31.7

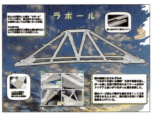

しょうゆ

006　和歌山高専

◎勝丸 直樹、佐伯 育、浅利 大雅、橋詰 琉汰、楠原 里穂、村上 あやの[環境都市工学科4年]
担当教員：山田 宰、櫻井 祥之[環境都市工学科]

順位：43　質量：1,865.3g　「部材数」：2　総得点：28.1

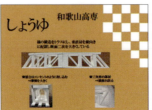
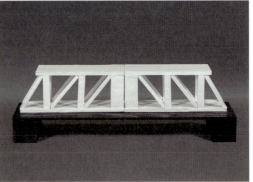

徳島ラーメン橋☆改

(033) 阿南高専

順位：44　質量：672.4g　「部材数」：3　総得点：23.5

◎粟田 倖太郎、村田 幸星、仲田 大悟、江上 千裕、ラニャガ・サリム
[創造技術工学科建設コース3年]
担当教員：多田 豊[創造技術工学科建設コース]

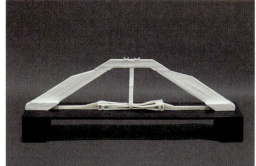
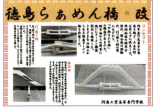

高塚山——Taka Tsuka Yama

(014) 神戸市立高専

順位：45　質量：641.9g　「部材数」：3　総得点：22.6

◎麻田 銀河、伊達 祐葵、下田 莉士、橋本 紗羅、池田 奏
[都市工学科3年]
担当教員：上中 宏二郎[都市工学科]

ハニカムスター

(047) 岐阜高専

順位：46　質量：1,124.9g　「部材数」：3　総得点：22.2

増田 空我（専攻科2年）、◎神宮司 琉羽、小椋 芽依、
成瀬 匠高（専攻科1年）[先端融合開発専攻]
担当教員：廣瀬 康之[環境都市工学科]

氷——氷の山をシンプルに進化

(043) 明石高専

順位：47　質量：528.6g　「部材数」：4　総得点：22.0

◎寺坂 拓磨、武田 隼、羽渕 陽向、松原 直己、村上 奨、渡邉 由恭
[都市システム工学科5年]
担当教員：生田 麻実[都市システム工学科]

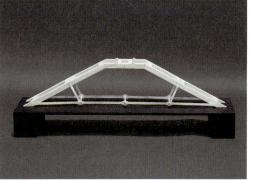

デザコン2024 阿南　085

ハシ。――構造の力学について

(005) 大阪公立大学高専

◎千賀 慎也、喜多 哲生、北川 凌央、瀧口 蓮、塚本 香純、山口 絢乃
[総合工学システム学科都市環境コース4年]
担当教員：岩本 いづみ
[総合工学システム学科プロダクトデザインコース]

順位：48　質量：310.5g　「部材数」：4　総得点：20.7

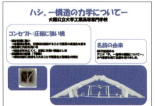

さぬきふじ

(037) 香川高専（高松）

◎岩田 侑真(4年)、石原 陽斗、高嶋 一獅(2年)、吉村 総司郎(1年)
[建設環境工学科]
担当教員：林 和彦[建設環境工学科]

順位：49　質量：468.6g　「部材数」：3　総得点：19.3

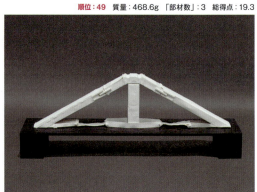

漢橋 OTOKOBASHI

(050) 岐阜高専

◎岡田 歩大**[1]、江嵜 香汰、増輪 拓大、向田 有杜**[1]、小塚 遥仁**[1]、入山 昇太郎**[1][先端融合開発専攻専攻科1年]
担当教員：廣瀬 康之[環境都市工学科]

**[1]：本選不参加。

順位：50　質量：1,948.7g　「部材数」：3　総得点：17.8

うめ

(010) 和歌山高専

◎金塚 俐玖、田中 敦稀、中本 翔瑛、辻本 正晴、久原 礼
[環境都市工学科4年]
担当教員：櫻井 祥之、山田 宰[環境都市工学科]

順位：51　質量：604.0g　「部材数」：2　総得点：17.3

MUGEN SARD BRIDGE nismo[**2]

(008) 松江高専

◎米原 瑞揮(5年)、原 観月、福田 七恵、足達 純大、落合 亜乙、森山 舞桜(1年)[環境・建設工学科]
担当教員：周藤 将司、堀田 崇由[環境・建設工学科]

順位：- 　質量：1,499.2g 　「部材数」：1 　総得点：0

**2：仕様確認で規定違反により失格。耐荷性能試験に参加させたが審査対象外。全載荷過程を成功。

デザコン2024 阿南　087

構造デザイン部門　応募要項と競技内容(要約)

橋(製作物＝「作品」)の設計・製作条件

1. 構造形式
❶水平スパン(支点間水平距離)900mm(図2参照)。分割された2～4つの橋の部品(橋を分割した各要素。複数の部材で構成された構築物)を指定する位置(以下、「継手の重複可能部分」)にて、橋の部品以外の部材(たとえば、くさびや込み栓など)を用いずに乾式(接着剤などを使わない方法)でつなぎ1つとなる、2点単純支持(両端ピン支持)形式の橋とする
❷橋の部品をつなぐ作業も耐荷性能試験(競技)の設置時間に含めるため、容易につなぐことができる橋とする

2. 載荷条件
静的(固定)荷重と衝撃荷重を与える載荷方式
❶静的荷重
橋を載荷装置に載せ、橋の左右対称の位置に順次、おもりを作用させて載荷する(図2参照)
図2に示すとおり、橋上面の支間(支点間水平距離)中央から左右それぞれ25mmの位置であるSa点とSb点に載荷治具[*1]を橋の上面と同じ高さの位置に置き、載荷治具の他端同士をSc点で22Ødの丸鋼を通し、その両端にナットを取り付ける。このScを通す丸鋼の中央に付いた、載荷ワイヤ先端のフックが掛けられる吊りピースとフックを結合することにより、Sc点にかかる静的荷重をSaとSbの2点に伝達し、橋に静的荷重を載荷する(図2参照)
❷衝撃荷重
おもり40kgまでの静的荷重40kgf[*2]を載荷した後、衝撃荷重を載荷(図3参照)
衝撃荷重は、Rb支点(図2参照)の上段と下段の鋼板の間にある六角ナット(六角ナットM36)4個を取り除き、支点部上段が落ちることにより加える。その時、六角ナットの高さ29mmが衝撃荷重載荷時の落下高さとなる

3. 支持条件
橋を載せることのできる支持部は、RaとRbの2カ所の支点。支点間水平距離900mm(図2参照)
❶支点の形状は、等辺山形鋼(1辺50mm)とし、2カ所とも水平方向に移動不可能とする
❷支点Rbは、衝撃荷重を載荷するために上段と下段に分かれている(図2参照)

4. 寸法
製作限界内に収まる寸法とする(図1参照)
乾式による継手部分や重なりは、図1に示すとおり、部品の数(「部材数」)ごとの継手の重複可能部分内に納める

5. 質量
橋の質量の上限は定めない。しかし、競技得点に定めた軽量点を得るには、荷重に耐え得る範囲での軽量化が求められる。軽量点は、後述の「審査方法」(「❶競技得点」の「②軽量点」)を参照

6. 使用材料
❶使用可能な材料：ケント紙と木工用接着剤
❷紙は次の4種類に限る。同等品の使用は不可
①コクヨ　高級ケント紙(セ-KP18)
サイズ：A3　秤量：157g/m²　紙厚：0.19mm
②コクヨ　高級ケント紙(セ-KP28)
サイズ：A3　秤量：210g/m²　紙厚：0.22mm
③菅公工業　ケント紙(ベ063)
サイズ：A3　秤量：157g/m²　紙厚：0.19mm
④muse　KMKケント断裁品(#200)
サイズ：8切　秤量：180g/m²
❸接着剤は、主成分が酢酸ビニル樹脂系エマルションとし、次の2種類に限る
①コニシ　木工用CH18
②セメダイン　木工用605

7. 部材の加工と接着
❶紙を任意形状に切ったり、折ったり、よじったり、丸めたりすることは可
❷紙同士を接着剤で接着すること、複数枚の紙を接着剤で貼り合わせることは可
❸一度溶かすなど使用材料の原形をとどめないような使い方は不可
❹単に紙自体の強度を増すなど、接着以外の目的での含浸処理は不可
❺NC工作機やレーザー加工機などによる自動切断、マーキングなどの加工は可

8. 初期荷重
載荷治具、スプリングフック、載荷ワイヤ、おもり受けなどの総質量約8kgがセッティング荷重(初期荷重)として作用するが、このセッティング荷重は耐荷重に含めない

図1　製作限界と各「部材数」で定める継手の重複可能部分(単位：mm)
(製作限界内の各写真には「作品番号-「部材数」」を表示)

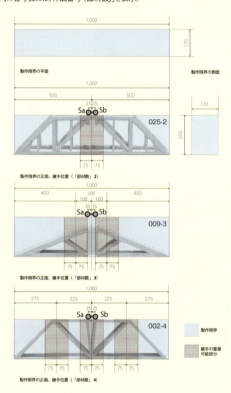

図2　載荷装置と製作限界立面図(衝撃荷重載荷前、単位：mm)

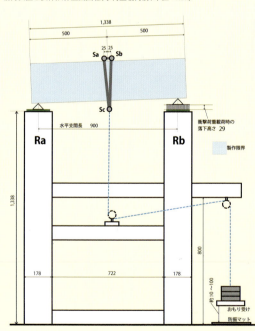

競技内容

製作した橋(製作物=「作品」)の耐荷性能を競う

競技＝耐荷性能試験

1. 載荷順

耐荷性能試験は2日間に分けて実施。事前に提出された仕様確認表に記載している予想質量の大きい順に、3台の載荷装置を用いて、3組の橋(製作物=「作品」)へ同時に載荷する(本書71ページ表3、表4参照)。同一高専で2作品が参加の場合は、原則として、予想質量の大きいほうの作品が初日の耐荷性能試験に参加

2. 載荷装置への設置

❶参加学生は、橋を仕様確認表に記載された「部材数」(橋を構成する部品数)に分割し、ふた付きのプラスチック製の収納ボックスに格納した上で入場する
❷「競技開始」の合図で橋の部品を収納ボックスから取り出し、接合して1つの橋を作成し載荷台に設置する
❸おもり受けと防振マットの間隔(50〜100mmの範囲)を確保した上で、載荷治具の吊りピースと載荷ワイヤを結合する
❹参加学生は、上記❸を完了した時点で手を挙げ、競技審判に合図する。競技審判は支持条件と載荷条件を満たしているかを検査し、問題がないことを確認した時点で「設置完了」となる

2.❶

2.❷

2.❸

2.❹

❺「設置開始」から「設置完了」までを120秒以内に終えること。120秒を超過した場合の規定は、後述の「審査方法」(❶競技得点」の「③係数」)を参照

3. 載荷方法

❶静的荷重:
[1]ワイヤなどのセッティング荷重8kgfは耐荷荷重に含めない
[2]最初の荷重は10kgfとし、40kgfまで10kgf刻みでおもりを載荷
[3]各載荷段階において、載荷後10秒間の耐荷状態[*3]を確認した後、次の載荷段階へ移る
❷衝撃荷重:
[1]静的荷重40kgfの耐荷状態を確認でき次第、衝撃荷重の載荷を行なう
[2]支点Rbの上段と下段の鋼板との間にある六角ナット4個それぞれに通してある紐を引張ることで、六角ナットを取り除き支点部上段を落下させる。その際、六角ナットに通された紐以外に触れることはできない
[3]六角ナット4個を確実に除去した後、10秒間の耐荷状態を確認した時点で、衝撃荷重を耐荷したこととする

3.❶

3.❷

4. 競技の継続不能状況

橋が以下の項目に1つでも当てはまる状態になった場合、橋に破断が生じていなくても崩壊しているとみなして競技を終了する
❶おもり受けが防振マットに接した場合
❷競技中に、載荷治具Sa点とSb点の丸鋼のどちらかが橋内に11mmを超えて入った場合
❸支点Raまたは支点Raの山形鋼以外の部材へ橋が接触した場合

審査方法

「競技(耐荷性能試験)」「審査員審査」を通して、製作された橋(製作物=「作品」)の耐荷性能、軽量化、デザイン性などを審査する
応募作品(橋、プレゼンテーションポスター)は、❶競技得点、❷審査員評価点を合計した❸総得点により評価し、得点の高い作品ほど上位とする
同点の場合は、軽量点の高いほうを上位とする。総得点、軽量点が同点の場合は、同順位とする

❶競技得点(108点満点)
載荷点と軽量点の合計に係数を乗じた点数(小数点第3位を四捨五入して、小数点第2位まで表示)

競技得点＝(載荷点＋軽量点)×「部材数」係数×設置時間係数
　　　＝{(静的載荷得点(40点満点)＋衝撃載荷得点(30点満点))
　　　　＋軽量点(20点満点)}
　　　　×「部材数」係数(1.0〜1.2)×設置時間係数(0〜1.0)
　　　＝108点満点

[1]載荷点(70点満点)
静的載荷得点:静的荷重の載荷で耐荷荷重のkgf数が点数(40点満点)
衝撃載荷得点:衝撃荷重の載荷に成功したら30点(30点満点)
[2]軽量点(20点満点)
質量の小さい順で1位の作品に20点、2位以降については、1位の作品の質量を該当作品の質量で除した数値に20を乗じた点数(小数点第4位を四捨五入して、小数点第3位まで表示)を与える

$$該当作品の軽量点＝\frac{質量の最も小さい作品の質量(g)}{該当作品の質量(g)}×20$$

ただし、橋を載荷装置に設置後、載荷する前の段階で「崩壊」と判断された場合は、軽量点の対象外
[3]係数
「部材数」係数:橋を分割した部品の数(「部材数」)が2の場合は1.0、3の場合は1.1、4の場合は1.2
設置時間係数:120秒以内に設置を完了した場合は1.0、120秒を超えた場合は0.9、300秒を超えた場合は0で失格
❷審査員評価点(30点満点)
[1]審査員審査で、各作品の展示物と、各作品に関する質疑応答の内容を審査した評価点。各審査員は、「①『作品』(橋)の構造的な合理性」(9点満点)、「②『作品』(橋)の独自性」(9点満点)、「③プレゼンテーションポスターの出来栄え」(9点満点)、「④審査員との質疑応答の内容」(3点満点)の4つの評価項目で評価する(本書68ページ表2参照)
[2]『作品』(橋)の設計趣旨、構造的合理性、デザイン性などを審査する
[3]3人の審査員の評価点(各30点満点)の平均点(小数点以下第3位を四捨五入して、小数点第2位まで表示)を各作品の審査員評価点とする
❸総得点
総得点(138点満点)＝競技得点(108点満点)＋審査員評価点(30点満点)
(小数点以下第2位を四捨五入して、小数点第1位まで表示)

註
*1　載荷治具:おもりを載荷するための器具。図2参照。
*2　kgf:重量キログラム。重さ、重力、力、荷重など物体にかかる力を表す単位。地球上では、10kgfは10kgの物体にかかる力(重力)。
*3　耐荷状態:前述の4.-❶❷❸ではない状態のこと。

図3　載荷手順フローと載荷得点

静的荷重

載荷		耐荷	載荷得点	合計得点
10kgf	10kgf	10秒	10点	10点
10kgf	20kgf	10秒	10点	20点
10kgf	30kgf	10秒	10点	30点
10kgf	40kgf	10秒	10点	40点

➡ **衝撃荷重**

支点Rb部の六角ナットを引き抜き、29mm落下

	耐荷	載荷得点	合計得点
	10秒	30点	70点

載荷治具(左)と載荷用おもり(10kgf×4)

Rb部(衝撃荷重の載荷部分)

審査員 ●Jury

審査員長
中澤 祥二
なかざわ しょうじ

豊橋技術科学大学　教授

1970年	愛知県豊橋市生まれ
1993年	豊橋技術科学大学建設工学課程卒業
1995年	同大学院工学研究科機械・構造システム工学専攻修士課程修了
1997年	日本学術振興会　特別研究員（DC2）（-1998年）
1998年	豊橋技術科学大学大学院工学研究科機械・構造システム工学専攻博士後期課程修了 博士（工学） 日本学術振興会　特別研究員（PD）
1999年	豊橋技術科学大学建設工学系　助手（-2007年）
2007年	同　助教（-2008年）
2008年	同　准教授（-2010年）
2008年	岐阜工業高等専門学校建築学科　准教授（-2009年）
2010年	豊橋技術科学大学建築・都市システム学系　准教授（-2014年）
2014年	同　教授

主な活動
学会活動として、日本建築学会シェル・空間構造運営委員会　委員（2004年-）、日本建築学会立体骨組小委員会　委員（2012-16年）など。

主な論文
「シェル・空間構造の減衰と応答制御」（共同執筆、2008年、日本建築学会）、「ラチスシェルの座屈と耐力」（共同執筆、2010年、日本建築学会）、「ラチスシェル屋根構造設計指針」（共同執筆、2016年、日本建築学会）など。

主な受賞
日本建築学会東海支部東海賞（1998年）、国際シェル・空間構造学会坪井賞（2002年）など。

審査員
岩崎 英治
いわさき えいじ

長岡技術科学大学大学院　教授

1962年	北海道生まれ
1985年	長岡技術科学大学工学部建設工学課程卒業
1987年	同大学院工学研究科建設工学専攻修士課程修了
1990年	同大学院工学研究科材料工学専攻博士課程修了 工学博士
1990年	同学建設系　助手（-1998年）
1998年	徳山工業高等専門学校土木建築工学科　助教授（-2000年）
2000年	長岡技術科学大学環境・建設系　助教授（-2007年）
2007年	同　准教授（-2012年）
2012年	同　教授（-2015年）
2015年	同大学院工学研究科環境社会基盤工学専攻　教授

主な活動
鋼橋を中心とした土木鋼構造の構造解析法をはじめ、腐食耐久性の向上のため腐食環境評価、防食法、および既設鋼構造の余耐力評価、リダンダンシー評価法などを中心に研究、活動。学会活動として、土木学会構造工学委員会継続教育小委員会　委員長（2012年-）、日本鋼構造協会「土木鋼構造診断士」テキスト改訂小委員会　委員長（2013年-）、土木学会鋼構造委員会既設鋼構造物の性能評価と回復のための構造解析技術に関する小委員会　委員長（2015-18年）、日本鋼構造協会「土木鋼構造診断士」専門委員会　委員長（2019年-）、土木学会構造工学委員会構造工学論文集編集小委員会　委員長（2019-2020年）、日本鋼構造協会鋼橋の構造性能と耐久性能研究委員会　部門主査（2020年-）など。

主な著書、論文
「耐候性鋼橋梁の可能性と新しい技術」（共同執筆、『テクニカルレポート』No.73、2006年、日本鋼構造協会）、「耐候性鋼橋梁の適用性評価と防食予防保全」（共同執筆、『テクニカルレポート』No.86、2009年、日本鋼構造協会）、「鋼橋の腐食耐久性・維持管理性向上技術」（共同執筆、『テクニカルレポート』No.116、2018年、日本鋼構造協会）、「既設鋼構造物の性能評価・回復のための構造解析技術」（共同執筆、『鋼構造シリーズ32』、2019年、土木学会）など。

主な受賞
土木学会構造工学シンポジウム論文賞（2015年）など。

審査員
奥田 秀樹
おくだ ひでき

国土交通省　職員

1972年	兵庫県明石市生まれ
1994年	九州大学工学部土木工学科卒業
1996年	九州大学大学院工学研究科土木工学専攻修士課程修了 建設省（現・国土交通省）入省
2004年	同省九州地方整備局企画部企画課　課長（-2005年）
2005年	人事院人材局　交流派遣専門員（トヨタ自動車）（-2007年）
2007年	国土交通省総合政策局事業総括調整官付　課長補佐（-2009年）
2009年	同省道路局有料道路課　課長補佐（-2010年）
2010年	同省九州地方整備局大分河川国道事務所　所長（-2013年）
2013年	福岡北九州高速道路公社企画部　部長（-2015年）
2015年	国土交通省道路局環境安全課　企画専門官（-2016年）
2016年	同省道路局環境安全課　道路空間活用推進官（-2017年）
2017年	同省道路局参事官付　自転車活用推進官（-2018年）
2018年	同省東北地方整備局仙台河川国道事務所　所長（-2020年）
2020年	長崎県土木部　部長（-2023年）
2023年-	国土交通省四国地方整備局企画部　部長

主な活動
東日本大震災の復興道路「三陸沿岸道路」の気仙沼湾横断橋（東北地方最大の鋼斜張橋）建設などの事業に関わる。現在は、国土交通省四国地方整備局企画部の部長として、組織のマネジメントや建設業の担い手確保などを担当するとともに、社会基盤を支える社会資本や公共サービスにデジタル技術を活用し、建設や国土交通省などのあり方や働き方を改革する、インフラ分野のデジタル・トランスフォーメーション（インフラDX）の推進に従事している。

創造デザイン
部門

未来につなげる
脱炭素な社会

「2050年の未来」と「繋」をテーマに、都市における脱炭素な社会づくりのアイディアを募集する。
地球温暖化による気候変動など、早急に対応すべき課題を克服し、2050年においても豊かに暮らせる社会を実現するために、それぞれの学年（世代）や所属する学科の特色を活かしたすばらしい提案を期待する。

▼部門紹介

通常のものづくりの範疇を超えて、使用や活用を含めた、創造性[*1]のあるシステム(「こと」=事象)のプロセスデザイン[*2]と製品(「もの」=物)のデザインの優劣を競う。社会、都市、地域の抱える課題解決のための具体策を提案する。

註
*1 創造性：本書108ページ註2参照。
*2 プロセスデザイン：本書108ページ「提案条件」❸参照。

予選▼

19 作品

2024.7.22-8.21
予選応募
2024.8.28-9.6
予選審査(リモート〈遠隔〉方式)

本選▼

9 作品

2024.11.2
ワークショップ1(兼学生交流会)
「脱炭素まちづくりカレッジ PLAY」
ポスターセッション
ワークショップ2
「ワールドカフェ」
ワークショップ3
「意見まとめ」
「ブラッシュアップ」
2024.11.3
プレゼンテーション
最終審査(非公開審査)
審査結果発表、審査員総評

受賞▼

5 作品

■最優秀賞(文部科学大臣賞)
サレジオ高専『推し色でつながる推し活コミュニティツール OXIKARA(オシカラ)』[002]
■優秀賞
和歌山高専『ソダテル
──脱炭素なまち「つくる・食べる・受け継ぐ」』[007]
石川高専『小学生と公立小学校全寮化から広がる脱炭素』[009]
■審査員特別賞
明石高専『マッスルチャージ』[004]
仙台高専(名取)『緑を紡ぐ第一歩
──2050年のすべての生き物のために』[012]

デザコン2024 阿南　093

最優秀賞（文部科学大臣賞）

002 サレジオ高専

◎望月 里江子(4年)、佐藤 明咲、水津 梢英(3年)[デザイン学科]
担当教員：谷上 欣也、織田 豊一[デザイン学科]

推し色でつながる推し活コミュニティツール OXIKARA（オシカラ）

提案趣旨

現代の日本では、着られなくなった衣服の68%がリユースされずに廃棄されていると言う。この問題に着目し、日本の伝統的な「おさがり」文化と、好きなものを応援するという若者の「推し活(応援)」文化とを結び付け、「推しカラー」（ユーザ〈利用者〉の好みのイメージ・カラー）を基準とした衣類のリユース・システム「OXIKARA(オシカラ)」というサービスを提案する。
「OXIKARA」にはオンラインとオフラインの2つのサービスがあり、オンラインではユーザが検索した「推しカラー」から衣類の交換や譲渡を仲介するアプリと、メタバース(インターネット上の3D仮想空間)を利用した試着機能を提供。メタバース市場の成長性(2030年には5,078億ドル規模と予想)を見据え、将来的な展開も計画している。オフラインでは、衣類の交換会や譲渡会、地域のイメージ・カラー(例：プロ野球チーム「広島東洋カープ」の赤)を活用したイベントを開催する。
また、サレジオ高専デザイン学科の学生が、その強みを活かして「OXIKARA」の広報活動やイベント会場のデザインを担当。「愛」と「脱炭素」の2つを軸として、所有者の愛着のある衣服を同じように愛してくれる人へ譲ることで、持続可能なファッションの実現をめざす。

審査講評

建築都市計画とコンピュータ・サイエンスの観点では、今後、異なる専門性の掛合せはより重要になると考えられることから、この取組みは高く評価できる。また、「OXIKARA(オシカラ)」による色の分類は、データが集積されることで、各地域にふさわしい色彩(カラー)を提案できるようになり、個人だけでなく地域のコーディネート、ひいては、地域のアイデンティティ(個性)発見につながる可能性がある。
さらに、デザイン性が非常に高いので、ユーザ(利用者)に対してイメージをきちんと伝えることができる。オンラインでメタバースを利用するユーザが増えれば、過剰な衣服の購入が減少するのではないか。
このアイディアは、世界的なスタートアップ・イベントでも高く評価される水準だ。地域色(カラー)とファッションを組み合わせたサステイナブル・ファッションのイベントは、すぐに実践できる可能性があり、これをプロトタイプ(標準型)としての実施が推奨される。

(吉村+中平+正本+岡田)

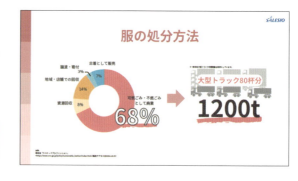

註(本書93～100ページ)
＊000、[000]：作品番号。　＊氏名の前にある◎印は学生代表。
＊☆印の付いた画像は本選最初のプレゼンテーションポスター。
＊審査講評の執筆者は、吉村＝吉村 有司、中平＝中平 徹也、正本＝正本 英紀、岡田＝岡田 未奈。

OXIKARA 推しカラーで探せるおさがりファッションアプリ

推しカラー × おさがり 〔オンライン〕

推しのグッズとして買った服や小物。を同じ様に推しがいる人たちへと循環させていくのがこのアプリの主な目的である。推しカラー検索や推しカラーを通じた繋がりに特化し、利用者の推し活の充実、サステナブルファッションの実現に繋げていく新しいファッションSNSを目指している。

古着出品でポイント獲得
ポイントはイベントでの服の交換に使用可能。出品者に利点を与えることで古着の出品を促す。

推しカラーでつながる

このアプリケーションでの分類のキーとなっているのが「色」である。そのためカラー検索が非常に充実している。「推しっぽさ」を感じさせるのに一番貢献しているのが色という要素なのである。また、自分の推しのみならずイメージ色が同じ別のキャラクターに興味を持つかもしれない。ジャンルを超えて苦なく自然に繋がることができるのが利点である。

メタバース 【2050年を見据えたサービスの形】

より現実に近い取引体験
オンラインで洋服を選ぶ際のデメリットである実物の大きさやシルエットがわかりにくい、試着ができないという問題を解決。また、アバター同士で対面して取引が行えるため、売り手、買い手間での信頼関係の構築にも秀でている。

ワールドが自由自在
ワールドを自由に構築することができるため、ブースごとに個性を出しやすく多様な推し文化との親和性が高い。

オフラインイベント 〔オフライン〕

人と人との「つながり」を形成し、交流のきっかけを生み出すための取り組みの一環として、オフラインでのおさがり交換・配布イベントを開催する。参加方法は以下の2通り。

交換 アプリから事前予約！
譲渡 飛び入りで参加可能！

高専生のボランティア活動

地域での不要衣類回収
周辺地域の住宅を周回し、不要な衣類を回収する。事前に告知を行い、当日に自宅の前に出してもらう。

衣類のリペア
回収した衣類のうちリペアが必要なものや、参加者が持参した衣類等のリペアを無償で行う。

事前告知 → 地域をまわって衣類を回収 → 色別にわける → イベントへ

●服を再利用しない理由でもっとも多いのは **手間がかかるから**
→回収する側が各家庭を訪ねて集めることで手間が解消できる！

OXIKARA 3つの柱 推し活 × つながり × おさがり

オンライン
- アプリだけでなくメタバース上で服のやりとりができる新感覚SNSとして発信
- メタバースへの展開やコミュニティの広がりによって認知度を高め、新たなアプリユーザーを獲得
- メタバースの進歩や一般化に伴っておさがりSNSとして浸透し、認知度がさらに高まる
- オシカラでの交流を通しておさがりを交換する人が増えることで、服の循環が促される

オフライン
- オフラインイベントとボランティアを並行して行い、地域に対してアプローチしていく
- 回数を重ねて少しずつ地域に定着していき、イベントやボランティアの知名度が上昇
- 交換と同時に飛び入り参加可能の無料譲渡のイベントも開催することで間口を広げる
- 多くの人がイベントに関心を持ち、服が循環するだけでなく直接的な交流につながる

推し活 「色」でつながり、思いがけない新たな出会いを見つけられる
つながり 好きなものを通してつながることで孤独解消、趣味活動が充実する
おさがり 多くの人がサスティナブルファッションに取り組み、服が循環する

→将来的に3つの柱を達成！

・・・優秀賞

007 和歌山高専

◎ホール・弘・ケビン(5年)、黒山 紗依、最田 ひなた(4年)[環境都市工学科]
担当教員：櫻井 祥之[環境都市工学科]

ソダテル
―― 脱炭素なまち「つくる・食べる・受け継ぐ」

提案趣旨

2050年に向けて「子供の頃から『脱炭素』に触れ続け、地域愛にあふれる人々がいる街」をめざす「ソダテル」プロジェクトを提案。ミカン農家の減少やミカン消費量の低下という地域課題に対し、「関心」「教育」「再生」という3つの視点からアプローチする。
特徴的な取組みとしては、①SNS(Social Networking Service)を活用した「みかこん(ミカン活用コンペティション)」を実施し、収穫量全体の23%にも上る廃棄ミカンを有効活用するアイディアを募集する、②小中学生向けのミカン農家体験プログラムを通じて、「脱炭素」への意識を持った未来の働き手を育成する、③和歌山県有田市の初島製油所跡地を「みかんパーク」として再生する、などが挙げられる。
このプロジェクトは和歌山県のミカン生産地を題材としているが、全国の未利用地や地域特産品を活用した「脱炭素なまちづくり」のモデルケースとなることをめざしている。

審査講評

まず、廃棄率23%という具体的な数値を示したことで、問題の深刻さが明確に伝わった。気候変動の影響で従来の農業手法が通用しなくなる中、工学的アプローチで農業を支援する提案は非常に重要である。特に、プランター(栽培用の容器)での栽培による耕作物の根の温度管理、肥料や農薬の最適化など、工学的な視点からの解決策は今後の農業に不可欠となるだろう。
プレゼンテーションの審査で、最初にめざすべき2050年の社会像を示し、そこから逆算して現在できることを提案していたが、この構成は効果的だった。また、登壇者が原稿を見ずに、自分の言葉で熱意を持って説明できていたことは、自らの作品への深い理解と思いの表れだと感じた。　　　　　　　　　　　(吉村+中平+正本+岡田)

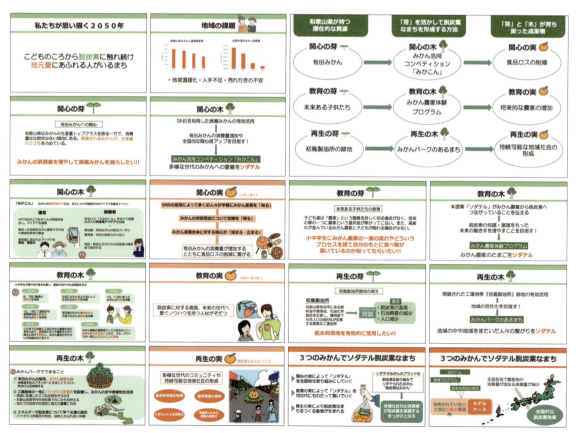

096

優秀賞

009 石川高専

◎保地谷 日南(5年)、大澤 綾乃、藤田 暖心(4年) [建築学科]
担当教員:内田 伸 [建築学科]

小学生と公立小学校全寮化から広がる脱炭素

提案趣旨

「2050年カーボンニュートラル」の実現に向けて、単なる教育制度の改革ではなく、炭素生産性の向上と持続可能な経済発展の両立をめざした「公立小学校の全寮制化」という斬新な提案。
具体的には、全国の小学校数を35%削減して、1校あたり480人の児童数(20人×4クラス×6学年)という適正規模で運営し、1〜4年生は寮生活、5〜6年生は学区内でホームステイして生活する。また、学年ごとに別の地方で学習するカリキュラムとし、日本全国の文化や気候の多様性を児童が体験的に学べる機会を提供する。
この制度により、全国の公立小学校におけるスクールバスの運営費用(年間約353億円)の削減や、女性の社会進出支援(子育てにかかる時間の削減)、地域文化の継承などの複合的な効果が期待される。さらに、児童たちが環境に配慮した生活習慣を身につけ、それを各家庭に持ち帰ることで、社会全体の「脱炭素」化を促進することをめざす。

審査講評

児童が親と離れて暮らすことについて懸念する意見も出たが、少子化が進む中、社会全体としてよい方向に向かうために必要な施策だと考える。1960年代の丹下健三による「東京計画1960」のように、社会全体の変革を見据えたビッグ・ピクチャー(全体像)を描いている点がすばらしい。集団生活が苦手な児童や発達障害のある児童など、配慮が必要とされる児童への対応をもっと具体的に示せれば、さらによい提案になるだろう。
親子や友人間にとって物理的な距離は問題ではないというデジタル社会ならではの視点や、児童たちが地域の文化や気候を体験的に学べる仕組みは、これからの時代に適した提案として評価できる。

(吉村+中平+正本+岡田)

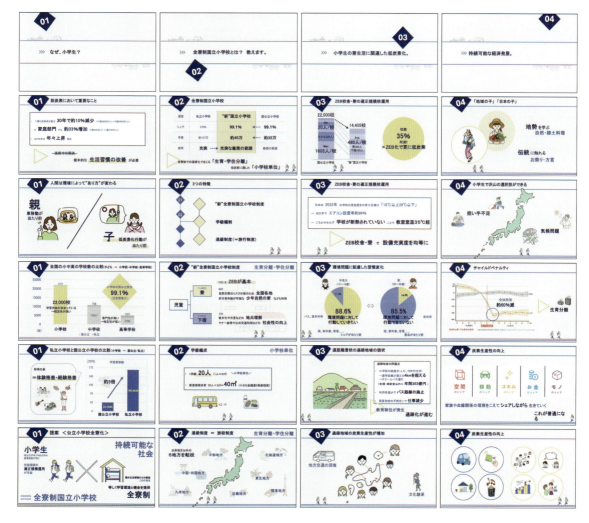

●●● 審査員特別賞

(004) 明石高専

◎大島 桃夏、長谷川 美乃、中川 紗那[建築学科4年]
担当教員：東野 アドリアナ[建築学科]

マッスルチャージ

提案趣旨(抜粋)
運動不足とそれに伴う生活習慣病の増加などの諸問題に対し、運動による発電により人々の健康増進と環境の保全をめざす「マッスルチャージ」を提案。利用者が専用の装置を使って身体を動かしながらゲーム感覚で発電し、発電量に応じてポイントが貯まる。貯めたポイントは地域通貨として利用でき、意欲向上につながる。

審査講評
一般的に、自転車による発電では、2時間かけて100Wの電力を生み出せると言われる。それを使えば、LEDランプ1個を約10時間点灯できる計算だ。高専の学生の協力でさらに効率を上げれば、より大きな電力の供給も可能となるだろう。
たとえば、大勢の力を集めることで大きな力になる漫画『ドラゴンボール』の「元気玉」のように、1人1人の「マッスルポイント」を1つに集約し、大きな電力として活用するという仕組みをつくれば、1つの学校全体の電力供給など、より大きな規模での効果が期待できる。さらに、エレベータやエスカレータを利用すると「マッスルポイント」が減少するようなシステムにすれば、より多くの人が階段を使うきっかけになるのではないか。
また、地元である兵庫県明石市の天文科学館との連携で、運動で発電した電力の10％を天文科学館の照明に使用し、運動量によって建物の輝きが変わるという提案もあった。そのような仕組みがあれば、市民の運動意欲をさらに向上させることができるだろう。
　　　　　　　　　　　　　　　　　　　　　（吉村＋中平＋正本＋岡田）

●●● 審査員特別賞

(012) 仙台高専(名取)

◎平塚 愛唯、亀岡 菜花、鈴木 おりん[総合工学科Ⅲ類建築デザインコース5年]
担当教員：菊池 義浩[総合工学科Ⅲ類建築デザインコース]

緑を紡ぐ第一歩
──2050年のすべての生き物のために

提案趣旨(抜粋)
福島県でメガソーラー設備を設置するために伐採された森林が題材。人間と動物の共存をテーマに、地域の子供たちが「脱炭素活動」や「生物との共存」について学び、意識を高める場となる「はっくん公園」を提案。2050年に向けて全国に広がる公園ネットワークの第一歩として、人間、生物、テクノロジーの調和をめざす。

審査講評
目的や将来像が明確である。特に、通常、害獣として扱われるハクビシンを主人公に設定し、駆除するのではなく、人間との共存をめざす提案は、世代間ギャップを示す興味深いアプローチだ。
現在の地球温暖化の状況を考えると、森林については自然再生を待つだけではなく、気候変動に対応した積極的な植生管理を検討する必要があるかもしれない。建築の本質的な役割は、地域の人々が心に描きながらも、これまで形にできなかったものを具現化することだが、この提案は、人間と動物との新しい共生の形を示す象徴として、その役割を十分に果たしている。また、震災後の被災地保存の議論とも通じる重要な示唆を含んでいる。
　　　　　　　　　　　　　　　　　　　　　（吉村＋中平＋正本＋岡田）

● 本選4作品

001 福井高専

◎小林 佑子、髙間 海友、水野 真莉［環境都市工学科5年］
担当教員：大和 裕也［環境都市工学科］

子どものあそび×はつでん！
未来に繋がるテーマパーク

提案趣旨〔抜粋〕
「発電」「防災公園」「維持管理」「地域住民」という4つの軸を連動させた循環型の持続可能な「未来型テーマパーク」。子供たちは遊具で遊びながら発電の仕組みを楽しく学ぶことができる。また、遊び場を確保する難しさ、不十分な環境教育、維持管理の負担、地域住民との協議不足、防災機能の不備など、諸問題の解決をめざす。

審査講評

「学び」「遊び」「脱炭素」「防災」が一体となった公園というコンセプトはすばらしく、日本全国での展開が期待される。また、高専の役割が明確で、技術導入だけでなく研究や、この作品を社会に実装する上での貢献も視野に入れている点を評価したい。
発電の「見える化」として、トランポリンの振動を利用した発電で恐竜の卵が揺れたり、鳴き声が出たりする仕掛けなどは、恐竜王国として有名な福井県ならではの発想で、とてもユニークだ。子供たちに発電の楽しさを知ってもらいながら、「脱炭素の未来」につなげていくという提案は、自治体や国の支援を受けられる可能性もあるので、実現に向けて積極的に進めていくべきだと考える。さらに、隣接施設との連携や電力の相互利用なども検討すれば、より実現性が高まるだろう。この作品は、人々が公園のあり方を見直すよい機会となる。
（吉村＋中平＋正本＋岡田）

003 明石高専

◎古川 拓海、二星 怜旺、長谷川 泰一［建築学科4年］
担当教員：東野 アドリアナ［建築学科］

まちを染める　まちに染まる

提案趣旨〔抜粋〕
兵庫県高砂市の伝統的な「高砂染め」の文化を活用した「脱炭素」の取組みを提案。子供たちが環境問題へ興味を持つために、家庭や飲食店から出る野菜くずを活用した染め物体験イベント「エコイロ」を企画、実施し、参加した子供たちが作った染め物を街の看板や装飾として活用することで、街全体の「脱炭素」化にも貢献する。

審査講評

飛び入りでの参加も可能な朝市は、基本的に地域に開かれた場である。この提案は、全く新しいイベントをつくるのではなく、既存のイベントに組み込む点がすばらしい。既存のものを活用する発想自体が「エコな取組み」と言える。また、看板を染め物で作り、アートとして昇華させている点が評価できる。自分で染めた物への愛着が生まれることが、物を大切に使用することにつながるという視点も重要だ。
一方、プレゼンテーションの審査では、地域愛と文化継承への思いが強く伝わり、自分たちの強みであるデザイン力や地域アイデンティティ（個性）を前面に出し、「脱炭素」への貢献を付加価値として示す展開が巧みであった。社会に実装するところまで進めている点も高く評価できる。今後は、イベント参加者へのアンケートなどでフィードバック（評価や指摘）を収集し、改良を重ねていくことを推奨する。
（吉村＋中平＋正本＋岡田）

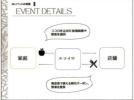

● 本選4作品

(006) 明石高専

◎上田 清加、編塚 玲哉、瀧山 彩子[建築学科4年]
担当教員：東野 アドリアナ[建築学科]

灘の酒街(さかまち)で仕込む
——伝統の酒造りから生活に「脱炭素な彩り」を

提案趣旨[抜粋]
兵庫県の灘五郷(なだごごう)を敷地とし、伝統的な酒造と「脱炭素」を結び付け、酒粕を活用した循環型農業システム「酒街農業」の提案。参加者は酒造会社から受け取った酒粕を肥料として土づくりから野菜を栽培。収穫した野菜の半分は参加者へ還元し、残りはペースト(糊状)に加工し、新たな野菜酒の原料として活用される。

審査講評
酒粕によるCO₂固定化に関する農林水産省のデータを参照するとともに、灘五郷の伝統文化に着目し、何ができるかを考えて、「脱炭素」の観点から酒粕を利用した点は評価できる。地方自治体が競い合う「地域ブランディング」分野において、高専の学生からこのような提案が出てくることは驚きであり、先進的な取組みとして評価できる。プレゼンテーションの審査で数値化されたデータを示したことは、本提案の説得力を高めることにつながった。また、水車のもつ景観的価値も、この計画の重要な要素であろう。
さらに、ESD(Education for Sustainable Development=持続可能な開発のための教育)や、SDGs(Sustainable Development Goals=持続可能な開発目標)を実現する上での文脈で重要な「自分ごと化」という観点から、「パスポート・システム」の導入は効果的だ。
ただし、現存する酒粕の活用方法については、さらなる検討が必要かもしれない。
　　　　　　　　　　　　　　　　　　　(吉村+中平+正本+岡田)

---

(010) 釧路高専

◎中川 真緒、野村 日菜子[創造工学科建築デザインコース建築学分野5年]
担当教員：西澤 岳夫[創造工学科建築デザインコース建築学分野]

JIRI SAUNA CITY

提案趣旨[抜粋]
釧路在住の学生から嫌われている、北海道釧路市特有の「ジリ」(濃霧を表す方言)を地域の貴重な資源として再評価し、積極的に活用するサウナ施設を提案。3Dプリンタで作成した外壁と間伐材を使用した内装の施設は、夏季はサウナとして、その他の季節は地域のコミュニティ・スペースとして利用される。

審査講評
サウナを通じた文化と地域コミュニティの形成について、説得力のあるストーリーが展開されている点は評価できる。また、人工林と天然林を明確に区別し、人工林の整備によるCO₂削減効果を具体的に示した点、地域の「厄介者」である「ジリ」を資源として肯定的に活用する発想はすばらしい。
一方、サウナ以外の「霧の活用法」として計画しているイベント「霧フェス」では、同高専の情報工学分野と協力して、この施設の敷地内でプロジェクション・マッピングやレーザーショーによる演出を実施する予定で、さらなるエンターテインメント性の創出が期待できる。
　　　　　　　　　　　　　　　　　　　(吉村+中平+正本+岡田)

想像力と創造力を活かし、楽しく街を育てる

吉村 有司（審査員長）

「みんなで街をよくし、育てる」まちづくりの楽しさ

今年の(「今年も」と言ったほうがよいと思うが)創造デザイン部門は終始楽しい雰囲気に包み込まれていた。初日のワークショップとポスターセッション、そして翌日のプレゼンテーション、審査結果発表まで、会場の至るところから笑い声が聞こえ、笑顔の絶えない大会だった。そのような雰囲気は、まちづくりにとっては必須のことだと思う。

他人の意見を聴き、それを自身の提案に活かす。そうして合意形成をしながら、「みんなで街をよくしていく」「みんなで街を育てていく」という視点だ。参加者がそのような民主主義に基づいたまちづくりの楽しさを体験できたのなら、そしてそのことを楽しめたのなら、我々審査員や運営者にとって、これ以上の喜びはない。

難航を極めた最終選考

毎年驚かされるのだが、いずれの作品も予選から本選のポスターセッション、そして最終日のプレゼンテーションと、時間を追うごとに提案内容がどんどんよくなっていく。その成長速度には目を見張るものがあり、時に予選とは全く違う案になっていたり、プレゼンテーションの審査ではすばらしく魅力的な案になっていたりするから衝撃的だ。

今年も最終選考には、とても頭を悩ませられた。ほぼすべての作品が同一線上に並び、我々審査員が揉めに揉めてしまったため、本部に審査結果を持っていかなければならない部門担当の教員が、時間を気にして時計をチラチラ見ていたのは印象的だった。しかし、そんな制限時間の迫るプレッシャーとは裏腹に、我々審査員には頑張った学生たちに報いるよう議論を尽くした自信がある。

デザイン学科の学生による作品が初の最優秀賞に

今年の最優秀賞(文部科学大臣賞)に、デザイン学科の学生が制作した作品(サレジオ高専『推し色でつながる推し活コミュニティツール OXIKARA(オシカラ)』[002])が選ばれたことは、創造デザイン部門の長い歴史の中でも画期的なことではなかったか。昨今では、それこそAI(Artificial Intelligence＝人工知能)やビッグデータという言葉が毎日のようにメディアに登場し、何事にもさまざまな分野の人たちとの協働が必須となっている。最優秀賞の結果は、まちづくりや都市計画が、すでに建築家や都市プランナーだけでは完結できない時代に突入している、ということを象徴するかのような出来事だったと思う。

一方、優秀賞に選ばれた、小学校を全寮制にする作品(石川高専『小学生と公立小学校全寮化から広がる脱炭素』[009])は、建築と都市計画分野におけるど真ん中の提案であった。しかし、「校舎を建てます、こんなデザインの校舎にします」という単に施設の設計に必要なレイヤーを重ねただけの提案にとどまらず、とてもキレがあり、さらにソフト面にまで踏み込んだ新鮮さがある、という点が評価された。

このように創造デザイン部門も多様な展開になりつつある。参加した学生たちには、「人間の想像力と創造力を活かして、みんなで街を育てていく」という観点を忘れずに、これからも自由な発想で楽しい人生を歩んでほしい。

＊文中の作品名は、サブタイトルを省略。高専名(キャンパス名)『作品名』[作品番号]で表示。

本選 審査経過

脱炭素な社会を志す学生、阿南の地へ！

作品の展示設営、オリエンテーション：
「脱炭素」を考える大会がスタート

今年の創造デザイン部門の本選は、「阿南高専専攻科棟3階 講義室3」を会場に開催された。本選参加9作品の学生26人は8:30から会場に入り、本選用に作成してきたプレゼンテーションポスター（以下、ポスター）を各作品の展示ブースに掲示し始めた。8:50にはすべての作品がポスターを掲示。続いて始まったオリエンテーションでは、会期中のスケジュールを説明した後、大会の司会進行を務める阿南高専の学生2人（山本さくら、山本奏有[創造技術工学科電気コース4年]）を紹介した（右上写真）。

ワークショップ1「脱炭素まちづくりカレッジ PLAY」：
学生たちが交流しながら楽しく「脱炭素」を考える！

9:10に大会最初のプログラムであるワークショップ1を開始した。創造デザイン部門は、他高専の参加学生と意見を交換しながら、会期中に自分たちの作品をブラッシュアップしていくところに大きな特徴と魅力がある。そのため、早い段階から学生間の交流が円滑に進むことを意図して、カードを使った、持続可能で豊かなまちづくりを体験できるゲーム「脱炭素まちづくりカレッジ PLAY」を実施した。

このゲームでは、異なる高専の学生を2人1組として13グループを設定（本書107ページ図01参照）。各グループには、行政を含めた各種役割を設定し、グループ同士で協力し合いながら、規定時間内に自分たち（参加学生全員）の社会の炭素排出量を50%削減できるかにチャレンジした。会場ではじめて会って、いきなりグループを組んだ参加学生は、最初は様子を見ながらであったが、一緒に知恵を絞りながら、各種プロジェクトを実行していった。

ターン（過程）が進むにつれ、学生は徐々に打ち解けていき、全員が炭素削減目標に向けて奔走していく。途中、炭素を削減できると思って実行したプロジェクトが、実は炭素を増やしてしまうプロジェクトだった、というトラップ（罠）に引っかかるなど、参加学生は悪戦苦闘しながらも、開始から90分間ほどでゲームが終了。結果は惜しくも42%の削減にとどまり、目標とした50%の削減は達成できなかったが、学生間の心理的距離は明らかに近くなり、これからの活発な議論を期待させる展開となった。

ポスターセッション：
いよいよ本番！明るく元気に作品を説明

最初に、吉村有司審査員長、中平徹也副審査員長、正本英紀審査員、岡田未奈審査員を紹介した後、11:00からポスターセッション（前半4作品、後半5作品）がスタート。審査員4人が各作品の展示ブースを作品番号順に巡回しながら、学生による作品説明（3分間）と質疑応答（3分間）により審査を進めていった。1作品あたり6分間と短い時間ではあったが、各作品の学生は、どのような思いで発案し、そこから何を大切にしながら「脱炭素」をめざすのかについて、さまざまな視点を交えながら、審査員に説明していく。説明を聴いた審査員が「なるほど」と納得する場面も見られるなど、ポスターセッションでは熱を帯びた審査が続いた。

009

004

註（本書102〜106ページ） ＊000、[000]：作品番号。 ＊文中の作品名は、サブタイトルを省略。高専名（キャンパス名）『作品名』[作品番号]で表示。

ワークショップ2「ワールドカフェ」:
自由に意見交換!
いろいろな視点と多様な考え方で
よりよい作品へ

ポスターセッションが終了して「ほっ」としている時間もほどほどに、14:00から参加学生全員によるワークショップ2「ワールドカフェ」がスタート。最初に担当の坂本真理子ファシリテータから「ワールドカフェ」の概要と注意事項について説明があった。
「ワールドカフェ」では、作品ごとに提案内容を説明する学生1人を決定して作品展示ブース(ポスターの前)に残し、残りの学生は、セッションごとに他の作品の展示ブースを移動して、その作品について意見を交換する(本書107ページ図02参照)。作品ごとに説明者1人と他作品の学生2人の計3人でテーブルを囲み、1セッションあたり20分間、合計3セッション行なわれた。

第1セッションでは、まず、誕生月が11月〜1月の学生が、「話を聴いてみたい」「行ってみたい」と思う作品の展示ブースに移動し、続いて、他の誕生月の学生が順に各グループの空いている席に移動。これに審査員が「話をしたい」「詳しく聴きたい」と思う作品のグループに随時加わりながら、作品ごとにディスカッションする姿が見られた。
第2セッションでは、第1セッションの各テーブルでジャンケンをし、勝った学生から順に席を別の作品のテーブルへ移動。第3セッションでは、今までに参加していない作品のテーブルへ学生が自由に移動しながら、「ワールドカフェ」は進んでいった。さすがに、最終セッションが始まった時には、学生の顔に疲労の色が見えてきた。それでも、いざディスカッションが始まると、学生は元気いっぱいに自分の意見をしっかりと伝えていた。
そうして、学生と審査員は互いの意見に耳を傾けつつ、ワークショップ2は終了。各作品のポスターの周りには、さまざまな意見の書かれた付箋が貼られ、ディスカッションの成果が見てとれた。

ワークショップ3「意見まとめ」「ブラッシュアップ」:
さまざまな意見を反映して
作品を改良

15:30からの残り時間は、参加学生が自分の作品展示ブースに戻り、作品ごとにワークショップ2で受けた意見をまとめ、翌日のプレゼンテーション審査に向けて、作品をブラッシュアップする時間となる。この時間になっても審査員は「もっと聴きたいこと」「もっと知りたいこと」のある学生へ熱心に応対していた。
時刻はあっという間に16:00となり、初日のプログラムは終了。なお、プログラム終了後、17:00までは会場にて各作品のブラッシュアップ作業を行なえるようにした。

＊このページの写真に付けた000は、展示ブースの作品番号。

プレゼンテーション：
いよいよ最終発表！
持てる力をすべて出しきった参加学生

大会2日めの8:45になり、緊張からか、あるいは昨夜、寝ることができなかったのか、眠たそうな表情の学生が次々にプレゼンテーション審査の会場に集合してきた。昨日の内に、会場のレイアウトを教室のようなスクール形式に変更していた。はじめのオリエンテーションで、審査の順番を抽選により決定した。

続くプレゼンテーション審査は、司会学生の進行により、9:30から決まった順番どおりに始まった。各作品は、準備したファイルをスクリーンに投影しながら作品説明（7分間）を行ない、その後、審査員との質疑応答（7分間）に対応する。前日のワークショップとポスターセッションで受けた意見を参考にしたのであろう、初日と比べて、どの作品も提案内容が大幅に改善されていた。改めて高専の学生の能力、気力、体力の高さを実感した。以下に審査員との質疑応答、審査員の感想などを登壇順にいくつか紹介する。

釧路高専『JIRI SAUNA CITY』[010]では、「霧をサウナ以外には使えない？ 厄介者（霧）を、この提案以上の人気者にするためにはどうしたらいい？」（吉村）に、学生は「レーザーショーによる、霧で曇った幻想的な風景を生かした祭があり、そこでプロジェクションマッピングなどを実施している。このように幻想的な風景を提供できる設備を整えられたらいいと思っている」と回答した。

仙台高専（名取）『緑を紡ぐ第一歩』[012]では、まず「印象的なサブタイトル『2050年のすべての生き物のために』を付けたのはすばらしい！」（中平）との肯定的な意見が上がった。ワークショップ2「ワールドカフェ」で得た提案の1つに着目して公園に名前を付けて、使用者に愛着を持たせる工夫を加えたのである。「バイオ燃料の活用は足湯限定なのか？」（正本）に、学生は「他にもキッチンカーを運営する電力、公園内の建物の電力など、公園内の発電をまかなう計画」と回答した。

明石高専『灘の酒街で仕込む』[006]では、「酒の利用方法はいろいろあるが、なぜ酒粕に注目したのか？」（岡田）に、学生は「まずは伝統文化であり、地域に根付いた強い力を持った文化である『灘五郷』に着目した。『灘五郷』と『脱炭素』でできることを検討した結果、酒粕の利用が最も有効なのではないかという考えに至った」と回

答した。

石川高専『小学生と公立小学校全寮化から広がる脱炭素』［009］では、「国内の人口問題や、家庭環境、経済、地域の変化という絶対に避けられない問題が複雑に絡み合う中、社会全体、しかも未来の子供たちのために『脱炭素』を交えた社会づくりを提案した点は本当にすばらしい」（吉村）、「2050年を見据えた場合、とても大きなビッグ・ピクチャー（全体像）を示した提案」（中平）など、審査員から好意的な意見が相次いだ。「中学校はどうする？」（正本）に、学生は「中学生になれば、自宅に帰るのも自由。卒業後の進路を選択する段階に入るので、その時期は親と一緒に生活したほうがいいと思った」と回答した。

明石高専『マッスルチャージ』［004］では、「エレベータやエスカレータを使うとポイントが減るようなシステムを導入したらどうか？」（岡田）、「貯めたポイントを誰かに贈ったり、どこかに集めたりできると、とてもいい。たとえば、漫画『ドラゴンボール』の『元気玉』のように、大勢から元気（ポイント）を少しずつ分けてもらうことで、とても大きなエネルギー（成果）になるというシステムができればいい」（吉村）という感想や提案があった。

サレジオ高専『推し色でつながる推し活コミュニティツール OXIKARA（オシカラ）』［002］には、「色を使うと分野を超えて横断的な効果が期待できる。色を使ったまちづくりというのは、とても美しいアイディア」（中平）、「昨日、『デザイン学科ならではの要素をもう少し作品に入れてみたら？』と助言したが、デザインを『脱炭素』につなげられることがよくわかった」（中平）と好意的な評価が集まった。

福井高専『子どものあそび×はつでん！未来に繋がるテーマパーク』［001］では、「僕は音発電にとても注目していて、街でも使えるのではないかとずっと思っている。まちづくりで大きな問題になるのが、自動車のエンジン音をはじめとする騒音。スペインのバルセロナなどでは、大勢の観光客が夜中まで騒いでいることに対して住民の強い反発がある。いわゆるオーバーツーリズム（観光公害）ならではの問題なのだが、そのような騒音をいかにポジティブ（肯定的）なものに変えるかという意味で、『騒音から発電できる』という仕組みができたら、市民は納得できるかもしれない。そういう意味で、音や振動にとても注目している」（吉村）との感想が述べられた。

和歌山高専『ソダテル』［007］には、「『つくる・食べる・受け継ぐ』というキーワードはシンプルだが、とてもよい」（岡田）という評価が。「『みかこん』とはミカンのコンペ（競技会）だと思うが、具体的にどのような内容を考えているのか？ すでに似たようなコンペが実施されているのではないか？」（中平）に、学生は「店や企業単位でのコンペはあるかもしれないが、地域全体を巻き込んだ大規模なコンペはまだ行なわれていない」と回答した。

明石高専『まちを染める まちに染まる』［003］には、「昨日のワークショップで、『脱炭素』の分量がとても少ないと聞いていた。しかし、あえて分量を追求する努力はせずに、デザインや地域アイデンティティ（個性）など、提案の強みとなる部分を強調して、結果的に地域デザインを確立できて、『脱炭素』にも貢献している、というプレゼンテーションは、弱みの部分を強みにして、強みの部分をさらに強くするものであった。この短い時間で発想を切り替えて、今までのシナリオをとても巧妙につくり変えたところに感心した」（正本）と、プレゼンテーションへの高評価があった。

デザコン2024 阿南　105

最終審査（非公開審査）、審査結果発表、審査員総評：

白熱した議論
——全員に賞をあげたかった！

12:00からの昼休憩と同時に、担当者はプレゼンテーション審査の採点を集計し、その間、審査員4人は控え室で昼食をとりながら、各作品や学生たちに対する意見や感想を述べ合っていた。20分ほどで採点の集計が終わり、審査員は、得点集計結果（表1参照）をもとに受賞候補となる作品を検討し、まず、それぞれ推す3作品に投票した。

審査員の意向により投票結果の詳細は伏せるが、得票した作品は[002][003][004][007][009][010][012]の7作品であった。その内、3人以上の審査員の推す2作品[002][009]を審査員が改めて検討した結果、総合点の高い[002]を最優秀賞（文部科学大臣賞）、[009]を1つめの優秀賞とすることに決定した（表2参照）。

続いて、もう1つの優秀賞には、[002][009]以外で得票した作品の再検討を経て、総合点の高かった[007]を選出した（表3参照）。残る審査員特別賞2作品は、すでに受賞の決まった[002][007][009]以外で得票した4作品について、各審査員が協議した結果、最終的に[004][012]の2作品を選出。これにより、入賞5作品が決定した（表3参照）。

昼休憩が終了した13:00、大会で一緒に競い合い、友情を育んだ参加学生26人が会場に集合。審査員長から審査員特別賞、優秀賞、そして最優秀賞の順に審査結果を発表した。結果発表はほんの数分間で

あったが、これまで頑張ってきた学生が発表の瞬間、一喜一憂した姿は忘れられない。最後に4人の審査員からそれぞれ全体についての総評があり、すべてのプログラムが終了した。

プログラム終了後、ある審査員から「全員に賞をあげたかった。審査員とは何と辛い役目……」という言葉があった。審査員は、参加した学生が力の限り頑張っている姿を近くで見守りながら、彼らの成長を感じていたのであり、その成果に優劣を付けるのはとても難しいことであったことは想像に難くない。そのような思いを大切にしながら、これからも高専の学生の成長を見届けられる創造デザイン部門であり続けてほしいと思う。

（加藤 研二　国立高等専門学校機構）

表1　本選──得点集計結果

作品番号	作品名	高専名（キャンパス名）	①地域性[40点満点]	②自立性[40点満点]	③創造性[40点満点]	④影響力[40点満点]	⑤実現・持続可能性[40点満点]	⑥プレゼンテーション[200点満点]	総合点[400点満点]
002	推し色でつながる推し活コミュニティツール　OXIKARA(オシカラ)	サレジオ高専	29	32	33	35	35	167	331
007	ソダテル	和歌山高専	33	30	31	33	31	160	318
009	小学生と公立小学校全寮化から広がる脱炭素	石川高専	31	29	34	34	28	160	316
004	マッスルチャージ	明石高専	27	31	30	30	30	165	313
003	まちを染める　まちに染まる	明石高専	33	33	31	31	36	148	312
012	緑を紡ぐ第一歩	仙台高専(名取)	34	27	29	34	29	153	306
010	JIRI SAUNA CITY	釧路高専	32	26	27	28	27	160	300
001	子どものあそび×はつでん！　未来に繋がるテーマパーク	福井高専	29	26	32	31	26	150	294
006	灘の酒街(さかまち)で仕込む	明石高専	31	27	27	28	27	145	285

凡例　本選評価指標　①地域性　②自立性　③創造性　④影響力　⑤実現・持続可能性　⑥プレゼンテーション
表註　＊各本選評価指標の点数は、4人の審査員の採点（各審査員：[10点満点]×5指標＋[50点満点]×1指標）を合計したもの。
　　　＊本選評価指標の各評価指標と評価点数の詳細は、本書108ページ「開催概要」参照。　＊作品名はサブタイトルを省略。

表2　本選──投票集計結果（1人3票）と最優秀賞、1つめの優秀賞の決定（協議）

作品番号	作品名	高専名（キャンパス名）	総合点	得票	3得票以上	受賞
002	推し色でつながる推し活コミュニティツール　OXIKARA(オシカラ)	サレジオ高専	331	▲	★	最優秀賞(文部科学大臣賞)
007	ソダテル	和歌山高専	318	▲		
009	小学生と公立小学校全寮化から広がる脱炭素	石川高専	316	▲	★	優秀賞
004	マッスルチャージ	明石高専	313	▲		
003	まちを染める　まちに染まる	明石高専	312	▲		
012	緑を紡ぐ第一歩	仙台高専(名取)	306	▲		
010	JIRI SAUNA CITY	釧路高専	300	▲		
001	子どものあそび×はつでん！　未来に繋がるテーマパーク	福井高専	294			
006	灘の酒街(さかまち)で仕込む	明石高専	285			

表註（表2-表3）　＊▲は得票した作品を示す。　＊★は3得票以上の作品を示す。　＊審査員は推す3作品に投票。　＊作品名はサブタイトルを省略。

表3　本選──2つめの優秀賞、審査員特別賞の決定（協議）

作品番号	作品名	高専名（キャンパス名）	総合点	得票	3得票以上	受賞
002	推し色でつながる推し活コミュニティツール　OXIKARA(オシカラ)	サレジオ高専	331	▲	★	最優秀賞(文部科学大臣賞)
007	ソダテル	和歌山高専	318	▲		優秀賞
009	小学生と公立小学校全寮化から広がる脱炭素	石川高専	316	▲	★	優秀賞
004	マッスルチャージ	明石高専	313	▲		審査員特別賞
003	まちを染める　まちに染まる	明石高専	312	▲		
012	緑を紡ぐ第一歩	仙台高専(名取)	306	▲		審査員特別賞
010	JIRI SAUNA CITY	釧路高専	300	▲		
001	子どものあそび×はつでん！　未来に繋がるテーマパーク	福井高専	294			
006	灘の酒街(さかまち)で仕込む	明石高専	285			

創造デザイン部門に欠かせないワークショップの役割
「脱炭素」というスーパーゴールに向け、仲間とともに進んでいく

＊000、[000]：作品番号。

加藤 研二（ワークショップ1ファシリテータ、創造デザイン部門長）、**坂本 真理子**（ワークショップ2ファシリテータ）

他者の意見を作品の
ブラッシュアップにつなげる

今年の創造デザイン部門の課題テーマは「未来につなげる脱炭素な社会」である。地球温暖化が進む現在、「脱炭素」は差し迫った課題であり、対策に取り組まなければならないことは誰もがわかっている。でも、何から手を付ければいいのかわからない。こんな難問の解決に向け、全国の7高専から26人もの学生が阿南の地に集まった。

やりたいこと、めざしているゴールなど、それぞれの思う解決策や未来が多様に異なる中で、他の参加作品の学生からもらったいろいろな意見や感想を取り入れながら、会期中に自分たちの作品をブラッシュアップしていき、2日めのプレゼンテーションに各作品が最善を尽くせるよう、今回のワークショップを企画、運営した。

ワークショップ1
「脱炭素まちづくりカレッジ PLAY」：
参加者の緊張をほぐし、
会期中の活発な議論を期待

7高専26人という参加学生が、できる限り早く学校の垣根を越え、同じ課題解決に向けて考える仲間になってほしい！ また、「脱炭素」という課題を少しでも身近に感じてほしい！ という想いから、最初のワークショップ1では、別の高専の学生同士を2人1組にして、初対面の相手と話すことによる緊張を解きほぐすアイスブレイクを兼ねたゲーム「脱炭素まちづくりカレッジPLAY」を実施した（図01参照）。

このゲームの内容は、審査に含まないことを最初に宣言し、結果にとらわれずに活発な議論が展開することを期待した。最初、参加学生には若干の緊張と戸惑いが見られたものの、ワークショップの終了後は、

会場が学生の笑顔と会話であふれ、目標のアイスブレイクは大成功！ その後の会期中、学生間でよりよい意見交換が行なわれることを確信した。

ワークショップ2
「ワールドカフェ」：
多くの参加学生から
意見を収集

ポスターセッション修了後の14:00からワークショップ2「ワールドカフェ」を開始した。「ワールドカフェ」では、各作品を説明する学生をブースに1人残し、他の学生は内容を聴いてみたい、自分の考えを話してみたい作品のブースに移動し、自作を説明する学生と意見や感想を交換し合う（図02参照）。1回20分間×3セッションという限られた時間ではあったが、展示された作品（ポスター）を前に、学生同士で率直に語り合った。作品ごとに、説明する学生はそれぞれの課題を受け止める一方、参加者は現実にとらわれることなく、正に「心ときめく」社会を創造するために提案していた。その姿からは、改めてまちづくりにおける「夢を描く」ことの大切さを感じることができた。

ワークショップ3
「意見まとめ」「ブラッシュアップ」：
集まった意見や提案をもとに、
作品ごとにブラッシュアップ

ワークショップ2終了後、参加学生は各作品の展示ブースに戻り、ワークショップ3を開始。ここまでに他作品の学生から得た意見や提案をまとめながら、作品を改善するための方向性について話し合った。方向性が決まると、プレゼンテーション審査に向けて、作品のブラッシュアップ作業を進めた。

翌日のプレゼンテーション審査では、初日より格段にブラッシュアップされた作品を見ることができた。ワークショップ1～3へ学生1人1人が積極的に参加し、さまざまな意見を受け止め、作品を客観的にとらえ直すことで、個々の作品の弱点を補強し、可能性を広げ、提案内容をより深めることができたのではないだろうか。

ワークショップ1

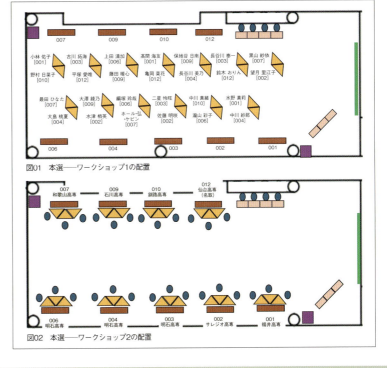

図01 本選──ワークショップ1の配置

図02 本選──ワークショップ2の配置

デザコン2024 阿南　107

創造デザイン部門概要

■ 課題テーマ
未来につなげる脱炭素な社会

■ 課題概要
2050年の未来と「繋」をテーマに、都市における「脱炭素な社会づくり」のアイディアを募集する。日本では人々が豊かな暮らしを享受している一方、地球温暖化による気候変動など、早急に対応しなければならない課題も山積(さんせき)している。このような課題を克服し、2050年においても豊かな暮らしが可能な社会づくりの提案を期待する。

■ 審査員
吉村 有司(審査委員長)、中平 徹也(副審査委員長)、
正本 英紀、岡田 未奈
ワークショップ・ファシリテータ
ワークショップ1：加藤 研二(創造デザイン部門長)
ワークショップ2：坂本 真理子

■ 応募条件
❶高等専門学校に在籍する学生
❷2〜3人のチームによるもの。1人1作品。複数の高専での連合も可
❸空間デザイン部門、AMデザイン部門への応募不可。予選未通過の場合、構造デザイン部門への応募可
❹他のコンテスト、コンペティションに応募していない作品

■ 応募数
19作品(49人、11高専)

■ 応募期間
2024年7月22日(月)〜8月21日(水)

■ 提案条件
❶2050年カーボンニュートラルな「脱炭素社会」をめざし、以下の①あるいは②の視点から持続可能*1な社会につながる提案であること
　①「創造性*2のあるサービス(こと)」の「プロセスデザイン(どのようなストーリーで地域の人々を支援するか)」を提案すること(「こと」興しの仕掛けのみに特化する「プロセスデザイン」も含む)
　②「創造性のある製品(もの)」について提案すること。ただし、「製品(もの)」がどのようにカーボンニュートラルを実現する「脱炭素な社会」につながるかについての「プロセスデザイン(ストーリー)」も併せて提案すること
❷社会、都市、地域(人、企業、自治体、NPO、住民組織など)が抱える課題を解決するための「こと」を興すプロセスと「もの」を提案すること。社会や地域課題をとらえるには「現場の情報に当たる」必要がある。その方法としては、まず仮説を立て、その仮説を検証できるフィールドワーク(観察)、インタビュー調査などが考えられる。当事者(問題を抱えている人)の声を直接聴き、共感(empathy)して問題の本質を探り当てるように心がけること
❸プロセスデザインとは、人(当事者)のニーズから発出し、目標とする社会や地域を実現するためのプロセスを提案すること。そのプロセスには、地域資源と既存技術、実現可能と思われる技術、知識をどう融合させるか、地域内外の人々がどうコミュニケート(意思疎通)するか、といった内容を含む。さらに、こうしたプロセスに高専がいかに関わるか、高専の役割について可能な限り示すこと

本選審査

■ 日時
2024年11月2日(土)〜3日(日)

■ 会場
阿南高専 本館専攻科棟3階講義室3

■ 本選提出物
❶プレゼンテーションポスター：A1判サイズ1枚
❷プレゼンテーションポスターの電子データ：PDF形式
❸プレゼンテーションの審査用資料の電子データ：PowerPoint形式

■ 展示スペース
各作品ごとに展示ブースを用意し、1作品につき展示用パネル(幅900mm×高さ1,800mm)1枚、ディスカッションボード1台を設置

■ 審査過程
参加数：9作品(26人、7高専)
日時：11月2日(土)
❶ワークショップ1(兼学生交流会)「脱炭素まちづくりカレッジPLAY」 9:10〜10:40
❷ポスターセッション　11:00〜11:40(前半)
　　　　　　　　　　　13:10〜13:50(後半)

❸ワークショップ2「ワールドカフェ」 14:00〜15:30
❹ワークショップ3
　「意見まとめ」 15:30〜16:00
　「ブラッシュアップ」 16:00〜17:00
日時：11月3日(日)
❶プレゼンテーション 9:30〜12:00
❷最終審査(非公開審査) 12:20〜13:00
❸審査結果発表、審査員総評 13:00〜13:20

■ 本選評価指標
下記の6つの評価指標で審査する
[1]地域性(地域の実情などを踏まえた施策であること)
客観的なデータにより各地域の事情や将来性を十分に踏まえた持続可能*1な提案であること
[2]自立性(自立を支援する施策であること)
地域、企業、個人の自立に資するものであること。「ひと」「しごと」の移転や創造を含み、特に外部人材の活用も含め「ひと」「もの」づくりにつながる提案であること
[3]創造性(多様な人々により熟考されていること)
「創造性*2」を意識した提案であること。創生事業は、1つの分野だけで解決できるものではない。関係するさまざまな人々を巻き込んで生まれた創造性のあるアイディアを提案すること
[4]影響力(課題解決に対する影響力)
応募する原動力となった、独自に発見した課題の解決として、パワフルで影響力のある提案であること。一過性ではないアイディアであること
[5]実現・持続可能*1性(2050年までの実現可能性が1%でも見出せればよい)
万人が納得できる論理的根拠に基づく提案であること
[6]プレゼンテーション
ワークショップを実施した上で、プレゼンテーションでの説明と質疑応答を総合的に評価

■ 審査方法
6つの「本選評価指標」に基づき各審査員が全作品を採点。
各作品400点満点＝(10点満点×5指標＋50点満点×1指標)
　　　　　　　　×審査員4人＝100点満点×審査員4人
総合点をもとに、審査員4人による協議の上、各賞を決定

註
*1 持続可能：SDGs(Sustainable Development Goals＝持続可能な開発目標)などの国際的な取組みがあるので、参考にすること。
*2 創造性：多様な人々によるさまざまな視点からアイディアを何度も再構築することにより生まれる。

予選 審査総評

創造的で実現可能な数々のアイディア

吉村 有司（審査員長）

脱炭素社会と2050年の私たちの豊かな暮らしを実現するために提案された、すばらしい作品たちに心を動かされた。脱炭素を中心としたエコロジー（環境保全）の視点だけでなく、文化資産、経済、人材の地域循環という視点からも多様なアイディアが生まれており、課題テーマに対する深い洞察力と、未来の持続可能な社会を実現するための革新的なアプローチとを感じ取ることができたのもよかった。

一方、全体的にもう少し思い切った提案がほしかった。空間に関する提案が少なかった点も、やや残念な気がした。しかし、例年、予選からぐっと伸びてくる作品があるので、次の本選を期待したい。

さらに、課題テーマの求める「2050年カーボンニュートラルな脱炭素社会をめざす」という視点で作品を見ると、地域の課題などはとらえられているものの、課題テーマにどうつながるのかがわかりにくいものも多く見られた。また、アイディア自体は事業化できる可能性が高いものの、目標とする脱炭素とは結びつかないのではないかと思われる、アイディアと目標が乖離している作品もあった。加えて、「プロセスデザイン*1」に高専がどう関わり合うのかをもっと考慮しながら計画する必要がある。

もう1つ残念なのは、背景分析や問題認識、対策の「芽」などの説明に力を入れるあまり、提案の実施手法や需要創出に関する説明が少ない、または甘い作品が多かったことである。いずれの作品ももう少し時間をかけて詳細に検討し、アイディアの弱い部分をブレイクスルー（克服）できれば、大化けする可能性がある。とは言うものの、どの作品も地域社会に新たな価値を提供し、地域とともに成長していく未来像を描いていることは非常にすばらしいと思った。特定の場所や地域に焦点を当て、調査をもとにその地域の特色や課題を発見し、創造的かつ実現可能なアイディアを提案している点には感銘を受けた。

本選でポスターセッションやワークショップなどの審査過程を経て、各作品がどのように進化していくのかを楽しみにしている。

最後に、デザコン2024に応募した学生たちの発想力と情熱に敬意を表すとともに、今後も持続可能な社会の実現への挑戦を続けてくれることを心より願っている。

註
*1 プロセスデザイン：本書108ページ「提案条件」❸参照。

募集に際しての審査員長からのメッセージ

吉村 有司（審査員長）

「未来につなげる　脱炭素な社会」に寄せて

我々は集まって住むために都市をつくり、集まって住むことができるような社会基盤や社会システムをつくり上げてきた。しかし、見方を変えれば、それは人間が人間のために自然を開発してきた歴史とも言える。その結果、現在の我々が直面しているのは、地球環境を巻き込んだ、より大きな問題である。

将来を見据えると、これまでのように人間の側からだけ見た効率性重視、生産性重視の都市のつくり方、物のつくり方は終わりを迎えつつあるように思う。これからは人間だけでなく、この地球上で時空間をシェア（共有）しているすべての生き物のことを考えた社会づくりが必要不可欠となってくるのではないだろうか。

今年の創造デザイン部門では、課題テーマ「未来につなげる脱炭素な社会」に基づいた、未来につながるための脱炭素な社会づくりの提案を募集する。

これは今後の我々の社会が直面する（もしくは、もうすでに直面している）問題であり、避けられない問い掛けでもあ

るがゆえに、目新しいものではない。書店に行けばSDGs（Sustainable Development Goals＝持続可能な開発目標）を謳った書籍は山のように積み上げられているし、インターネットで検索すれば関連情報はたくさん出てくる。もしかしたら、この文章を読んでいる学生たちの中にも、学校ですでに課題としてこの問題に直面した人たちがいるような提案や、万人受けする平坦な提案ではなく、誰も見たことがないもの、誰も考え付かなかったこと、センスのよい問い掛けを評価したいと思っている。

だからこそ、本部門では、どこかで見たことがあるような提案や、万人受けする平坦な提案ではなく、誰も見たことがないもの、誰も考え付かなかったこと、センスのよい問い掛けを評価したいと思っている。細部は粗くても構わない。少々のデザインの不備も仕方がない。そのアイディアを見た時に、新鮮な驚きを与えてくれるようなもの、心をときめかせてくれるような切り口、そんな提案を見てみたい。

柔軟な発想力と想像力、そして君たち学生の創造力に期待したいと思う。

予選 審査経過

今回は2024年8月21日（水）の締切までに、11の高専から19作品の応募があった。今年の予選審査では、審査員が一堂に会して審議することなく、各審査員の採点を集計した得点集計結果をもとに、審査員4人の承認を経て、予選通過作品を決定した。

まず、応募19作品のプレゼンテーションポスター（以下、ポスター）の電子データを、事前に各審査員に配布して作品の審査を依頼した。吉村審査員長をはじめ計4人の審査員は、各作品を5項目の予選評価指標（本書111ページ「予選開催概要」参照）に基づいて採点し、その採点結果を9月6日（金）までに阿南高専の創造デザイン部門事務局へ送付した。次に事務局では審査員から届いた全作品の採点結果を集計し、応募19作品を総合点の高い順に並べた得点集計結果（表4参照）をもとに、まず事務局が①1位の作品の総合点（220点）の8割（176点）以上、②1つ上位の作品との得点差が10点以内、③合計10作品以内、という3つの選定基準に合致する総合点上位9作品を予選通過候補として選出。4人の審査員の承認を経て、これら9作品が本選への出場を果たした（表4参照）。

今年の大会では、予選通過に向けて大きく3つの変更点があった。1つめは提出するポスターのサイズがA1判からA3判に変更されたこと。2つめは予選評価指標の①地域性②自立性③創造性④影響力⑤実現・持続可能性から、各作品の応募学生が重点的に評価してほしい2項目（重点2指標）を選択し、その2項目については得点が2倍となったこと。3つめは審査員が従来の3人から4人に増えたこと。この3点の変更により、昨年以上に自分たちが伝えたい内容をいかにまとめて伝えられるか、同時に重点的に見てほしいアイディアをどのように表現するか、また、いろいろな視点から審査に当たる審査員にどのようにアピールをするか、といったところが予選通過に大きく影響した。

9月30日（月）、「デザコン2024 in 阿南」公式ホームページに予選通過9作品の一覧と本選出場要項を掲載。予選通過作品の指導教員には本選出場の決定を伝えるとともに、審査員の各作品への感想ならびに「本選に向けたブラッシュアップの要望」（本書112ページ～参照）を送付した。その後、10月11日（金）、事務局と各審査員とをインターネット回線でつなぎ、ビデオ会議アプリ「Microsoft Teams」を利用したリモート（遠隔）方式で、予選の統括と本選へ向けて予選通過9作品について意見を交換した。

（加藤 研二　国立高等専門学校機構）

表4 予選——得点集計結果

作品番号	作品名	高専名（キャンパス名）	吉村 [20点満点×2指標+10点満点×3指標]*1					中平 [20点満点×2指標+10点満点×3指標]*1					正本 [20点満点×2指標+10点満点×3指標]*1					岡田 [20点満点×2指標+10点満点×3指標]*1					合計*2					総合点*3
			1地域性	2自立性	3創造性	4影響力	5実現・持続可能性	1地域性	2自立性	3創造性	4影響力	5実現・持続可能性	1地域性	2自立性	3創造性	4影響力	5実現・持続可能性	1地域性	2自立性	3創造性	4影響力	5実現・持続可能性	1地域性	2自立性	3創造性	4影響力	5実現・持続可能性	
001	子どものあそび×はつでん！未来に繋がるテーマパーク	福井高専	20	9	20	10	9	16	8	16	7	8	14	5	14	5	5	16	7	16	8	7	66	29	66	30	29	220
006	灘の酒街（さかまち）で仕込む	明石高専	9	16	18	8	9	7	14	14	6	7	7	10	10	5	5	8	14	14	8	8	31	54	56	27	31	199
012	緑を紡ぐ第一歩	仙台高専（名取）	16	8	8	16	8	14	8	8	18	16	14	5	5	10	5	16	6	8	12	6	60	27	29	56	35	199
003	まちを染める　まちに染まる	明石高専	18	9	9	18	9	14	6	6	14	6	16	5	5	16	5	16	7	6	14	6	64	27	26	56	26	199
002	推し色でつながる推し活コミュニティツールOXIKARA（オシカラ）	サレジオ高専	9	9	10	20	20	4	6	6	14	14	5	5	5	14	12	7	5	7	14	12	25	25	28	58	58	198
009	小学生と公立小学校全寮化から広がる脱炭素	石川高専	10	20	10	20	9	4	12	5	14	6	6	10	5	14	6	8	10	12	12	4	28	52	32	60	22	194
010	JIRI SAUNA CITY	釧路高専	16	9	16	8	9	16	6	16	6	6	14	6	14	6	6	12	7	8	8	6	58	28	54	25	27	192
004	マッスルチャージ	明石高専	14	6	6	7	7	14	7	7	7	7	16	6	6	6	6	12	7	8	7	7	51	26	27	27	27	186
007	ソダテル	和歌山高専	14	6	7	12	18	5	6	6	14	14	5	6	6	10	10	7	6	7	12	6	25	24	26	48	48	181
005	高速道路SAを中心とした「脱炭素」なコンパクト＆ネットワーク・ヴィレッジ	秋田高専	10	5	14	12	6	16	6	14	12	6	16	5	14	12	6	10	6	16	12	5	52	22	24	48	23	169
021	牡蠣殻で町づくり	仙台高専（名取）	10	4	5	5	10	16	7	6	14	5	14	6	6	4	10	12	7	6	23	46	52	24	23	46	24	169
016	未来を織り込む	福井高専	4	8	4	3	6	16	8	4	14	6	14	5	4	10	5	16	6	4	50	24	23	23	48	22	168
008	癒しの苔玉	香川高専（高松）	6	6	12	14	6	5	6	14	14	6	5	6	12	14	5	6	6	12	22	24	58	22	24	58	24	165
011	ため池に土は溜めんでいーけー	香川高専（高松）	10	5	5	14	4	16	5	5	14	5	14	6	5	10	5	10	6	5	12	4	50	22	20	50	18	163
014	みんなのまち	仙台高専（名取）	8	8	4	5	5	14	7	6	14	5	14	6	4	10	5	12	7	4	48	23	50	23	48	23	160
018	チャリ増す田商店街	仙台高専（名取）	10	5	4	5	10	16	7	4	14	5	14	6	4	10	5	10	2	4	50	20	44	23	44	20	155
017	防火水槽で育むカーボンニュートラルの未来	豊田高専	8	3	4	8	6	16	5	4	14	5	14	6	4	10	5	2	7	42	19	40	21	42	19	19	142
020	街を駆け巡るDelivery Bus	舞鶴高専	4	4	4	3	4	5	6	6	14	6	5	6	5	10	5	6	6	4	23	24	19	23	119
013	BOT TREE	明石高専	2	3	2	1	2	6	7	6	6	6	6	6	5	5	6	6	6	8	20	22	21	22	23	108

表註

*■ は予選通過9作品を示す。　*■ は各作品の提示した重点2指標を示す。　*予選評価指標は、①地域性、②自立性、③創造性、④影響力、⑤実現・持続可能性。
*予選応募時に、5つの予選評価指標の内、重点的に評価してほしい2指標（以下、重点2指標）を提示した作品は、提示した2指標の得点が2倍になる。
*各予選評価指標の詳細は、本書111ページ「予選開催概要」参照。　*作品名はサブタイトルを省略。　*作品番号[015][019]は登録時の不備により欠番。

*1　[20点満点×2指標+10点満点×3指標]：重点2指標を提示した作品の評価点数。各審査員は、①から⑤の内、重点2指標を各20点満点、残りの3指標を各10点満点、合計70点満点で評価。重点2指標を提示しなかった作品（[013][020]）の評価点数は[10点満点×5指標]。各審査員は、①から⑤まで各10点満点、合計50点満点で評価。
*2　合計：作品ごとの各指標の合計得点は、重点2指標が[20点満点×審査員4人]＝80点満点。その他の指標は[10点満点×審査員4人]＝40点満点。
*3　総合点：重点2指標を提示した作品は、[80点満点×2指標+40点満点×3指標]＝総合点280点満点。重点2指標を提示しなかった作品は、[40点満点×5指標]＝総合点200点満点。

予選
開催概要

予選審査準備
2024年7月22日(月)〜8月21日(水):応募期間
(「デザコン2024 in 阿南」公式ホームページより応募登録)
2024年8月27日(火):高専名と氏名を伏せた応募全19作品のプレゼンテーションポスターの電子データ、5つの予選評価指標、採点表(各作品の提示した重点的に評価してほしい2指標(以下、重点2指標)を付記)を審査員に配布。
各審査員は、1作品につき、重点2指標を提示した作品は70点満点=10点満点×3指標+20点満点×2指標、重点2指標を提示しなかった作品は50点満点=10点満点×5指標で採点

予選審査
■日時
❶2024年8月28日(水)〜9月6日(金):
各審査員は、各作品を5項目の予選評価指標に基づいて採点し、その採点結果を阿南高専の創造デザイン部門事務局に送付
事務局は審査員から届いた全作品の採点結果を集計し、得点集計結果をもとに予選通過候補作品を選出
❷2024年9月27日(金):
審査員4人の承認を経て、予選通過作品を決定
■会場
事務局と審査員は各所在地
■審査方式
インターネット回線を利用したリモート(遠隔)方式
■事務担当
加藤 研二(国立高等専門学校機構)、中島 一(阿南高専)
■予選提出物
❶作品概要:エントリーフォームに入力
❷エントリーシートの電子データ:高専名と氏名の記載不可。PDF形式
(1)プレゼンテーションポスターの電子データ:A3判サイズ(横)
(2)重点2指標:5つの予選評価指標の表へ重点的に評価してほしい2指標を提示
■予選通過数
9作品(26人、7高専)

■審査方法
各審査員は「予選評価指標」に基づいて全作品を採点。審査員の採点を合算した総合点をもとに、事務局が、①1位の作品の得点(220点)の8割(176点)以上、②1つ上位の作品との得点差が10点以内、③合計10作品以内、という3つの選定基準で予選通過候補作品を選出。審査員4人の承認を経て予選通過作品を決定
■予選評価指標
①地域性(地域の事情を踏まえた施策であること)
客観的なデータにより各地域の事情や将来性を十分に踏まえた持続可能*1な提案であること
②自立性(自立を支援する施策であること)
地域、企業、個人の自立に資するものであること。「ひと」「しごと」の移転や創造を含み、特に外部人材の活用も含め「ひと」「もの」づくりにつながる提案であること
③創造性(多様な人々により熟考されていること)
創造性*2を意識した提案であること。創生事業は、1つの分野だけで解決できるものではない。関係するさまざまな人々を巻き込んで生まれた創造性のあるアイディアを提案すること
④影響力(課題解決に対する影響力)
応募する原動力となった、独自に発見した課題の解決として、パワフルで影響力のある提案であること。一過性ではないアイディアであること
⑤実現・持続可能*1性(2050年までの実現可能性が1%でも見出せればよい)
万人が納得できる論理的根拠に基づく提案であること
■評価点数
予選評価指標①〜⑤は各10点満点、その内、各作品が提示した重点2指標は得点が2倍となり各20点満点
❶重点2指標を提示した作品
総合点 280点満点=(10点満点×3指標+20点満点×2指標)
　　　　　　　　　×審査員4人=70点満点×審査員4人
❷重点2指標を提示しなかった作品
総合点 200点満点=10点満点×5指標×審査員4人
　　　　　　　　=50点満点×審査員4人

註
＊1 持続可能:本書108ページ註1参照。　＊2 創造性:本書108ページ註2参照。

予選 通過9作品講評

創造デザイン部門

本選に向けた
ブラッシュアップの要望

審査員：吉村 有司（審査員長）
中平 徹也（副審査員長）、正本 英紀、岡田 未奈

子どものあそび×はつでん！　未来に繋がるテーマパーク
001 福井高専

施設設置後のメインテナンスが課題。実際には、それほど多くの発電量を期待できないのではないか。

推し色でつながる推し活コミュニティツール　OXIKARA
002 サレジオ高専

実現可能性を感じるものの、他の既存アプリケーションのアドオン（追加機能）に過ぎないような印象を受ける。

まちを染める　まちに染まる
003 明石高専

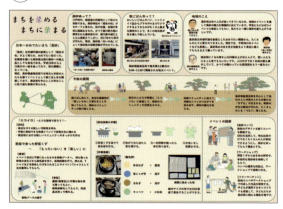

企画背景や適用技術を発掘するという視点はよいが、商品開発や需要喚起などの面で、説得力が弱いのではないか。

マッスルチャージ
004 明石高専

地域特性とシステムの面はよいが、このままでは目標の達成が期待できない。発電ではなく健康に着目してみてはどうか。

灘の酒街で仕込む──伝統の酒造りから生活に「脱炭素な彩り」を
006 明石高専

理念だけではなく、販売なり、配布なりのシステムを具体的に提案してはどうか。

ソダテル──脱炭素なまち「つくる・食べる・受け継ぐ」

(007) 和歌山高専

提案の背景も大事だが、もっと検討手法や目標達成のアイディアについての説明に注力してほしい。

JIRI SAUNA CITY

(010) 釧路高専

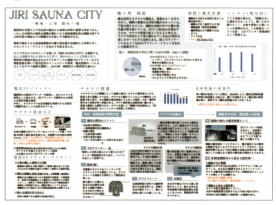

問題の背景分析、実施手法、提案の需要予測の説明がコンパクトにまとまっており、実現可能性は高い。

小学生と公立小学校全寮化から広がる脱炭素

(009) 石川高専

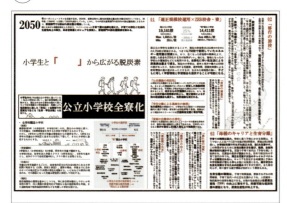

実学校ZEB*¹化のアイディアはおもしろい。しかし、全寮化と脱炭素との結びつきは薄いのではないか。

緑を紡ぐ第一歩──2050年のすべての生き物のために

(012) 仙台高専(名取)

対応策としている「人工葉*²」で地域に必要な電力量を本当に供給できるのか、疑問が残る。

註
*1 ZEB：Net Zero Energy Building(ネット・ゼロ・エネルギー・ビル)の略称で、快適な室内環境を実現しながら、建物で消費する年間の一次エネルギーの収支をゼロにすることをめざした建物のこと。
*2 人工葉：人工的に光合成を起こし、太陽光から自然エネルギーを得るシステム。

予選 10作品

創造デザイン部門

高速道路SAを中心とした「脱炭素」なコンパクト＆ネットワーク・ヴィレッジ

(005) 秋田高専

◎長谷川 絢哉、田口 真治、マセテ・ダグラス
[創造システム工学科土木・建築系空間デザインコース5年]

防火水槽で育むカーボンニュートラルの未来

(017) 豊田高専

◎髙橋 柊人、小出 和季
[建設工学専攻専攻科1年]

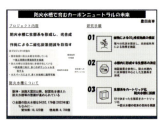

癒しの苔玉

(008) 香川高専（高松）

◎大澤 彩夏、新延 若奈
[建設環境工学科4年]

チャリ増す田商店街

(018) 仙台高専（名取）

◎近藤 咲羽、山田 千陽、福士 明日香
[総合工学科Ⅲ類建築デザインコース2年]

ため池に土は溜めんでいーけー

(011) 香川高専（高松）

◎佐藤 匠、和泉 光輝
[建設環境工学科4年]

街を駆け巡るDelivery Bus

(020) 舞鶴高専

◎木寺 達士、芦田 匠
[建設システム工学科2年]

BOT TREE

(013) 明石高専

◎リー・タイイー、磯野 達稀
[建築学科4年]

みんなのまち──助け合いの輪

(014) 仙台高専（名取）

◎丹野 弘太、水口 真那壮
[総合工学科Ⅲ類建築デザインコース5年]

未来を織り込む──繊維産業×MR

(016) 福井高専

◎河野 みりあ、山田 望由奈、市橋 阿季
[環境都市工学科5年]

牡蠣殻で町づくり

(021) 仙台高専（名取）

◎敦賀 柚姫、高橋 未悠
[総合工学科Ⅲ類建築デザインコース3年]

＊000：作品番号。　＊氏名の前にある◎は学生代表。　＊作品番号[015][019]は登録時の不備により欠番。

審査員／ワークショップ・ファシリテータ ● Jury & Facilitator

創造デザイン部門

審査員長
吉村 有司
よしむら ゆうじ

建築家、東京大学先端科学技術研究センター特任准教授、ルーヴル美術館　アドバイザー、バルセロナ市役所情報局　アドバイザー

愛知県生まれ
2001年　スペインに渡る(-2017年)
2003年　バルセロナ現代文化センター(CCCB／スペイン)に在籍(-2005年)
2005年　バルセロナ都市生態学庁(スペイン)に在籍(-2009年)
2009年　カタルーニャ先進交通センター(スペイン)に在籍(-2016年)
2016年　ポンペウ・ファブラ大学情報通信工学部博士課程修了(スペイン)博士号(Ph.D. in Computer Science)
2017年　マサチューセッツ工科大学(アメリカ合衆国)に在籍(-2019年)
2019年　東京大学先端科学技術研究センター特任准教授
ルーヴル美術館アドバイザー(フランス)、バルセロナ市役所情報局アドバイザー(スペイン)、国土交通省「まちづくりのデジタル・トランスフォーメーション実現会議」委員、東京都「東京都における「都市のデジタルツイン」社会実装に向けた検討会」委員などを歴任

主な活動
情報ネットワークとその周辺技術を活用したアーバン・サイエンス(Urban Science)という新しい領域の可能性と限界を探りつつ、市民生活の質の向上をテーマに研究。また、クレジットカード情報を用いた歩行者回遊分析手法の開発や、機械の眼から見た建築デザインの分類手法の提案など、ビッグデータやAIを用いた建築、まちづくりの分野に従事。

主なプロジェクト
『バルセロナ市グラシア地区歩行者空間計画』(2005-07年)、『ICING(欧州プロジェクト(FP7))』(2005-08年)、『バルセロナ市バス路線変更計画』(2007-11年)、『ルーヴル美術館来館者分析の技術開発』(2010年-)、『クレジットカード情報を用いた歩行者回遊分析手法の開発』(2011-16年)など。

主な論文
「Bluetoothセンサーを用いたルーヴル美術館の来館者分析」(2014年)、「機械の眼から見た建築デザインの分類手法の提案」(2019年)、「街路の歩行者空間化は小売店・飲食店の売上を上げるのか、下げるのか？――ビッグデータを用いた経済効果の検証」、「ビッグデータを用いた都市多様性の定量分析手法の提案――デジタルテクノロジーでジェイン・ジェイコブズを読み替える」(2021年)、「ビッグデータと機械学習を用いた『感性的なもの』の自動抽出手法の提案――デジタルテクノロジーで『街並みの美学』を読み替える」(2022年)など。

副審査員長
中平 徹也
なかひら てつや

環境カウンセラー(事業部門、市民部門登録。環境についてわかりやすく伝える専門家)、岡山環境カウンセラーズ　事務局長

1954年　徳島県三好市生まれ
1977年　千葉工業大学工学部工業経営学科卒業　岡山県環境保全事業団　勤務(-2007年)
2000年　岡山環境カウンセラーズ　事務局長
2007年　環境学習センター(現・環境学習プラザ)「アスエコ」創設　所長(-2015年)
2008年　「四国学生サミット」ファシリテータ

主な活動
岡山県内において廃棄物の適正処理に従事し、埋立処分場の管理や水島クリーンセンターの建設(1998年)、廃棄物埋立処分場跡地のゴルフ場建設と運営(2000年)に携わる。
2007年、岡山県の環境学習の拠点として環境学習センター(現・環境学習プラザ)「アスエコ」を創設し、所長に就任。2014年には300件を超える環境学習の出前講座を実施した。
2015年「アスエコ」退職後は、環境カウンセラーとして岡山県を拠点に活動。2008年より脱温暖化をめざす四国の大学生が一堂に会する「四国学生サミット」にファシリテータとして毎年参画する他、環境学習の講師として年間20件の出前講座を実施している。また、世界23カ国を訪問し、「環境のめがね」を通して見た、各国における「環境問題の真実」を伝え続けている。

審査員
正本 英紀
まさもと ひでのり

愛媛大学地域協働推進機構地域専門人材育成・リカレント教育支援センター　副センター長

1969年　徳島県徳島市生まれ
1992年　広島大学理学部地学科卒業　徳島県庁入庁(-2021年)
2009年　技術士(環境部門)取得
2021年　愛媛大学社会連携推進機構　専任教員　同学地域専門人材育成・リカレント教育支援センター　准教授(-2022年)
2022年　愛媛大学地域専門人材育成・リカレント教育支援センター　副センター長(-2024年)
2023年　Town & Gown Office設置準備室　副室長(-2024年)
2024年　愛媛大学地域協働推進機構地域専門人材育成・リカレント教育支援センター　副センター長

主な活動
徳島県庁に入庁後、環境保全課、環境政策課、徳島農林事務所、南部総合県民局、環境首都課、交通政策課、自治研修センター、地方創生推進課、Society5.0推進課などで気候変動対策を中心とした環境対策に長期間従事。民間主導による交通社会実験や再生可能エネルギーの導入可能性調査、関西広域連合におけるカーボンオフセット社会実験など、産学民官連携の取組みを進め、その後の地方空港整備や地方創生などの他の施策でも、同じ手法を用いることで課題解決を図る。また、県・市町村職員の研修機関である自治研修センター着任時に、さまざまな研修企画を実施する過程で、「中堅人材の育成」に強い関心を持つようになる。
愛媛県地域職業能力開発促進協議会委員、広島県地域職業能力開発協議会委員、四国大学Society5.0研究会委員、神山町「神山まちを将来世代につなぐプロジェクト」アドバイザー、徳島大学蔵本団地ESCO事業委員会委員などを歴任。愛媛大学着任後は、専門人材を地域に定着させていくための「地域ハブ人材」の育成に向けて、地域共創型リカレント・プログラムの開発や産学民官連携プラットフォームの運営などに携わる。

主なプロジェクト
『低炭素地域づくり面的対策推進事業(徳島市地域)』(2008年)、『グリーンニューディールサミット／カーボン・オフセットミーティング』(2011年)、『地域における市場メカニズムを活用した取組モデル事業(関西広域カーボンクレジット社会実験)』(2012年)、『RILG地域再生に活用するための広域交通ネットワークポテンシャルに関する調査研究』(2014年)、四国自治体・中堅職員交流講座及び四国四県次世代人材育成サミット』(2017年)、『地域専門人材育成に関する地域ニーズ調査』(2021-24年)、『地域創生イノベーター育成プログラム(東予)』(2022年-)、『しまなみ未来社会人材育成プラットフォーム』(2024年-)など。

審査員
岡田 未奈
おかだ　みな

臨床工学技士、ワークショップ・デザイナー、京都芸術大学大学院　研究員

1989年　愛媛県松山市生まれ
2011年　四国医療技術専門学校医療専門課程臨床工学学科卒業
　　　　済生会西条病院　臨床工学技士
2022年　大手前大学現代社会学部現代社会学科卒業
　　　　青山学院大学社会情報学部ワークショップデザイナー育成プログラム修了
　　　　DESIGN CONSCIOUS Lab設立　代表理事
2023年　京都芸術大学大学院芸術研究科学際デザイン領域修士課程修了
　　　　芸術修士(MFA)
　　　　(現役の臨床工学技士として全国初)
　　　　京都芸術大学大学院芸術研究科学際デザイン領域　研究員
　　　　issue+design　ディレクター
2024年　愛媛大学地域創生イノベーター育成プログラム修了

主な活動
「いのちをささえるエンジニア」である臨床工学技士として愛媛県内の医療施設に従事する一方、「医療にはデザインが足らない」という問題意識から、あらゆる視点でのデザインを研究。「DESIGN CONSCIOUS Lab」を設立し、「issue+design」のディレクターを務める傍ら、自らの実践的な学びをもとにワークショップや講演活動に携わる。

主なプロジェクト
『臨床工学技士100人カイギ』(2020-21年)、『脱炭素まちづくりカレッジ』(2023-24年)、『認知症世界の歩き方　実践ワークショップ』(2023年-)など。

主な論文
「植え込み型ペースメーカにおける胸郭インピーダンスモニタリング(SAM)の有用性の検証」(共同執筆、2009年、『Therapeutic Research』40巻2号)、「臨床工学技士の新たな活躍の可能性——臨床以外のアプローチから認知度向上につなげる」(2023年、『月刊カレントテラピー』Vol.41 No.12)など。

ワークショップ・ファシリテータ
坂本 真理子
さかもと　まりこ

「協働のまちづくり」コーディネーター、and you 代表、徳島県環境アドバイザー

1975年　徳島県小松島市生まれ
1998年　奈良女子大学理学部生物学科卒業
2006年　兵庫県立淡路景観園芸学校専門課程修了
　　　　上勝町へ移住(~2008年)
　　　　徳島県立高丸山千年の森指定管理者かみかつ里山倶楽部　事務局長(~2009年)
2009年-　環境とまちづくり　主任研究員
2017年　阿南工業高等専門学校　研究員(~2022年)
2018年　徳島大学大学院先端技術科学教育部知的力学システム工学専攻建設創造システム工学コース博士後期課程修了
　　　　博士(工学)
2021年-　and you　設立
　　　　阿南工業高等専門学校　非常勤講師
2024年-　徳島大学環境防災研究センター　客員准教授
　　　　兵庫県立大学　客員研究員

主な活動
淡路景観園芸学校で景観、まちづくりを学んだ後、2006年に徳島県上勝町へ移住。自然林再生、棚田保全などの活動に携わる中で、地域の価値を体感。

「協働のまちづくり」をテーマに徳島大学大学院へ社会人入学し、研究と実務を通して、参加の場の運営、ファシリテーション技術を学ぶ。

徳島県阿南市では、生物多様性を生かしたまちづくりの実務に携わる中で、伊島のササユリ保全活動、サステイナブル・ツーリズムの創生などに関わる。

徳島県上勝町においては、持続可能な集落づくりを目標に、「かみかつ茅葺き学校」プロジェクト(2018年-)を企画、環境省地域循環共生圏事業として運営し、「ゼロ・ウェイストタウン上勝」の拠点の1つとして展開中。

地域が好きで、地域を主体とする環境課題、社会課題の解決に取り組む協働プロジェクトのコーディネーターとして活動中。

AMデザイン部門

人と人が
豊かにつながる
ものづくり

世界では感染症や紛争、気候変動、水質汚染など、さまざまな問題が生じ、それと呼応するように社会は急速に、大きく変化している。今こそ、人と人とのつながりが求められているのではないだろうか。
そこで、3Dプリンタの特性を活用して、人の連携を強くし、ふれあいの機会を増やす、人のつながりを豊かにするアイテムを提案してほしい。

▼部門紹介

幸せな社会の実現に向け、切削、鋳造、射出、鍛造などに続く新たな加工技術であるAM（Additive Manufacturing＝付加製造＝3Dプリンタによる造形）技術を採用し、その特性を活かした、将来的な実用化をめざすものづくりの提案（3Dプリンタによる製作物＝実働する試作品＝実機を含む）の優劣を競う。
AM技術には、
①従来の加工法では難しい複雑な形状に加工が可能
②製作物内外の自由な箇所の性質を変えて、一体成形が可能
③樹脂や金属をはじめ、生物の細胞に至るまで、使用できる材料の種類が豊富
などの特性があり、日々、進化を続けている。

予選▼

32作品

2024.7.24-8.7
予選応募
2024.8.22
予選審査
（リモート〈遠隔〉方式）

本選▼

8作品

2024.11.2
学生交流会1
仕様確認
プレゼンテーション
学生交流会2
学生相互投票
2024.11.3
ポスターセッション（ディスカッション）
学生相互投票
最終審査（非公開審査）
審査結果発表、審査員総評

受賞▼

5作品

■最優秀賞（経済産業大臣賞）
弓削商船高専『ヒールラクテクター』[023]
■優秀賞
仙台高専（名取）『はしもっとくん
——食事を楽しく簡単に!!』[013]
仙台高専（名取）
『ゼロステップで書けるペン　N-grip』[027]
■審査員特別賞
大阪公立大学高専
『ぐんぐんトー樹（キ）ング!!』[014]
神戸市立高専『shake hands』[017]

デザコン2024 阿南　119

最優秀賞（経済産業大臣賞）

023 弓削商船高専

◎菅野 琴路、萩原 聖大、清水 大輔［電子機械工学科5年］
担当教員：瀬濤 喜信［電子機械工学科］

自転車用シューズ防護具
ヒールラクテクター

審査講評

限られた市場への提案ながら、3Dプリンタの特性を活かし、試行錯誤を重ねた点を高く評価した。材料選定や強度計算のデータも示されており、着実な進展が見られる。今後は、装着や持ち運びの容易さ、さらには購入したくなるデザイン性の追求を期待する。　　　　（山口）

多くの試作、実地検証をしっかりと実施したことが予選エントリーシート、本選のプレゼンテーションとポスターセッション（ディスカッション）にて説明され、各試作品ごとの違いがわかりやすい展示になっていた。3Dプリンタの特異性を生かした作品となっているので、さらなる進化を期待する。　　　　　　　　　　　　　　　　　（永瀬）

現状、対応する製品が市販されてはいるものの、さらなる改良や解決策が必要な分野だと理解した。そこで3Dプリンタ技術により活路を見出した点や、予選通過後も試作を繰り返し、技術的課題と解決を1つずつ、ていねいに検証した点は高く評価できる。実用化に向けた今後の展開を期待したい。　　　　　　　　　　　　　　　　　（米原）

AMデザイン部門

註（本書119〜125ページ）　*000、[000]：作品番号。　*氏名の前にある◎印は学生代表。
*文中の（山口）=山口 堅三（審査員長）、（永瀬）=永瀬 薫、（米原）=米原 牧子。
**1：本選不参加。

デザコン2024 阿南 121

◦◦◦ 優秀賞

013 仙台高専（名取）

◎川戸 佑夏、千葉 莉衣奈、加川 美織、佐藤 麻緒
[総合工学科Ⅱ類機械・エネルギーコース3年]
担当教員：野呂 秀太[総合工学科Ⅱ類機械・エネルギーコース]

自助具

はしもっとくん
―― 食事を楽しく簡単に!!

審査講評

誰もがいつまでも使える箸の性能を高く評価した。また、3Dプリンタの特性を活かした人間工学に基づく提案が印象に残った。実演がとても効果的で、食品を用いた具体例が説得力を高めた。「いつまでも変わらない生活」を支える楽しい食卓づくりに向けて、さらなる機能性の向上を期待する。　　　　　　　　　　　　　　　　　　（山口）

利き手でない左手に「はしもっとくん」を装着し、試してみたが、全く違和感なく食べ物を掴めたことには驚いた。試作品の展示、パーソナライズ（個別対応）以外に3Dプリンタの活用性が見出せるとさらに良かった。　　　　　　　　　　　　　　　　　　　　　　（永瀬）

類似製品がある中、高齢者だけでなく、けがなどにより利き手の使えない人も含めると対象範囲は広くなるので、とても市場価値の高い作品だと評価した。3Dプリンタならではの特性である高いカスタマイズ（仕様変更の自由度）性は、個別対応に限らず、デザイン性や使い心地などを向上する上でも発展性が期待できる。　　　　　　　　　（米原）

••• 優秀賞

027 仙台高専（名取）

◎渡邊 尚育［総合工学科Ⅱ類マテリアル環境コース4年］
担当教員：野呂 秀太［総合工学科Ⅱ類機械・エネルギーコース］

筆記具

ゼロステップで書けるペン
N-grip

審査講評

日常生活に最も身近な提案で、「ノック不要」という革新性を高く評価した。一方で、安全性や意図しないペン先（芯）の動作には課題が残る。軽い握力で固定するための改良や、多色対応など、使用者目線に立ったさらなる進化を期待する。
（山口）

アイディアはおもしろく、多くの試作を重ねていたのが印象的だった。3Dプリンタの必要性や本作品のコンセプト、既製品との比較を明確にし、最終成果物だけでなく、検証と試作を何度も実施したことをアピールできたらもっとよかった。
（永瀬）

着眼点やアイディアはとてもおもしろく、さまざまな場面でこのような解決策を待ち望む声があると思った。試作と検証を繰り返し、設計上の工夫も見られた。ボールペンを握る握力と芯が出る機構の関係についてもっと検討し、ユーザビリティ（使いやすさ）が向上すればさらによくなる。
（米原）

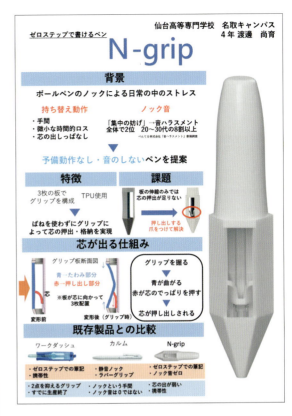

デザコン2024 阿南　123

● ● ● 審査員特別賞

014 大阪公立大学高専

◎廣海 功航[総合工学システム学科プロダクトデザインコース3年]
担当教員：中津 壮人[総合工学システム学科エネルギー機械コース]／
鰺坂 誠之[総合工学システム学科プロダクトデザインコース]

ゲーム

ぐんぐんトー樹ング!!

審査講評

遊び心が感じられる提案で、3Dプリンタを活用した「トーク（話題）の樹」は新しいコミュニケーション・ツールとして魅力的だ。一方で、ゲーム性の明確化や視覚的なデザイン性の向上が求められる。樹の成長も2段階で終わらせず、さらに発展性を持たせるなどの工夫がほしい。　　（山口）
3Dプリンタの有用性は十分に伝わった。ボードゲームとしての説明が主だったが、もっと作品の機構、試作やテストの情報などが説明に組み込まれているとさらによかった。　　（永瀬）
初対面の人とのコミュニケーションを阻害する根本的な要因について深掘りし、問題を解決するための具体策としてゲームというツールを選択し、互いの理解の深まりを視覚的に表現するという発想は高く評価できる。3Dプリンタならではの設計上の検討と試作を繰り返し、さらなる展開を期待したい。　　（米原）

● ● ● 審査員特別賞

017 神戸市立高専

◎早川 朋希、吉川 忠馬、山﨑 響揮、橋本 凌空[機械工学科2年]
担当教員：熊野 智之、宮本 猛[機械工学科]

手の模型

shake hands

審査講評

課題テーマに最も即した作品。本体と、手の甲や手のひらのパーツとは磁石による着脱式なので、状況に応じて容易に設定を変えられる点がすぐれている。一方で、温もりややわらかさの再現がわかりにくく、実演が十分に機能しなかった点は残念だった。試作品の駆動の安定性を含め、さらなる改善を期待する。　　（山口）
爪と指先のやわらかさの違いをしっかりと表現できており、3Dプリンタの特性をうまく活用していると感じた。現状の課題である手のひらの厚みや指関節の駆動部の形状などが解決されると、本作品の有意性が際立つのではないか。　　（永瀬）
3Dプリンタを活用して手のやわらかさの再現を工夫したり、GUI[*1]と組み合わせて直感的な操作を可能にするなどの工夫も見られた。他方、3Dプリンタの活用法についても、それ以外の面でも技術的課題が残っている点、デザインする上でもっと抽象化できる点などについては、今後の改良、改善に期待したい。　　（米原）

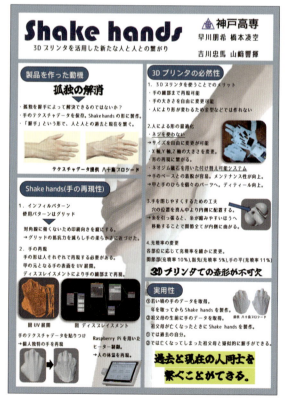

註
*1　GUI：Graphical User Interfaceの略称。マウスや指などで操作できる画面。

124

● 本選3作品

003 サレジオ高専

◎坂東 礼実、小嶋 廷也(4年)、大類 咲希(3年)[デザイン学科]
担当教員：谷上 欣也、織田 豊一[デザイン学科]

自動車用シート・クッション
カーシート揺れ対応システム

審査講評

振動低減をめざした提案は興味深いものの、既存シートとの性能比較や形状に対する客観的な数値データが不足していた。物が大きいため、小型化した試作品での実証も一案だ。体験型の実演を含め、さらなる改良を期待する。　　　　　　　　　　　　　　　　　　　　　　（山口）
10年後には3Dプリンタが広く家庭に普及していることを踏まえた作品だったことは印象的であった。「本選に向けたブラッシュアップの要望」（本書138ページ～参照）ではユーザ(使用者)の明確化を求めたが、本選での説明を聞いて、ユーザを絞らないことをメリットとして挙げていたらもっとよかったのに、と思った。　　　　　　　　（永瀬）
汎用性とカスタマイズ(仕様変更の自由度)性を考慮した結果から生まれた形状のアイディアはおもしろく、高く評価できる。一方、乗車中に身体へ伝わる振動を低減することと、身体の揺れを低減するという2つの課題があるので、それぞれの目標達成に向けたさらなる改良、改善に期待したい。　　　　　　　　　　　　　　　　　　　　（米原）

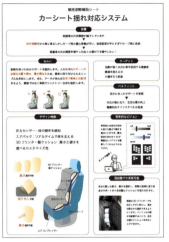

010 沼津高専

◎湯山 修悠(2年)、伊豆川 湊斗、霜田 理世**1(1年)[制御情報工学科]／望月 久鈴[電子制御工学科2年]　担当教員：香川 真人[電子制御工学科]

スピーカー
BeatLinkS
──新しい音楽体験をあなたと。

審査講評

本選8作品の中で完成度が最も高く、機械と音楽の調和を通じた人々の感情の共有という提案を高く評価した。一方、3Dプリンタの活用が外装に留まり、新規性に欠ける点は今後の課題で、3Dプリンタの特性を活かした設計や実演の工夫により、さらに改善されることを期待する。　　　　　　　　　　　　　　　　　　　　　　　　（山口）
「ロブジェクト(ロボット＋オブジェクト)」の概念はとても良い。説明では、STEAM教育*2にも言及していたので、単体で使うよりも複数同時に使用する事例を多く提示できたら、また、評価が変わったのではないか。　　　　　　　　　　　　　　　　　　　　　　　　（永瀬）
聴くだけでなく、視る楽しさもあり、音楽の好みを超えた複数の人々で感情を共有できる点は、着眼点として高く評価できる。一方、3Dプリンタを使う必然性が見えてこなかった。3Dプリンタならではの構造にするなど、今後の展開に期待したい。　　　　　　　（米原）

**1：本選不参加。

註
*2 STEAM教育：科学(Science)、技術(Technology)、工学(Engineering)、芸術(Art)、数学(Mathematics)の5つの分野を統合的に学ぶ教育。

026 鳥羽商船高専

大仲 真三人**1、平田 弦己(5年)、◎今西 遥人、村田 麻依(4年)[情報機械システム工学科]　担当教員：亀谷 知宏[情報機械システム工学科]

マスク
Versaマスク

審査講評

マスクに映像を載せる提案はおもしろさが際立つが、性能を追究するならばマスクの課題をより深く把握する必要がある。たとえば、3Dプリンタ特有の孔や構造を活かして冷却するなど、これまでにない斬新なアイディアを期待したい。　　　　　　　　　　　　（山口）
実物は軽く、業務上、マスクをどうしても長時間使用しなければならない人にとって、本製品はとても有用性が高い。3Dプリンタの活用性がパーソナライズ(個別対応)以外に見出せるとよりよかった。　（永瀬）
オーダーメイドで1人1人の顔にフィットさせ、マスク着用者の声もきちんと届くという、ありそうでなかった提案だけに、乗り越えるべき課題は多い。1つ1つの課題を整理し、解決に向けた今後の発展に期待したい。　　　　　　　　　　　　　　　　　　　　　　　　（米原）

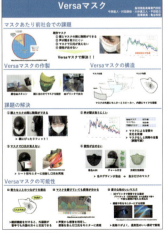

**1：本選不参加。

デザコン2024 阿南　125

本選 審査総評

AMデザイン部門

数々の新たな挑戦

山口 堅三（審査員長）

今年のAMデザイン部門では、多様な分野で3Dプリンタの特性を活かした新たな挑戦が光った。また、人と人とのつながりや日常生活の豊かさをテーマにした作品も多く、学生たちの柔軟な発想や熱意に感銘を受けた。

一方で、既存製品との比較や実用性の追求、さらに3Dプリンタを使う必然性を強調する部分においては、まだ改善の余地が残されている。今後、性能と遊び心、機能性とデザイン性のバランスを追求した提案がもっと増えれば、より実社会へのインパクトが期待できるだろう。

それにしても、各作品の試行錯誤と実演から多くの可能性を感じることができた。今後も独創性あふれる新たな挑戦を期待するとともに、本大会を通じて生まれた知見が、次年のさらなる飛躍につながることを願っている。

さまざまな視点からの「繋」ぐ

永瀬 薫

昨年と比べて数多くの応募があったことや、本選に参加した各作品が大会期間中にも改善、修正されていたこともあり、参加した学生の意欲を大いに感じた2日間であった。今年の大会では、AMデザイン部門の特徴である「3Dプリンタの特性および必然性」（評価指標①）に重きを置いて審査した。

「実現可能性」（評価指標②）については、ほとんどの作品が自らのアイディアを形にし、試作品として高い完成度で仕上げられていた。また、「独自性」（評価指標③）については、大会メインテーマ「繋」に応じた「人と人をつなぐアイディア」ということもあり、さまざまな視点からの「繋」ぐを、作品の説明と実演を通じて見ることができた。はじめてデザコンの審査員を務めたが、各作品の説明を存分に楽しませてもらった。参加した学生たちには、とても感謝している。

作品を「提案」し、課題を「解決」していく力

米原 牧子

2024年8月の予選から11月の本選にかけて、学生たちのさまざまなアイディアが詰まった作品を見ることができた。日常生活や社会の中から課題を見つけ、解決するためにAM（Additive Manufacturing＝付加製造）技術、つまり3Dプリンタをどう活かすか、最適な形状と材料は何か、そして具現化した作品の価値を納得させるためにどうプレゼンテーションすればよいか、などを検討するにあたり、作品のオリジナリティ（独自性）が高いほど、正解がわからなくなる、という苦労もあったかと思う。

AM技術の世界では、今回、参加した学生が経てきた、作品を「提案」し、課題を「解決」していく力はとても重要で、今回の経験は必ず、将来への糧になるはずだと信じている。参加した学生に感謝すると同時に、AM技術もわかるエンジニアとしての彼らの今後の成長を楽しみにしている。

*000：作品番号。

デザコン2024 阿南　127

それぞれ特徴に合わせて表現や説明を工夫した多彩なアイテムが集合

作品の展示設営、オリエンテーション、学生交流会1:
作品展示2室とプレゼンテーションの審査用1室に分かれて開催

今年のAMデザイン部門ではAM(Additive Manufacturing＝付加製造)技術、つまり3Dプリンタによる造形技術の特性を活用して製作した「作品」(3Dプリンタによる製作物＝実働する試作品＝実機)を、「人と人が豊かにつながる」ために、4つの評価指標「①3Dプリンタの特性および必然性」「②実現可能性」「③独自性」「④社会への影響力」で評価した(本書135ページ「開催概要」参照)。「作品」は、4つの評価指標を満たした上で、いかに生活の「利便性」「新規性」「驚き」「楽しさ」を感じさせるアイディアにつながっているかが問われた。

本選は、徳島県阿南市にある阿南高専の本館電気棟2階の並列した3教室を会場(オリエンテーションとプレゼンテーションの審査を実施する教室1室、「作品」やプレゼンテーションポスターを展示する教室2室)として開催した。

初日は8:00に運営スタッフが会場に集合し、まず司会進行やカメラ担当などの役割分担を再確認した。AMデザイン部門の参加学生は、総合受付開始の8:30より少し前から会場に到着し始めた。全来場者対象の総合受付を済ませて、AMデザイン部門の受付に移動し、審査の順番と作品展示ブースの位置を決める抽選を行なった。抽選後、それぞれ決まった作品展示ブースに、「作品」やプレゼンテーションポスターを展示するなど、審査へ向けての準備を進めた。

9:30から参加学生と指導教員向けのオリエンテーションを開始。部門長の挨拶に続いて、2日間の大会の流れを説明した。オリエンテーションの後も、参加学生たちは作品を上手にアピールするよう工夫を凝らして展示設営を進めるとともに、午後からのプレゼンテーションの審査に向けて、パソコンとプロジェクタとの接続テストをそれぞれ実施した。また、この時間を使って、学生交流会1(技術交流)を開催し、準備が終了した作品から、他の作品展示ブースに出向き、各作品の出来栄えや苦労した点などについて情報を交換した。

11:00から作品ごとに「作品」や展示物があらかじめ伝えていた規定どおりになっているかを確認する仕様確認(レギュレー

ション・チェック)を実施。続いて、2日めのポスターセッション(ディスカッション)で試作品が始動できる状態になっているかどうかを確認した。

12:30からの開会式終了後、13:00からプレゼンテーションを開始する予定であったが、悪天候のため開始時間を15分間ほど遅らせた。ここで、山口堅三審査員長、永瀬薫審査員、米原牧子審査員を紹介するとともに、1作品につきプレゼンテーション(口頭発表)9分間、質疑応答6分間で、プレゼンテーションを開始してから6分後、9分後、15分後に予鈴を鳴らし、審査時間の経過を通知することを確認した。

註(本書128～134ページ)　＊000、[000]：作品番号。　＊文中の作品名は、サブタイトルを省略。高専名(キャンパス名)「作品名」[作品番号]で表示。

003 カーシート揺れ対応システム

010 BeatLinkS

013 はしもっとくん

014 ぐんぐんトー樹(キ)ング!!

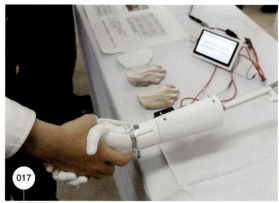
017 shake hands

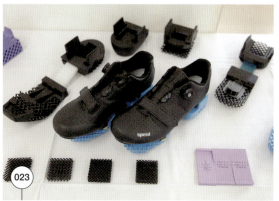
023 ヒールラクテクター

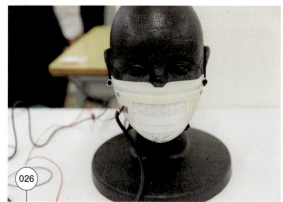
026 Versaマスク

027 ゼロステップで書けるペン N-grip

プレゼンテーション：
どの作品も予選後に試作を重ね、性能が向上

13:15、仙台高専(名取)『ゼロステップで書けるペン N-grip』[027]の学生がスクリーン前に設けられたステージに登場し、前半のプレゼンテーションが始まった。[027]は従来のノック操作が不要で、手にするだけで筆記可能となるゼロステップ設計のボールペン。素早く使えて静音性が高く、短時間で書き留める必要のあるメモや静かな環境での使用に適している。設計にはTPU(熱可塑性ポリウレタン)素材とバネ不要の独自構造を採用し、改良によって芯(ペン先)の押出し動作を安定させた。既存製品と比較し、安定感や持ちやすさの面ですぐれている点をアピールした。

「試作品を試用した際の感想は？」(米原)に、学生は「ノック不要の便利さを評価する人が多かった一方、書きにくいという指摘もあった」と回答。「長時間使用時の負担や多色対応はどうする？」(山口)に、学生は「改良の余地がある」と将来的な改善を約束した。

沼津高専『BeatLinkS』[010]は、音楽の力を最大限に引き出す動くスピーカー型ロボットである。3つのサーボモータ*1とArduino*2を用い、音楽に合わせてスピーカーを自由自在に動作させることができる。筐体(機器の外装の箱)は3Dプリンタで製造し、形状や色を自由に仕様変更可能。そして、他者と音楽を共有することで孤独感を軽減でき、また複数人で同じ音楽に共感できるという、新たな体験を提供する提案であった。センサーやAI(Artificial Intelligence＝人工知能)を活用して、人の位置やムードに応じた動作の実現や、STEAM教育*3での活用をめざす。「スピーカーが人のいる場所と別の方向に向いていて勝手に動いているが、それで本当に音楽を楽しめるのか？」(山口)に学生は「現在の動作はパタン化されているが、将来的には音楽のテンポに応じた自動調整をめざす」と補足した。

大阪公立大学高専『ぐんぐんトー樹ング!!』[014]は、「トーク(話題)の樹」という木の成長をモチーフにしたボードゲーム。参加者は「話題チップ」と「出題チップ」をそれぞれ引いて、質問に対する正答をいろいろと推理することで、ゲーム感覚で文化の異なる相手とのコミュニケーションを促進し、互いの絆を深めることができる。日本文化の普及もめざしている。3Dプリンタを使うことで、製作コストの削減、「トークの樹」の伸縮機構による視覚的な楽しさを実現した。

「出題に対する回答が選択肢にない場合はどうなる？」(米原)に学生は「出題者が自由に記入できるチップを用意している。回答が選択肢にない場合にも、正解した時のみ作動する機構」と回答。「なぜ選択肢を用意するの？」(永瀬)に「推理時間を確保して、初対面時の不安感を軽減するため」と学生は答えた。

弓削商船高専『ヒールラクテクター』[023]は自転車用シューズ防護具。歩行時は、シューズの底面に付いたクリート(鋲)の摩耗や床の傷つきを防ぎ、歩行時の安定性を高める仕様になっている。クリートには柔軟なTPU素材を使用し、ラティス構造*4により軽量化と耐久性を実現。また、予選後に、市場調査やサイクリング・イベントでのアンケート結果をもとに試作を重ね、前後分離型構造に変更して、フィット感の向上を図った。これを装着すれば、従来は床保護のため自転車用シューズでは立入り禁止だった施設の中にも、サイクリストの入館できる施設が増え、サイクリスト間や他分野の人とのつながりを促進できるとする。

審査員は耐久性を向上させたことを一様に評価。「不均一設計による改良の可能性がある」(山口)という提案もあった。

休憩を挟み、15:00から後半のプレゼンテーションの審査が始まった。

仙台高専(名取)『はしもっとくん』[013]は、

027

014

010

023

高齢者や握力の弱い人でも簡単に箸を使える自助具。指を固定するホルダに箸を取り付けることにより、小さな力でも箸を動かすことができる。また、手首を曲げずに食物を掴める付属の箸も用意。TPU素材の使用と軽量化により、安定感と使いやすさを実現した。今後は、洗浄しやすい構造やパーソナライズ（個別対応）を実現し、多くの人が快適に食事を楽しめる製品を提供するという目標を掲げた。

「箸の角度や凹凸加工で使いやすさを向上させた点がいい」（永瀬）との評価の他、「魚を切る動作に対応している？」（山口）に、学生は「一般の箸を装着できる仕様なので対応できる。改良の余地はあるが、明日の実演で体感してほしい」と回答。

神戸市立高専『shake hands』[017]は、孤独感を解消し、人と人をつなぐことを目的とした握手再現デバイス（装置）。個人の手の形状や特徴を3Dスキャナで取り込み、TPU素材とサーボモータを使って、人の体温や握力、動作などを再現できる。

「故人の手形や体温データを再現できれば、過去と現在の人をつなぐことになるというコンセプトはおもしろいが、体温の相対的な変化や精緻な触覚の再現は今後の課題」（米原）と、将来的な技術進化を見据えた対応を求めた。審査員と学生の間では、握力や体温のデータ保存と再現性、柔軟性の調整方法、充填率や設計調整の適応性に関する議論が繰り広げられた。

鳥羽商船高専『Versaマスク』[026]は、個々の顔にフィットし、従来の製品より声や表情が伝わりやすいマスクである。3Dスキャナと3Dプリンタによる設計、製作で顔とマスクのすき間をなくし、マイクとスピーカーを付けることで、声のこもりを解消。ハニカム構造[*5]を採用し、通気性や耐久性を確保しつつ、不織布の消費削減につながるなど、環境にも配慮した設計である。薄型ディスプレイに表情を映し、翻訳機能を使うことで多言語のユーザ（使用者）への対応をめざす。

「表情がわかるように、シート状のモニタに口元を投影するアイディアがおもしろい」（山口）と評価された。また、「通常のマスクと比較して重量は？」（山口）への答えに窮した学生へ、「既成のマスクの重量を調べ、明日の実演時に補足すれば説得力が増す」（山口）と助言。

サレジオ高専『カーシート揺れ対応システム』[003]は、高齢者や腰痛患者が自動車に乗る際に使用する着座姿勢補助シート。3Dプリンタで製作したジャイロイド構造[*6]のクッションを採用し、圧力センサとエアバッグで揺れを吸収するシステムだ。パーソナライズにより1人1人の体格に適応可能で、マジックテープとバックル式ベルトにより、車内で簡単に設置できる。また、高齢者や腰痛患者の外出頻度を増やし、彼らの健康維持や社会とのつながりの促進もめざしている。

「予選時の一体型から、分割型へ変更した理由は？」（永瀬）に、学生は「対象を高齢者に絞って試行錯誤した結果、この形になった」と回答。また、圧力センサの導入やクッションの硬さの調整、クッション素材のパーツの配置の自由度、使用者のデータの収集と活用、などが今後の課題とされた。

学生交流会2：
他の作品に興味津々の参加学生

ほぼ予定通りの16:00にすべてのプレゼンテーションが終了し、その後、16:45まで会場を開放して、学生交流会2（技術交流）の時間を設けた。会場内の随所で、参加学生は2日めの準備に追われながらも、他の作品の展示ブースを見学したり、制作者に質問したりしながらにぎやかに交流を深めた。

ポスターセッション（ディスカッション）：
初日に伝えきれなかった作品の魅力をアピール

2日めも運営スタッフは8:00に集合し、役割分担を確認した。参加学生は8:30〜8:45のAMデザイン部門の受付後、9:00からのポスターセッション（ディスカッション）に備え、準備を進めていった。続く8:45からのオリエンテーションで、ポスターセッションは初日のプレゼンテーションと同じ順番で実施し、審査員3人が一緒に各展示ブースを巡回し、学生による作品説明と実演（約7分間）、質疑応答（約7分間）を含め、1作品あたり13〜15分間で審査することを説明した。

予定通り、9:00から仙台高専（名取）『ゼロステップで書けるペン N-grip』[027]の展示ブースに3人の審査員が集まり、ポスターセッション審査が始まった。[027]の学生は、握るだけで芯（ペン先）が出る静音ボールペンを実演してみせ、初期案に「爪」を追加して芯を確実に押し出せるように改良し、一体成形で部品数やノック音を削減した点をアピールした。また、既存製品との差別化として3点グリップによる操作性の向上と静音性、書き心地のよさを強調。短時間で使える筆記具の需要を念頭に、安価で日常使いでき、多色芯対応も視野に入れていることを訴えた。

「思っていたより硬い。握力の弱い人は苦労するかも。また、手の小さい人には大きいかも」（山口）に、学生は「板厚の調整や柔軟な素材の使用、ガイドの追加で改善できる」と今後の改良に自信を見せた。

沼津高専『BeatLinkS』[010]では、実際に音楽に合わせて動く様子を披露し、スピーカーが単なる音源ではなく「動くパフォーマー」として機能する点を強調。予選時の試作品からABS樹脂[*7]で強度を増し、配線や表面仕上げを工夫するなどの改良を加えたことをアピールした。

審査員と学生の間では、AIカメラとセンサを使った音響環境の最適化や、曲ごとに異なる動きをすることによる音楽体験の質の向上、土台デザインの拡張性などについて、今後の方針が議論された。

大阪公立大学高専『ぐんぐんトー樹ング!!』[014]では、学生が実際にこのゲームをプレイして、回答者が引いた「通学手段」の「話題チップ」から「出題チップ」を使い、正解へと導く過程を紹介。「お助けチップ」などを活用し、単なる推理ゲームではなく、対話を深める工夫を凝らしている点を強調した。また、2段階で伸びる木の内部構造について、バネの巻き数変更や板バネの近似解析[*8]など、「トークの樹」を円滑に伸縮させるために試行錯誤を重ねた設計の成果を説明した。

審査員からは、バネの性能や2段階伸長の仕組み、配線の工夫などについての質問があり、学生は内部の機構を見せながらていねいに説明を続けていた。

弓削商船高専『ヒールラクテクター』[023]では、学生は、各種の調整を経て、形状や硬さを最適化した結果、「ジャンプしても外れない」「歩行が快適」などの長所を残しつつ、「自然な歩行姿勢を保てる」「かかと側の摩耗を軽減」などの改良点を加えた、と主張。

「靴の大きさが変わっても対応可能か？」（山口）に、学生は「金具の部分は共通なので、サイクリングのイベントで試した際には、さまざまなサイズの靴に対応できた」と返答。「特許の出願をしたほうがいい」（山口）と強く勧められた。

仙台高専（名取）『はしもっとくん』[013]では、学生が試作品のホルダで箸と指を固定し、最小限の握力で豆腐などのやわらかい食材を崩さずに持ち上げて、性能のよさをアピール。また、滑りやすい食材に対応するために、箸の先に凹凸加工を施したこと、1人1人の使い勝手に合わせて長さや角度を自由に調整できること、清潔さを保つために分解して洗浄できる設計へと改良したことを説明した。

「どんな食材にも対応可能？」（山口）に、「細かい動きが必要な食材への対応には、

まだ改良の余地がある。今後の課題」と学生は返答。「利き手を負傷した時に、逆の手で箸を使えるのは利点。特許の出願を勧める」(山口)、「思った以上に使い勝手がいい」(米原)との高評価もあった。
神戸市立高専『shake hands』[017]で学生は、初日のプレゼンテーションで米原審査員の興味を引いた「故人の手を再現することで、過去と現在の人をつなげる」面を強調。3Dスキャナで1人1人の手の形状データを取り込み、爪部は硬く、平面部はやわらかくするなど、指先の硬さや手のひらのやわらかさを再現した上で、温度や握力を調整するプロセスについて説明した。また、「Raspberry Pi*9」で手の温度や動作を制御し、将来的にはVR(Virtual Reality=仮想現実)と連携して、実際の相手と握手の感覚を共有できるという展望も示した。
「両手での握手にも対応しているか?」(山口)に、学生は「まだ片手での握手しか想定していない」と回答。「握手したら、違和感があった。親指の付け根部分の形状を検討しては?」(米原)との助言も。また、実演中にモーターの不調で動きが悪くなる場面もあり、審査員から長期の使用を見据えて、耐久性を改善するよう助言があった。
鳥羽商船高専『Versaマスク』[026]で、学生は3Dスキャンで顔に合わせて製作した試作品を披露しながら、マスク内に搭載したマイクとスピーカーで音声を補正し、声が聞き取りやすくなる仕組みを説明した。口元を表示する湾曲モニタや、アクセサリの取付けによる使用者の個性の表現、翻訳機能の追加など、多面的な拡張性を紹介する一方、硬い素材による装着時の不快感、重さ、通気性の悪さなど、現状の課題点を把握した上で、どのように改良していくのかを明確に示した。
「アタッチメントの取付け部分を磁石にした理由は?」(永瀬)に、学生は「マジックテープやボタンも検討したが、マスクに最も負担がかからずに付け外しが手軽という点で磁石にした」と回答。審査員からは、将来的に計画している翻訳機能や表情の再現機能が、「人と人をつなぐ」きっかけになると評価された。
サレジオ高専『カーシート揺れ対応システム』[003]は、実際に3Dプリンタで出力したクッションのパーツを用意。パーツは楕円形の単純な構造のため、将来、3Dプリンタが一般の家庭に普及した際には自宅で容易に出力でき、硬さや配置を個人に合わせて最適化することも可能である。また、通常は平坦なベンチシートの状態で使用し、揺れや傾きが発生した際にはエアバッグでサポートすることに

より平坦な状態を維持できる。今後は利用者が自由に部品を調整できるよう、AIのサポートによるパーソナライズ(個別対応)の強化をめざす、などの説明があった。「楕円形にした理由は?」(米原)に、学生は「装着時に変形しにくいようシンプルなシンメトリー(左右対称)形にしたかった。菱形も試したが、出力に時間がかかってしまい、最終的に最も出力しやすかったのが楕円形」と回答。「自宅で出力するには大き過ぎるのではないか。3Dプリンタを使う必然性はどこにあるのか?」(米原)に、学生は「個々の身体に合わせてパーツの硬さなどを細かく調整するには、3Dプリンタが最適」としっかり答えた。

013

026

017

003

デザコン2024 阿南 133

AMデザイン部門

学生相互投票
ライバルとは言え、すぐれた作品は評価

今年も参加学生が自作以外で最もすぐれていると感じた1作品に投票する「学生相互投票」(表1の表註参照)を実施。この票は1票1点として各作品の得点に加算される。初日のオリエンテーションで、各作品に投票用紙を配布し、2日めのポスターセッション(ディスカッション)終了までに、受付に設置した投票箱に投票するよう依頼。ポスターセッション終了後、最終審査に向けて、投票箱を回収して集計した。

最終審査(非公開審査)、審査結果発表、審査員総評:
製品となった時、社会でどう使われ、どのような価値を生むのか

11:15に全作品のポスターセッションが終了。その後、審査員と部門長、副部門長は別室に移動し、審査員は本選審査基準(表1の表註、本書135ページ「開催概要」参照)に基づき、各作品の審査と採点を開始した。なお、受賞候補となる作品は、3人の審査員の採点(120満点)に「学生相互投票」(7点満点)の点数を合計した総合点に基づいて審議することになった。

集計の結果、弓削商船高専『ヒールラクテクター』[023]が総合点トップとなる100点を獲得(表1参照)。審査員の総意を得て、最優秀賞(経済産業大臣賞)を受賞した。

仙台高専(名取)『はしもっとくん』[013]が95点、仙台高専(名取)『ゼロステップで書けるペン　N-grip』[027]が86点で続き、それぞれ優秀賞を受賞。審査員特別賞は、82点を獲得し、学生相互投票でも高評価であった神戸市立高専『shake hands』[017]と、72得点の大阪公立大学高専『ぐんぐんトー樹ング!!』[014]が受賞した(表1参照)。

審査結果の発表後、審査員を代表して、山口審査員長から以下の総評があった。
「今年のAMデザイン部門は、多様なアイディアと技術を活用した、参加者の挑戦が輝く内容であった。昨年を上回る多数の応募作品の中から本選に進出した8作品は、制作した学生の熱意や創意工夫が随所に見られ、審査員も多くの刺激を受けた。各作品の設計や制作には学生ならではの視点と柔軟な発想が活かされており、技術だけではなく『発想力の競演』としても大いに意義深い場であった」。

「大会メインテーマ『繋』に基づき、部門の課題テーマを『人と人が豊かにつながるものづくり』と設定したが、それぞれの作品は課題テーマに沿って、多様な形態できちんと表現されていた。その一方で、アイディアを具現化する手法や作品のストーリー(筋立て)を明確化する点については、さらなる可能性の余地があるように感じた。技術の特性を生かした活用方法の追究に留まらず、その製品がどのように社会で使われ、具体的にどのような価値を生むのかをより強く訴求する――。来年以降、AMデザイン部門に参加する学生には、そういう視点を期待している。そして、性能と遊び心、機能性とデザイン性をバランスよく兼ね備えた作品がさらに増えれば、実社会へのインパクトはさらに大きくなる」。

「また、3Dプリンタを単なる製作ツールに留めず、その『形状設計や材料の選択による課題解決力』について、さらに追究することで、独創性と実用性を兼ね備えた提案に進化する余地がある。今回、試作品を実演した結果によって、提案の説得力が増したり、逆に損なわれたりしたことも印象的で、実体験から得られるインパクトの重要性を再認識できた」。

「デザコンは単なる競技の場ではなく、多くの学生が知識や経験を共有し、互いに学び合う貴重な機会でもある。学生や関係者の真摯な姿勢に感銘を受けるとともに、今後もデザコンが新たな価値創造の起点となることを心から願っている。来年はさらに多様性に富み、いわゆる『尖った』作品やユニークな挑戦が生まれることを期待している」。

最後に、運営スタッフを含めた全参加者の活躍を称え合いながら、拍手をもってAMデザイン部門の幕が閉じられた。

(釜野 勝　阿南高専)

註
*1　サーボモータ: フィードバック制御(制御対象の出力値と目標値を比較して、その差を埋めるように制御する仕組み)によって、回転位置や速度を精密に制御できる電動機。
*2　Arduino: プログラム開発用のマイコン・ボード(マイクロコンピュータの基板)で、電子工作や制御システム開発に広く利用される。
*3　STEAM教育: 本書125ページ註2参照。
*4　ラティス構造: 枝状に分かれた格子を周期的に並べた立体構造をもつ構造形式。内部が空洞のため、軽量化に向いている。
*5　ハニカム構造: 断面が正六角形で構成された構造形式。
*6　ジャイロイド構造: 自己交差しない3次元周期構造をもつ構造形式で、大きな比表面積(単位質量あたりの表面積)と高い強度をもつ。軽量かつ高強度な構造材料を使用する場合に採用される。
*7　ABS樹脂: アクリロニトリル(Acrylonitrile)、ブタジエン(Butadiene)、スチレン(Styrene)から作られる、外部からの衝撃に強いプラスチックの一種。
*8　近似解析: 正確な解を求めることが難しい場合、近似解(正解の近似値)により問題を解決する。この近似解を求める計算のこと。
*9　Raspberry Pi: ラズベリーパイ。イギリスで教育用に開発された、手のひらサイズのコンピュータ。

表1　本選――得点集計結果

作品番号	作品名	高専名(キャンパス名)	山口 [40点満点] 1/2/3	永瀬 [40点満点] 1/2/3	米原 [40点満点] 1/2/3	合計 [120点満点] 1 [45点満点]	合計 2 [45点満点]	合計 3 [30点満点]	学生相互投票 [7点満点]	総合点 [127点満点]	順位	受賞
023	ヒールラクテクター	弓削商船高専	14/15/8	9/10/6	15/15/8	38	40	22		100	1	最優秀賞*1
013	はしもっとくん	仙台高専(名取)	13/13/8	8/9/7	12/14/9	33	36	24	2	95	2	優秀賞
027	ゼロステップで書けるペン　N-grip	仙台高専(名取)	12/11/7	8/7/7	13/13/10	33	31	24	1	86	3	優秀賞
017	shake hands	神戸市立高専	12/10/6	9/5/5	13/12/10	34	27	21	3	82	4	審査員特別賞
014	ぐんぐんトー樹(キ)ング!!	大阪公立大学高専	11/9/7	7/9/7	12/5/5	30	23	17	2	72	5	審査員特別賞
003	カーシート揺れ対応システム	サレジオ高専	8/9/6	5/11/10	13/3/6	26	25	19		70	6	
026	Versaマスク	鳥羽商船高専	10/8/7	6/9/10	9/7/3	25	24	20		69	7	
010	BeatLinkS	沼津高専	8/6/6	7/6/7	5/12/6	20	24	19		63	8	

表註
*学生相互投票は、本選参加学生(各作品1票)が、自作以外で最もすぐれていると感じた1作品に投票したもの。1票=1点(7点満点)として各作品の得点に加算された。
*各本選審査基準の詳細は、本書135ページ「開催概要」参照。　*作品名はサブタイトルを省略。
*1　最優秀賞: 最優秀賞(経済産業大臣賞)。

凡例
本選審査基準
1: 新規性・独創性・活用性[15点満点]×審査員3人=合計[45点満点]
2: 技術的課題の解決・実用性[15点満点]×審査員3人=合計[45点満点]
3: プレゼンテーション力[10点満点]×審査員3人=合計[30点満点]

AMデザイン部門概要

■課題テーマ
人と人が豊かにつながるものづくり

■課題概要
世界では感染症や絶えることのない紛争、気候変動、水問題とさまざまな出来事や諸問題が生じ、世界は急速に大きく変化している。そこで、大きく変革する現代において「繋」がるを模索し、人のつながりを豊かにするアイテムのアイデアを募集する。
新しくて便利なものだけに焦点を絞らずに、「人のつながりを豊かにする＝人の連携を強くできる、ふれあいが増える」アイテムを3Dプリンタの特性を活用して提案してほしい。

■審査員
山口 堅三（審査員長）、永瀬 薫、米原 牧子

■応募条件
❶高等専門学校に在籍する学生
❷空間デザイン部門、創造デザイン部門への応募不可。ただし、予選未通過の場合、構造デザイン部門への応募は可
❸他のコンテスト、コンペティションに応募していない作品

■応募数
32作品（111人、12高専）

■応募期間
2024年7月24日（水）〜8月7日（水）

■提案条件
❶提案は「人と人が豊かにつながるアイテム」とする
❷「作品」（3Dプリンタを活用した製作物＝実働する試作品＝実機）の主要部品を3Dプリンタにより製作すること。実際に稼働するか、稼働状態を模擬できる実物の機器や模型を製作し、稼働状況を示すこと。実物スケール（実寸）である必要はない
❸可能な限り、本選会場にて実演すること。会場で実演できない場合は、ビデオ撮影での対応や、動作の代替物（たとえば、水の動作をビーズの動作に置き換えるなど）を用いた実演でも可
❹3Dプリンタで用いる原材料の種類は不問。また、提案で想定される装具や器具の原材料と「作品」に用いる原材料を一致させる必要はない
❺強度を計算し、製品として実現する可能性を示すこと。実際に市販する製品を想定する際には、一般的な金属（鉄、アルミ、ステンレスなど）の使用の想定も可
❻「作品」の部品の内、ボルトなどのネジ類、バネ類、ゴム類、電子デバイスモジュール（電装品類）などは、主アイデアの補助的な使用に限り、市販品の使用可
❼提案内容が特許などの知的財産権に関係する場合は、本選までに必ず特許の申請を開始しておくこと。また、提案内容が既存特許に抵触する場合は、提案者と指導教員が事前に特許検索などで責任をもって確認し、提案書（エントリーシート）に提示すること
❽現状の法令などとの適合度は不問

本選審査

■日時
2024年11月2日（土）〜3日（日）

■会場
阿南高専　本館電気棟2階2E教室、3E教室、4E教室

■本選提出物
❶「作品」（3Dプリンタを活用した製作物＝実働する試作品＝実機）：3Dプリンタを活用した実働（または実働を模擬すること）が可能な造形物。高さは1.500mm以下
❷プレゼンテーションポスター（以下、ポスター）：A1判サイズ（縦）1枚
❸補助ポスター：B2判サイズ（縦）1枚［任意］
❹CD／DVD-ROM：プレゼンテーションの審査用資料（PowerPoint形式）、ポスターの電子データ（PDF形式）を格納したもの

■展示スペース
作品ごとに展示ブースを用意。1作品につき、展示用テーブル（幅1,800mm×奥行600mm）1台、ポスター掲示用パネル（幅900mm×高さ2,100mm）を設置

■審査過程
参加数：8作品（24人（内、本選不参加2人）、7高専）
2024年11月2日（土）
❶学生相互投票開始　9:40
❷学生交流会1（技術交流）　9:40〜11:00
❸仕様確認（レギュレーション・チェック）　11:00〜11:30
❹プレゼンテーション
［各作品の説明9分間、質疑応答6分間］
13:15〜14:30（前半）
15:00〜16:00（後半）

❺学生交流会2（技術交流）　16:00〜16:45
2024年11月3日（日）
❶ポスターセッション（ディスカッション）
［各作品13〜15分間］　9:00〜11:15
❷学生相互投票終了　11:15
❸最終審査（非公開審査）　11:15〜12:00
❹審査結果発表、審査員総評　12:00〜12:30

■評価指標
以下の4つの視点で評価

①3Dプリンタの特性および必然性
3Dプリンタは、従来の切削加工や射出成形と異なり、切削工具や金型が不要な成型、加工のできる技術。趣味から宇宙開発まで使用用途は幅広く、材料や付加加工の方式の違いにより、機種ごとに特性が異なる。
付加加工の例：液槽光重合法、シート積層法、結合剤噴射法、材料押出法、材料噴射法、粉末床溶融結合法、指向エネルギー堆積法など。
材料の例：さまざまな樹脂や金属、石膏など。
一体成形が可能なので、ベアリング[*1]などを組み込んだ造形、切削加工では不可能な部品内部の構造（空隙や管路など）の設計、「軽量化」「断熱／放熱」「熱交換」などの性能を備えた部品の造形などが可能。
「作品」を単に造形できるだけでなく、切削加工や射出成形と差別化されていること

②実現可能性（10年後までの実現可能性が1％でも見出せればよい）
今すぐ実現、実行できなくてよいが、このアイデアが必要であることを、論理的に説明すること

③独自性
アイデアは応募者のオリジナルであること。既存製品の改善案や改良案であっても、オリジナル性は低いと評価する場合もある。どの点に独自性があるかをアピールすること

④社会への影響力
このアイデアを採用することで、現在の何が、どのように変わるのかを、論理的に説明すること。多数派を対象とせず、少数派の視点での説明も可

■本選審査基準
①新規性・独創性・活用性（評価指標①②③）
現状の社会問題を解決するアイデアであるか、さらに新規性や独創性があるかを審査し、評価する。新しさ、驚き、ときめき、感動、楽しさを感じさせるアイデアを提示すること

②技術的課題の解決・実用性（評価指標①②④）
技術的な課題の解決と「作品」の作動状況について審査し、評価する。技術的な課題の解決については可能な限り定量的に評価した結果を提示すること。また、「作品」の動作状況を確認しつつ、アイデアを実現できているかについて審査し、評価する

③プレゼンテーション力（評価指標④）
プレゼンテーション（口頭による作品説明）とポスターセッション（ポスターと試作品を使った説明／ディスカッション）について、その内容と構成がすぐれているか、スライドやポスターの見やすさ、説明者の声や態度などの適切さ、審査員との質疑応答の内容、理解力を審査し、評価する

■評価点数
①〜②は各15点満点、③は10点満点
各作品120点満点＝40点満点（15点満点×2審査基準＋10点満点×1審査基準）×審査員3人

■学生相互投票と得点
本選に参加した各作品が、プレゼンテーションやポスターセッションの内容をもとに、自作以外で最もすぐれていると感じた1作品に投票（各作品の持ち票は1票〈1点〉）。各作品の審査員による評価点数に加算。
各作品7点満点＝1点×自作以外の本選7作品

■審査方法
審査員による評価点数と学生相互投票の得点を合算した総合点をもとに、審査員3人による協議の上、各賞を決定。
各作品の総合点　127点満点＝審査員による評価点数（120点満点）＋学生相互投票による得点（7点満点）

註
*1　ベアリング：軸受。機械の中で回転する軸の動きをなめらかにする部品。

予選 審査総評

アイディアを向上させる

山口 堅三（審査員長）

AMデザイン部門

今年は「人と人が豊かにつながるものづくり」を課題テーマに、全32作品の応募があった。応募作品は日常生活に関する提案が最も多く、次いでゲームや乗り物、各種デバイス（装置）などの順で、ユニークでおもしろいアイディアの作品から3Dプリンタならではの特徴を活用して作製した完成度の高い作品まで多岐にわたっていた。いずれの応募作品からも、応募した学生たちの柔軟な発想と独特な着眼点、日常生活での「気づき」を多様な価値に変換し得る想像力を感じた。

予選で審査した結果、審査員全員一致で8作品が本選へ進むこととなった（表2参照）。これら8作品には、審査員からの「本選に向けたブラッシュアップの要望」（本書138ページ～参照）に本選でしっかりと応えてもらいたい。中でも、特許については特許検索をより正確に実施し、できれば本選までの特許申請を前向きに検討してほしい。11月の本選では、さらに完成度を増した作品たちと会えることを楽しみにしている。

一方で、惜しくも本選に進むことがかなわなかった24作品の応募者は、3Dプリンタの特徴や強みを生かす方法を再考し、レベルアップした作品で次回のデザコン2025へ再応募してくれることを期待している。特に、3Dプリンタの特徴を生かして、課題テーマに沿った上で、未来を見据えた新たな作品の登場を楽しみにしている。

予選 開催概要

予選審査準備
2024年4月22日（月）～5月7日（火）：質疑応答期間
2024年7月24日（水）～8月7日（水）：応募期間
（「デザコン2024 in 阿南」公式ホームページより応募登録）
2024年8月8日（木）：応募全32作品のエントリーシート、予選評価表を審査員に配布
2024年8月8日（木）～21日（水）：予選事前審査
4つの評価指標をもとに、5つの予選審査基準について評価

予選審査
■日時
2024年8月22日（木）13:00～15:00
■会場
阿南高専会議室（山口審査員長、事務と記録担当）、各所在地（永瀬審査員、米原審査員）
■審査方式
審査会場への来場と、審査会場と各審査員をインターネット回線でつないでビデオ会議アプリ「Microsoft Teams」を利用したリモート（遠隔）方式とのハイブリッド形式
■事務と記録担当
釜野 勝、川畑 成之、香西 貴典、朴 英樹、山本 真純（阿南高専）
■予選提出物
❶作品概要：エントリーフォームに入力
❷エントリーシートの電子データ：A4判サイズ（縦）。高専名や氏名の記載不可。PDF形式
　⑴概要：何を提案しているのかがわかるように、図や表、写真、図面などを用いて1ページ以内にまとめる
　⑵詳細：提案の詳細がわかるように、下記の5項目について、図や表、写真、図面などを用いて、1)～3)は各1ページ、4)と5)は合わせて1ページにまとめる（合計4ページ）
1) 提案の新規性・独創性
2) 提案するアイテムの実現における課題解決方法と有効性
3) 提案する生活様式とアイテムが社会に与える影響力
4) 提案するアイテムと3Dプリンティングの特性および必然性
5) 提案するアイテムについて知財などの調査内容
■予選通過数
8作品（24人、7高専）
■審査方法
各審査員は「評価指標」「予選審査基準」に基づいて全作品を採点。総合点をもとに「❺本選での期待度」を加味し、審査員3人による協議の上、予選通過作品を決定
■評価指標（本書135ページ「開催概要」参照）
①3Dプリンタの特性および必然性
②実現可能性（10年後までの実現可能性が1%でも見出せればよい）
③独自性
④社会への影響力
■予選審査基準
❶新規性・独創性
❷活用性
❸技術的課題の解決
❹実用性
❺本選での期待度
■評価点数
予選審査基準❶～❹は各5点満点、❺は評価の高い順にA（ぜひ参加させたい）、B（参加させたい）、C（来年再チャレンジ）
各作品の総合点
60点満点＝（5点満点×4審査基準）×審査員3人
　　　　＝20点満点×審査員3人

予選 審査経過

2024年8月22日(木)13:00よりAMデザイン部門の予選審査を実施した。今年の課題テーマは「人と人が豊かにつながるものづくり」。全応募数は32作品に上り、例年になく多かった。

予選審査は審査会場である阿南高専会議室への来場(山口審査員長、阿南高専スタッフ)と、審査会場と各所在地(永瀬審査員、米原審査員)をインターネット回線でつないでビデオ会議アプリ「Microsoft Teams」を利用したリモート(遠隔)方式とのハイブリッド形式で実施した。予選審査には審査員長と審査員2人の計3人に加え、阿南高専のAMデザイン部門事務局からAMデザイン部門長、同副部門長、実行委員の教員2人、事務職員1人の計5人がオブザーバとして参加した。

各審査員には事前に全応募作品のエントリーシートと予選評価表を配布して各作品の内容を把握してもらい、予選審査当日までの予選事前審査を依頼した。

予選審査では、予選事前審査の得点集計結果(表2参照)をもとに審査を進めていった。予選事前審査で3人の審査員は、「①3Dプリンタの特性および必然性」「②実現可能性」「③独自性」「④社会への影響力」という4つの評価指標を観点として、応募作品の「エントリーシート」を以下の5つの予選審査基準 ❶「新規性・独創性」❷「活用性」❸「技術的課題の解決」❹「実用性」❺「本選での期待度」について評価。❶〜❹は5点満点で採点し、❺は3段階で評価した(表2参照)。

予選審査が始まると、審査員はそれぞれの作品につけた評価点の理由を互いに述べ合いながら審議を重ねた。

審議を尽くした後、改めて全応募作品について審査員たちが1作品ごとに講評を述べ、最終的に総合点で上位の8作品[003][010][013][014][017][023][026][027]を予選通過作品として選出した(表2参照)。

予選通過作品には、審査員からの「本選に向けたブラッシュアップの要望」(本書138ページ〜参照)を審査結果の通知に添えた。また、予選未通過作品には、それぞれ審査員の講評を送付した。

(釜野 勝 阿南高専)

＊文中の[ ]内の3桁数字は、作品番号。

表2 予選──得点集計結果

作品番号	作品名	高専名(キャンパス名)	山口 ❶	❷	❸	❹	❺	永瀬 ❶	❷	❸	❹	❺	米原 ❶	❷	❸	❹	❺	合計 ❶	❷	❸	❹	❺	総合点(60点満点)
023	ヒールラクテクター	弓削商船高専	3	5	4	5	A	4	4	4	4	A	3	5	5	5	A	10	14	13	14	AAA	51
027	ゼロステップで書けるペン N-grip	仙台高専(名取)	5	5	4	3	A	4	4	4	4	A	4	2	3	3	C	13	11	11	10	AAC	45
017	shake hands	神戸市立高専	3	5	3	5	A	4	4	4	2	B	2	5	3	3	A	9	14	10	10	ABA	44
003	カーシート揺れ対応システム	サレジオ高専	3	5	3	5	A	4	4	4	2	B	2	4	2	4	A	9	13	9	11	ABA	43
013	はしもっとくん	仙台高専(名取)	3	5	3	5	A	4	4	4	2	A	2	4	2	3	C	9	13	9	10	AAC	43
010	BeatLinkS	沼津高専	3	4	3	3	B	3	4	3	3	B	4	5	4	4	A	10	13	10	10	BBA	42
014	ぐんぐんトー樹(キ)ング!!	大阪公立大学高専	1	2	1	1	C	3	4	4	4	A	5	5	4	4	A	9	11	9	9	CAA	38
026	Versaマスク	鳥羽商船高専	1	3	2	3	C	3	3	3	3	B	3	4	3	4	A	7	10	8	10	CBA	38
004	EyeShiftEX	仙台高専(名取)	5	1	1	1	B	3	2	3	3	B	6	2	2	5	B	14	5	7	11	BBB	37
019	HERZ	サレジオ高専	2	4	2	2	C	2	5	5	3	C	3	2	2	4	A	9	11	7	9	CCA	35
018	推しベラ	弓削商船高専	3	5	1	1	C	2	5	5	3	B	2	3	1	3	C	7	13	8	6	CBC	34
022	AM連理返り人形	奈良高専	1	1	1	1	C	4	3	4	4	B	4	4	2	2	B	9	8	7	7	CBB	34
002	BCP(ブロック・コミュニティ・パズル)	仙台高専(名取)	2	2	2	2	C	4	4	3	3	A	4	4	4	4	C	10	7	9	9	CAC	33
020	アロマファクトリー	奈良高専	3	3	3	3	C	1	1	1	1	C	4	5	3	3	B	8	9	7	7	CCB	33
021	ジャーニーカプセル	奈良高専	1	1	1	1	C	3	3	3	3	B	3	3	3	3	B	7	7	7	10	CBB	33
029	ヘルプマークメイビー	岐阜高専	3	2	2	2	C	3	3	3	2	B	3	4	4	3	C	9	7	9	8	CBC	33
006	Ureina	鶴岡高専	4	3	2	1	C	4	4	4	2	B	2	1	1	2	C	10	6	5	6	CBC	31
007	名刺タッチ	福井高専	1	2	2	2	C	3	3	3	3	B	2	2	2	2	B	6	7	7	7	CBB	31
008	Connected Train Straps	石川高専	1	2	1	1	C	3	4	4	4	A	2	2	2	2	C	6	8	7	7	CAC	31
016	すまエ	石川高専	1	3	1	3	C	3	3	3	3	B	2	3	2	3	C	6	9	6	9	CBC	31
011	quick turn	仙台高専(名取)	1	3	1	1	C	2	3	2	3	B	3	3	2	2	C	6	9	5	6	CCB	30
001	まちづくりシーソーゲーム	福井高専	2	1	1	1	C	4	4	4	4	B	1	1	1	1	C	7	6	6	6	CBC	29
024	ドキドキ!? 吊り橋効果ジェネレーティブチェア	奈良高専	2	3	2	2	C	2	2	2	3	B	3	5	2	2	C	7	10	6	7	CBC	29
009	消しバト plus+	奈良高専	1	1	1	1	C	2	4	2	3	B	2	2	2	2	C	5	7	5	6	CBC	28
015	すた丸	神戸市立高専	1	1	1	1	C	4	4	3	2	C	2	2	2	2	A	7	7	6	5	CCA	28
030	湯ゴマ FORMING DX	奈良高専	1	1	1	1	C	3	3	4	3	B	3	3	2	2	C	7	7	7	6	CBC	28
032	用水路におけるごみ回収装置	鳥羽商船高専	2	2	2	2	C	5	5	5	3	B	3	2	2	2	C	10	6	5	6	CBC	27
028	ステータスアクセサリ	奈良高専	1	1	1	1	C	2	3	2	3	C	3	3	2	2	C	6	7	5	6	CCC	25
012	盛 take make	仙台高専(名取)	1	1	1	1	C	3	3	3	3	C	2	2	2	2	C	6	6	6	6	CCC	24
033	数学サイコロ	奈良高専	1	1	1	1	C	3	3	3	3	C	2	2	2	2	C	6	6	6	6	CCC	24
025	3Dプリント技術を活用したオーダーメイド手形コップの開発	奈良高専	1	1	1	1	C	2	3	2	3	C	2	2	2	2	C	5	6	5	6	CCC	23
031	ハートロールゲーム	奈良高専	1	1	1	1	C	2	3	2	3	C	2	2	2	1	C	5	6	5	5	CCC	23

表註
＊ ■ は予選通過8作品を示す。
＊予選通過作品は、総合点に「❺本選での期待度」の評価を加味して審議の上、選出された。
＊各審査基準、評価指標、評価点数の詳細は、本書136ページ「予選開催概要」、本書135ページ「開催概要」参照。
＊作品番号[005]は登録時の不備により欠番。　＊作品名はサブタイトルを省略。
＊1　[5点満点×4項目]：各審査員は、❶から❹までは各5点満点、❺は参考で、合計20点満点で評価。
＊2　[15点満点×4項目]：❶から❹までは各15点満点、❺は参考。

凡例
予選審査基準
❶：新規性・独創性[5点満点]×審査員3人=合計[15点満点]
❷：活用性[5点満点]×審査員3人=合計[15点満点]
❸：技術的課題の解決[5点満点]×審査員3人=合計[15点満点]
❹：実用性[5点満点]×審査員3人=合計[15点満点]
❺：本選での期待度：期待度の高い順にABCの3段階で評価。
A：ぜひ参加させたい／B：参加させたい／C：来年再チャレンジ

予選 通過8作品講評

本選に向けた
ブラッシュアップの要望

審査員：山口 堅三（審査委員長）、永瀬 薫、米原 牧子

AMデザイン部門

カーシート揺れ対応システム

⓪⓪③ サレジオ高専

3Dプリンタを用いた自動車の座席（シート）はすでにある。そのような中、センサの組込みによる振動低減が新たな提案であると理解するが、構造やその性能についての評価、既存のシートとの比較を示してほしい。本選では実物を見て、実際に座って体験してみたい。　　　　　　　　　　　　　（山口）
想定する使用者が高齢者なのか、腰痛などにより自動車に乗ることが難しい人なのかが曖昧で、有効性や有用性が正しく伝わらない怖れがあるため、使用者を明確にしてほしい。また、本アイテムの有無でシートの高さが変わるなど、採用前後での影響を明記すること。　　　　　　　　　　　　　　（永瀬）
振動吸収に最適な内部構造を設計するには、数値計算シミュレーションによる評価が欠かせない。既成概念にとらわれない自由な発想で具現化してほしい。　　　　　　　　　　　　　　　　　　　　　　　　　　　　　　（米原）

はしもっとくん──食事を楽しく簡単に!!

⓪①③ 仙台高専（名取）

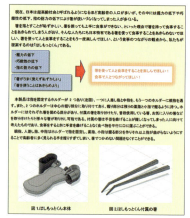

箸の一部にクリップを装着した製品や箸のつながったトング式の製品などがある中、3Dプリンタの特性をうまく利用した提案であり、人間工学に基づいたパーソナライズ（個別対応）が可能な点は評価できる。ただし、実用的な提案であるだけに、箸の機構としての新規性があるのか、高齢者目線に合わせた製品になっているのか、など技術的な課題に懸念が残る。本選では、さまざまな食品を用いた箸の実演を望む。　　　　　　　　　　　　　　　　　（山口）
箸のみではなく、椀や茶碗、皿などの食器にも配慮し、両手動作時での着脱の容易さや使いやすさをさらに工夫できるとより良い。本選では実物を見たい。　　　　　　　　　　　　　　　　　　　　　　　　　　　　　　（永瀬）
箸の食品を掴む（挟む）機構と3Dプリンタで使用する素材との関連性を示してほしい。　　　　　　　　　　　　　　　　　　　　　　　　　（米原）

BeatLinkS──新しい音楽体験をあなたと。

 沼津高専

機械と音楽の調和から人とのつながりを考えており、ロボット（スピーカー）の音楽に合わせた動作や見た目のおもしろさは高く評価できる。一方で、3Dプリンタの利用はスピーカーの外装のみに留まり、製品としての新規性に乏しい。3Dプリンタの活用理由を熟考し、本選では新規性の高い魅力的な実演を期待する。　（山口）
「ロブジェクト（=ロボット+オブジェクト）」という概念には、多くの人に受け入れられそうな印象を持つ。　　　　　　　　　　　　　　　　　　（永瀬）
「聴く」に「視る」をプラスすることで、人と人の間に音楽の好みを超えた感情の共有ができるところを評価する。3Dプリンタならではの設計を考え、3Dプリンタならではの形状を提案できると、より楽しくなりそう。　　　　　　　（米原）

ぐんぐんトー樹ング!!

 大阪公立大学高専

コミュニケーションを取る人と人の対話のための新しいツールとして、3Dプリンタで製作した「トーク（話題）の樹」に魅力を感じる。一方で、単なるボードゲームでも十分にコミュニケーションを取れるため、本アイテムを用いることで会話をより一層弾ませる工夫が必要である。また、本アイテムのサイズ（重量も含め）の記載は必須で、その使いやすさも吟味してほしい。　（山口）
ボードゲームとしてのルールをつくり込み、遊び方を明確にすること。（永瀬）
提案している木の形状がデザイン性に乏しい。もっと視覚的に訴えられるよう、デザインの再考を求める（たとえば、「花が咲く要素」を追加するなど）。（米原）

＊000：作品番号。　＊2024年8月22日（木）予選審査で審査員が執筆。文中の（山口）＝山口 堅三（審査委員長）、（永瀬）＝永瀬 薫、（米原）＝米原 牧子。

shake hands

神戸市立高専

すでに市販されているS社の製品などとの差別化が難しい一方で、この作品が3Dプリンタのみで手のやわらかさや細部の特徴を表現している点は高く評価できる。ただし、映像と握手と温度のみで、実際の握手に近い感覚を再現できるのかは疑問である。本選では、形状と材料の充填率との関係を握手より求めたい（実際に握手することによって、内部形状や材料の充填率と、握手の再現性にどのような関係性があるのかを知りたい）。　　　　　　（山口）
握手とは、互いに手を握り合うこと、つまり相手から握り返されることで成立するものではないのか。本案における握手の定義を示してほしい。　（永瀬）
孤独感の解消が期待できる一方で、ユーザ（使用者）が別れ際の寂しさのような孤独感を覚えることもあるのではないか。コンセプトをさらに深掘りしてほしい。　　　　　　　　　　　　　　　　　　　　　　　　　　　（米原）

Versaマスク

鳥羽商船高専

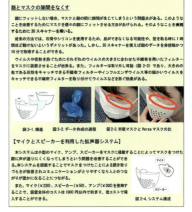

3Dプリンタを用いて、顔とすき間のないよう設計したマスクに拡声器を取り付ける提案である。同手法によるマスク作製はインターネット上に散見され、新規性に欠ける。しかし、既成のマスクを利用し、課題となる部分のみを3Dプリンタで設計し、両者を組み合わせるなど、改善の余地がある。既存のマスクや3Dプリンタ製マスクとの差別化を望む。　　　　　　　　　　（山口）
音声伝達の難しさ以外にも、「表情が見えない」など音声のみで問題を解決できるのか疑問である。また、装着方法も不明瞭で、本アイテムの形状に沿った「不織布フィルタ」も必要となり、既存のマスクよりもコスト高となる。（永瀬）
マスク装着による不快感を改善できれば、高い実用性が期待できる。　（米原）

ヒールラクテクター

弓削商船高専

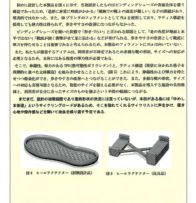

着眼点は非常に良く、課題テーマ「人と人が豊かにつながるものづくり」に対する解決法を的確に示している。一方で、市販されているクリート（留め具）との違いをはじめ、材料の選定や構造の強度計算など、実現可能なアイテムとしての定量的データを提示してほしい。また、本アイテムの装着、取外し、持ち運びといった一連の動作を考慮した改良に期待する。　　　　　　　　　　　　（山口）
3Dプリンタ技術を活用した靴作りには、すでに企業も取り組んでいる。本選では、本技術を使う理由を強調するとともに、そのデザイン性をさらに追究してほしい。　　　　　　　　　　　　　　　　　　　　　　　　　　（永瀬）
実証試験を実施し、本選ではその結果を報告してほしい。　　　　（米原）

ゼロステップで書けるペン　N-grip

仙台高専（名取）

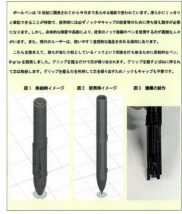

ノック式ボールペンのようなノックの初期動作なしで握った時にのみ書けるのは、これまでの当たり前を覆す非常に良いアイディアである、と審査員が満場一致で評価した。一方で、筆箱や胸ポケットに入れた際に、意図せずペン先（芯）が出てしまわないかという懸念がある。主となるアイディア以外の部分にも製品として目を配り、一考してほしい。また、ボールペンがノック式からN-gripに置き換わる理由には、かなり飛躍した点があり、説明不足である。　（山口）
手を挟まないか、などの安全性について懸念がある。　　　　　　（永瀬）
「ペンを握って書く」という動作に必要な握力と、芯が出る機構との関係性を示してほしい。　　　　　　　　　　　　　　　　　　　　　　（米原）

予選 24作品

AMデザイン部門

まちづくりシーソーゲーム
(001) 福井高専

◎梅田 高充、土井 春輝[生産システム工学専攻科1年]／松井 実玖、桑原 渚生[環境システム工学専攻科1年]

名刺タッチ
(007) 福井高専

◎駒野 翔太、内田 陽翔[電気電子工学科2年]

盛 take make
(012) 仙台高専(名取)

◎今野 和花[総合工学科Ⅲ類建築デザインコース2年]／郷右近 咲來[総合工学科Ⅱ類マテリアル環境コース2年]

BCP(ブロック・コミュニティ・パズル)
(002) 仙台高専(名取)

◎松森 英香、芳賀 楓、小山 真瑞空[総合工学科Ⅲ類建築デザインコース3年]

Connected Train Straps
(008) 石川高専

◎安田 有佑、西 海翔、早瀬 健太、弓田 慈人[建築学科4年]

すた丸
(015) 神戸市立高専

◎妹尾 咲希、芝田 璃桜、廣瀬 凌士、藤原 幹大[電気工学科2年]

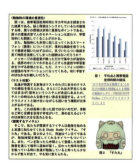

EyeShiftEX──点字を添えて
(004) 仙台高専(名取)

澤村 俊亮[総合工学科Ⅱ類機械・エネルギーコース3年]／◎緑 伽恋[総合工学科Ⅲ類建築デザインコース2年]／佐藤 徹平[総合工学科Ⅱ類ロボティクスコース2年]／平賀 陽仁[総合工学科Ⅱ類マテリアル環境コース2年]

消しバト plus+
(009) 奈良高専

◎谷山 達郎、中辻 美憂、升岡 瑞葉、田代 駿[情報工学科4年]

すまエ
(016) 石川高専

◎棚田 幸之助、塚本 さくら、高 暖奈、兼保 美憂[建築学科4年]

Ureina
(006) 鶴岡高専

◎佐藤 心吾[創造工学科情報コース3年]／金内 啓、澤田 羽衣[創造工学科電気・電子コース3年]／山内 美怜[創造工学科機械コース2年]

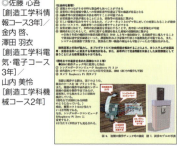

quick turn
(011) 仙台高専(名取)

◎伊藤 圭吾[総合工学科Ⅲ類建築デザインコース5年]

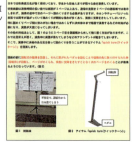

推しペラ
(018) 弓削商船高専

◎鴨川 隼[電子機械工学科5年]

註 ＊作品番号[005]は登録時の不備により欠番。 ＊000：作品番号。 ＊氏名の前にある◎は学生代表。

HERZ──音と記憶が時を超えて繋がる、新しい思い出のかたち

(019) サレジオ高専

◎松本 昊士、
田後 朋輝
(3年)、
松平 亜弥子
(2年)
[デザイン学科]

ドキドキ!? 吊り橋効果ジェネレーティブチェア

(024) 奈良高専

◎山本 理人、
寺田 洋大、
野村 太一、
水田 来悟
[機械工学科 5年]

湯ゴマ FORMING DX

(030) 奈良高専

◎加藤 公誠、
桑原 幸汰、
上代 稜真、
髙橋 水木
[機械工学科 5年]

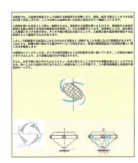

アロマファクトリー

(020) 奈良高専

◎岡本 圭太、
上本 匠朗、
内藤 大貴、
中嶋 勇介
[機械工学科 5年]

3Dプリント技術を活用したオーダーメイド手形コップの開発

(025) 奈良高専

◎田中 士大、
永井 一颯、
宮本 博司、
森 快仁
[機械工学科 5年]

ハートロールゲーム

(031) 奈良高専

◎清原 大雅、
髙村 潔孝、
中筋 風伍、
野田 和成
[機械工学科 5年]

ジャーニーカプセル

(021) 奈良高専

◎山根 涼雅、
宇野 暁斗、
田中 将斗、
中村 悠人
[機械工学科 5年]

ステータスアクセサリ

(028) 奈良高専

◎鎌谷 恵衣、
東方 杏志郎、
溝上 穹、
吉松 蒼唯
[機械工学科 5年]

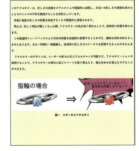

用水路におけるごみ回収装置

(032) 鳥羽商船高専

永野 柊羽
(5年)、
◎柴原 俊介、
袖野 風冴
(4年)、
齊藤 奈那、
黒川 彪雅、
中山 雄斗(2年)
[情報機械システム工学科]

AM連理返り人形

(022) 奈良高専

◎田丸 涼太郎、
井上 寛太、
喜多 拳世、
堀江 祥輔
[機械工学科 5年]

ヘルプマークメイビー

(029) 岐阜高専

◎山下 璃空、
後藤 雄多、
服部 達也、
安立 颯太、
杉山 瑛大
[機械工学科 5年]

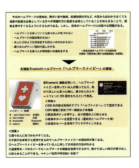

数学サイコロ

(033) 奈良高専

◎江口 開、
上山 颯大、
酒井 敦也、
森川 丞
[機械工学科 5年]

デザコン2024 阿南 141

142

審査員 ●Jury

審査員長
山口 堅三
やまぐち けんぞう

徳島大学 准教授

1979年	徳島県徳島市生まれ
2002年	岡山理科大学理学部化学科卒業
2008年	徳島大学大学院工学研究科物質材料工学専攻博士課程修了 博士(工学)取得 阿南工業高等専門学校LED人材養成講座 助教(-2009年)
2009年	豊橋技術科学大学工学部電気・電子工学系 助教(-2011年)
2011年	香川大学工学部材料創造工学科 助教(-2019年)
2014年	ケンブリッジ大学キャヴェンディッシュ研究所ナノフォトニクスセンター(イギリス) 客員研究員(-2020年)
2019年	徳島大学ポストLEDフォトニクス研究所 特任講師(-2020年)
2020年-	同、准教授

[主な活動]

「新しい光(深紫外、テラヘルツ、赤外)の創出と応用」をキーワードに、次世代光源の開発とその応用展開を通じて、創造的超高齢社会や地域産業の振興に貢献する最先端研究「ポストLEDフォトニクス研究」を推進。
中でも、微小光学のプラズモニクスと半導体微細加工技術を組み合わせた微小電気機械システム(MEMS)による「メカニカルプラズモン」は、空間を機械的に制御し、「プラズモン現象」を動的に可変できることから、光センシングをはじめ、イメージング(画像処理)や光通信分野における多機能光集積技術として注目されている。
また、テラヘルツ波や赤外光を活用した食品中の異物検査技術の開発にも注力し、2023年から産学官連携による検査装置の開発プロジェクトを推進。大学での研究成果を実用化し、社会に広く展開することをめざしている。

[主な研究成果]

「分光によるナノ・マイクロ計測およびモニタリング技術の開発」(第24回源内奨励賞、2017年)、「近赤外光と偏光による食品の異物検知とその可視化」(FOOMA AP〈アカデミックプラザ〉賞準グランプリ、2022年)、「偏光検査と機械学習がもたらす包装不良検知」(FOOMA AP賞出展社評価部門、2023年)など。

[その他の主な受賞]

日本光学会分科会(現・フォトニクス分科会)奨励賞(2007年)など。

審査員
永瀬 薫
ながせ かおる

アプリケーション・エンジニア、
ダッソー・システムズ株式会社 SOLIDWORKS/3DEXPERIENCE Works営業技術部 社員

1992年	埼玉県川口市生まれ(神奈川県横浜市育ち)
2014年	拓殖大学工学部機械システム工学科卒業
2016年	産業技術大学院大学創造技術研究科創造技術専攻(現・産業技術専攻創造技術コース)修士(専門職)課程修了 シンテゴンテクノロジー(旧・ボッシュパッケージングテクノロジー) 勤務(-2020年)
2020年	Syntegon Technology GmbH(ドイツ)勤務(-2021年)
2021年	JRCロボットSI事業本部(ALFIS) 勤務(-2022年)
2022年	ダッソー・システムズ 勤務

[主な活動]

機械装置メーカにて、医薬品の検査機、食品の製袋充填包装機などの機械設計に加え、その設計データの管理者としての業務に従事。現在、アプリケーション・エンジニアとしてSOLIDWORKSを中心としたダッソー・システムズ社の製品販売促進と販売代理店のサポート業務に携わる。

審査員
米原 牧子
よねはら まきこ

経済産業省 職員

	和歌山県和歌山市出身
1998年	拓殖大学工学部工業デザイン学科卒業
2000年	拓殖大学大学院工学研究科工業デザイン学専攻博士前期課程修了
2004年	同学同研究科機械システム工学専攻博士後期課程単位取得満期退学
2005年	東京工業大学(現・東京科学大学)大学院総合理工学研究科材料物理科学専攻研究生(-2006年)
2006年	同学同研究科 技術職員(-2007年)
2007年	博士(工学)[東京工業大学]
2008年	近畿大学 研究員(-2018年)
2014年	技術研究組合次世代3D積層造形技術総合開発機構 研究員(-2024年)
2021年	近畿大学工学部 非常勤講師「工業デザイン担当」(-2024年)
2024年-	経済産業省製造産業局素形材産業室長補佐

[主な活動]

研究員として自動車の人間工学的研究、金属積層造形(AM)に関する研究などに従事。現在は、経済産業省において素形材産業分野を所管し、金属3Dプリンタに関するプロジェクトも担当する。

プレデザコン部門

過去⇒現在⇒未来×「繋」

3つのフィールドで、それぞれ以下の提案条件による作品を求める。

❶空間デザイン・フィールド
現存するか、過去に実在した構造物をモチーフに、部門の課題テーマを表現する独創的で魅力的な絵

❷創造デザイン・フィールド
来年の2025年福井大会で使用するトートバッグのデザイン画。開催地である福井県をイメージできるもの

❸AMデザイン・フィールド
部門の課題テーマを体現した、3Dプリンタによる造形物（オブジェ＝製作物）とそのコンセプトを示したポスター

▼部門紹介

高専の本科3年生以下が対象。デザコンの従来の4部門に連動するフィールドに分け、各フィールドの提案条件に応じて、既成概念にとらわれない自由な発想によるデザインの優劣を競う。来場者の投票により順位を決定する。

2024.9.24-10.4
応募
2024.10.1-10.24
作品提出
2024.11.2-11.3
作品展示、投票、投票結果掲示

❶23作品／❷16作品／❸14作品

本選▶ 53作品

受賞▶ 9作品

❶ 空間デザイン・フィールド
■最優秀賞(科学技術振興機構〈JST〉理事長賞)
小山高専『蔵の街　とちぎ』[空間004]
■優秀賞(全国高等専門学校連合会会長賞)
秋田高専『コロッセオを繋ぐ』[空間011]
■特別賞
(全国高等専門学校デザインコンペティション実行委員会委員長賞)
呉高専『沈みゆく船』[空間009]

❷ 創造デザイン・フィールド
■最優秀賞(科学技術振興機構〈JST〉理事長賞)
阿南高専『夢旅』[創造012]
■優秀賞(全国高等専門学校連合会会長賞)
サレジオ高専『豊満』[創造001]
■特別賞
(全国高等専門学校デザインコンペティション実行委員会委員長賞)
仙台高専(名取)『All starts in Fukui』[創造011]

❸ AMデザイン・フィールド
■最優秀賞(科学技術振興機構〈JST〉理事長賞)
鶴岡高専『SeeU FROMUK』[AM008]
■優秀賞(全国高等専門学校連合会会長賞)
神戸市立高専『moAI』[AM010]
■特別賞
(全国高等専門学校デザインコンペティション実行委員会委員長賞)
鶴岡高専『移動手段の歴史』[AM003]

デザコン2024 阿南　145

最優秀賞（科学技術振興機構〈JST〉理事長賞）

空間 | 004 | 小山高専　　　　　　得点 54

◎中田 早和菜［建築学科3年］　担当教員：小林 基澄［建築学科］

空間　デザイン・フィールド

蔵の街　とちぎ

投票者コメント（抜粋）
色合いとデザインの調和が見事。／過去から未来へのつながりが応募作品中で最もわかりやすい。／あたたかさを感じる。　　　　　　　　　　　　　　　　（企業）
文字からも絵からも魅力が伝わってきた。／細部に至るまでの凝った表現に感動した。／色鉛筆による鮮やかな色遣いがとてもよい。／昔の日本の暮らしや伝統を未来までつなぎ、大切にしたいと思わせる空間だ。／水面に映る江戸の風景と現代の風景が合わさった美しい情景。／この景観を未来に残したいという強い意志を感じた。今回の課題テーマにぴったりで、水面に映し出された過去の表現には作者のこだわりを感じた。／見た瞬間に「これだ！」と思った。／川面に映る在りし日の人影が印象的で、おもしろい。／栃木市に行って、この風景を見たくなった。／タイムスリップしたような、どこか懐かしさを感じる風景。／こんな街に住んでみたい。　　　　　　　　　　　　　　　　　（来場者）

提案趣旨▶旧・日光例幣使街道が通る栃木県栃木市は、中心部に江戸時代末期から昭和時代前期にかけて建てられた蔵が多く立ち並ぶことから「蔵の街とちぎ」と呼ばれる。この地の交易を盛んにした巴波川にかかる幸来橋から見える歴史的建造物の街並みは、季節ごとに異なる顔を持ち、訪れる人々をまるでタイムスリップしたかのような気分に誘う。この風景の中に、水面に映る過去、川の先にははるか遠くまで続く未来の景色を加えることで、課題テーマ「過去⇒現在⇒未来×『繋』」を表現した。江戸時代から令和となった現代まで受け継がれてきたすばらしい街並みが、この先も途切れることなくつながっていってほしい。

プレデザコン部門

優秀賞（全国高等専門学校連合会会長賞）

空間 | 011 | 秋田高専　　　　　　得点 53

◎山正 史織［創造システム工学科土木・建築系3年］
担当教員：井上 誠［創造システム工学科土木・建築系空間デザインコース］／丁 威［創造システム工学科土木・建築系国土防災システムコース］

コロッセオを繋ぐ

投票者コメント（抜粋）
SF映画『エブリシング・エブリウェア・オール・アット・ワンス』に似た世界観。画力が高く、鉛筆デッサンとポップなイラストの融合が課題テーマに合っている。／過去から明るい未来への発展が想像できる。　　　　　　　　（企業）
古代コロッセオと未来コロッセオのコラボが、過去から未来へつなぐという課題テーマにピッタリ。／冷たさとポップさの組合せがクール！／建物の欠損を補うことで、デザイン、コンセプト、競技内容など、過去から未来へのさまざまなつながりを1枚の絵に表現。／遺跡として保存するだけでなく、使い続けるイメージを持たせている。／闘技場だったコロッセオが、未来では希望を見張るための塔となり得るだろう。（来場者）

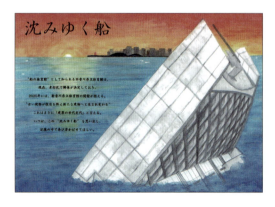

特別賞（全国高等専門学校デザインコンペティション実行委員会委員長賞）

空間 | 009 | 呉高専　　　　　　得点 48

◎百相 里花［建築学科2年］
担当教員：三枝 玄希［建築学科］

沈みゆく船

投票者コメント（抜粋）
人工物である以上、建物の老朽化は避けて通れない。それを「船」になぞらえたのは秀逸。「記憶の中で再び浮かばせてほしい」というメッセージはわかりやすく、建物に想いを馳せてみたくなった。　　　　　　　　　　　　　　　（審査員）
「船の体育館」を沈みゆく船に例えることで、建物の人生というものをひしひしと感じさせられた。／建物にも必ず最後が訪れることに気づいた。今の建物から次の建物へとつないでいく際には、記憶も一緒に残したい。　　　　　　　（来場者）

註（本書144〜148ページ）　＊フィールド名000：作品番号。　＊作品番号の「空間」は空間デザイン・フィールド、「創造」は創造デザイン・フィールド、「AM」はAMデザイン・フィールドを示す。　＊氏名の前にある◎印は学生代表。

●●● 最優秀賞（科学技術振興機構〈JST〉理事長賞）

創造 (012) 阿南高専　　　　　　　得点 **131**

創造 デザイン・フィールド

◎上田 椛栞[創造技術工学科情報コース3年]／北岡 茉紘[創造技術工学科機械コース3年]　担当教員：太田 健吾[創造技術工学科情報コース]

夢旅

投票者コメント（抜粋）

わかりやすいコンセプト。福井の「井」を線路にするなど、細かいところまでデザインしているのがよい。／現在の福井でホットな話題である恐竜をメインに、自由な発想から創造する楽しさ、おもしろさが伝わるデザイン画。（審査員）恐竜やメガネなど、誰もが思いつくであろう福井の名物をあえて取り入れた上で、1つのデザイン画としてまとめた力はすごい。福井だと言われなくても使用したくなるクオリティの高さ。（企業）メガネをかけている恐竜から、高専の学生をイメージできた。／恐竜のかわいらしさとそれを包み込む新幹線のスマートさにひかれた。／円の中には福井の要素が満載で、見ていて楽しめた。特に福井をイメージした星の形がすばらしい。／トートバッグにふさわしいロゴマークのようなデザイン画。／メガネをかけた恐竜という発想が、とても斬新。／ユーモアがありつつも調和の取れたデザインで、福井をうまく表現している。（来場者）

提案趣旨▶ 古代の恐竜、現代のメガネ、未来の空飛ぶ新幹線を一体的に描き、宇宙に輝く8つの星（福井県の形をイメージ）へ向かう「夢旅」を描いた。恐竜、メガネ、新幹線は、どれも福井県に関連するもので、これら古いものと新しいものを「時空」を超えて1つの絵の中に描き、さらに全体を円の中に収めることで「調和」を表現した。恐竜のモチーフは、福井県で発見された羽毛恐竜ティラノミムス・フクイエンシスで、実物の翼と前足は一体的だが、あえて独立した翼を描き、かわいらしさと飛躍するイメージを持たせた。メガネをかけた恐竜が、空飛ぶ新幹線に乗って宇宙を旅する、ユーモアあふれる独創的な夢の世界とした。

●●● 優秀賞（全国高等専門学校連合会会長賞）

創造 (001) サレジオ高専　　　　　　　得点 **97**

◎阿南 遙仁、申 侑撰[デザイン学科1年]
担当教員：谷上 欣也、織田 豊一[デザイン学科]

豊満

投票者コメント（抜粋）

福井を表現しつつ、普段使いも意識したシンプルなデザイン。／恐竜、コシヒカリ、17市町（稲穂の数）と福井県全体をイメージしながら、スッキリとしたデザインに仕上がっている。（企業）稲穂の数、福井の頭文字「F」、米の形にしたフクイサウルスの目鼻など、細部にまでこだわったデザインが◎。／パッと見のインパクトの強さとかわいさ。／簡潔で見やすく、モチーフが優秀。／「福井と言えば」を考えた時にイメージされる事物が一目でわかるよう、バランスよく円形に配置している。説明も明瞭でわかりやすい。／普段使いできそうな、もらってうれしいデザイン。／複雑過ぎないデザイン画の中に、しっかりと意味や歴史が詰まっている。（来場者）

●●● 特別賞（全国高等専門学校デザインコンペティション実行委員会委員長賞）

創造 (011) 仙台高専（名取）　　　　　　　得点 **84**

◎佐藤 美桜里[総合工学科Ⅲ類1年]
担当教員：相模 誓雄[総合工学科Ⅲ類建築デザインコース]

All starts in Fukui

投票者コメント（抜粋）

迫力ある恐竜で福井らしさをうまく表現している。（来賓）福井県立恐竜博物館のさらなる発展を祈願したい。（企業）福井県は恐竜を地域PRでも取り上げており、そのイメージをわかりやすくデザインしている。恐竜の図柄もインパクトがあってすばらしい。／デザイン性が高く、普段使いでも問題ない。／こんなトートバッグが欲しい！／恐竜を大きく見せることで迫力がある。／「一番かっこいい」と4歳の子供が選んだ。／クール！（来場者）

●●● 最優秀賞(科学技術振興機構〈JST〉理事長賞)

AM 008 鶴岡高専　　　得点 169

◎佐藤 心吾、池田 夢叶[創造工学科情報コース3年]／金内 啓、澤田 羽衣[創造工学科電気・電子コース3年]　担当教員：和田 真人[創造工学科機械コースデザイン工学分野]

SeeU FROMUK

投票者コメント(抜粋)
とにかく、ビッグ・ベンが力作！／3Dプリンタの技量は展示作品の中で随一。コンセプトがとてもはっきりしている点、ポスターにもこだわっている点に、ものづくりの魂を感じた。（企業）

とても精巧な作りで塗装面もかなり美しい。／時計を使って時間軸を表現しているのが良い。コンセプトと作品の緻密さは、展示作品の中で群を抜いている。／塔の中に鐘があるなど、細部へのこだわりがすごい。／ロンドンの街並みにドローンが飛んでいるのが、近未来的でかっこいい。／デザインの細かさと、それをうまく表現できる技術力は圧倒的。未来のロンドンの姿というコンセプトも独特でおもしろく、時計台の造形や街並みなどをいつまでも眺めていられる。／時代の融合を象徴するロンドンを美しく表現。／ていねいにディテール(細部)まで表現したことで臨場感が伝わる。伝統的な建造物と近代化の融合がとてもよく、目新しさもあっておもしろい。（来場者）

提案趣旨 ▶ この作品名には「あなたがこれから見る未来」「過去と現在が融合したイギリスから未来を、そして世界を見る」という意味を込めた。
私たちはイギリスのロンドンを過去と現在が融合した街だと感じている。では、過去と現在が1つとなったこの街の未来はどうなるのか。
イギリスの象徴とも言えるビッグ・ベン(国会議事堂の時計台)は、近現代という激動の時代において、誰もが聞いたことのある鐘の音を通して人々を導き、人々と同じ時を歩んできた。そんな象徴的存在と過去からの積み重ねの上にあるいつもの街並み、少し目を離せば驚くほどの速さで進化していくテクノロジー、それぞれからほんの一切れずつ、このジオラマに落とし込んだ。

●●● 優秀賞(全国高等専門学校連合会会長賞)

AM 010 神戸市立高専　　　得点 68

◎西山 潤[機械工学科3年]
担当教員：熊野 智之[機械工学科]

moAI

投票者コメント(抜粋)
「モアイ像と機械の融合で未来と過去をつなぐ」という作者の思いに共感した。（企業）
コンセプトを読んで、過去と未来をうまく融合させていると思った。／モアイ像とAIを組み合わせた点にセンスのよさを感じた。／曲面の加工が美しかった。／現在、過去、未来をきちんと融合して表現している。／ワンポイントで色が付いていれば、さらにおもしろくなった。／とてもおしゃれでモチーフがしっかりしている。このロボットが発売されたらぜひ購入したい。／とてもユーモアに富んでいて、課題テーマをシンプルに表現している。／普段は見ることのできないモアイ像の下半身が、4本のロボット・アームとタイヤになっているのがおもしろい。（来場者）

●●● 特別賞(全国高等専門学校デザインコンペティション実行委員会委員長賞)

AM 003 鶴岡高専　　　得点 66

◎齋藤 大晟、五十嵐 哲平、保科 光琉[創造工学科1年]
担当教員：和田 真人[創造工学科機械コースデザイン工学分野]

移動手段の歴史

投票者コメント(抜粋)
今回の課題テーマにコンセプトがとてもマッチしており、オブジェとしてもよくできている。（来賓）
産業革命による発展以降、移動手段の選択肢が増えたことで、私たちの世界はよりつながりやすくなった──そんなことをイメージさせる。／展示作品の中で、最も「繋」を連想できた。（企業）
歴史の積み重ねが一目でわかる。／時計の重なりで「時の流れ」を表現し、さらにその時代に応じた乗り物の成長を表現したのがいい。（来場者）

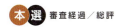
本選 審査経過／総評

思想、技法、表現が「繫」がり、デザインの変革を生む

プレデザコン部門の進化

デザコン2024の大会テーマである「繫」の1文字からは、さまざまな状況における人、物、技術、思考の交流や融合などを連想することができる。それらを受け、今年のプレデザコン部門は時代の流れに着目し、課題テーマを「過去⇒現在⇒未来×『繫』」に設定した。

本部門は高専の本科3年生以下の学生を対象とし、専門分野やこれまでのバックグラウンドに関係なく参加できることが特徴である。特に、創造デザイン・フィールドはトートバッグのデザイン画、AMデザイン・フィールドは3Dプリンタを用いた造形物(オブジェ＝製作物)の提案であるため、工学分野の技術や知識の有無に関係なく、絵や造形などの芸術に興味のある学生であれば、気軽にチャレンジすることができる。今年は、デザコンの主流である建築系、土木工学系、機械系の学科だけではなく、情報系、電気系、化学系など多様な専門分野の学科の学生から応募があった。このように、本部門はデザコンの中心を成す他の4部門へ参加する登竜門としての役割だけでなく、今やデザコン参加者の裾野を広げる役割も果たしている。

投票者も十人十色

プレデザコン部門には多くの人々の来場があり、それぞれが真剣に作品へ向き合い、投票先に悩む姿は、大変に印象的であった。投票総数は427票に上り、その内訳は「審査

表2　投票者の持ち点

フィールド名 投票者の分類	空間デザイン・ フィールド	創造デザイン・ フィールド	AMデザイン・ フィールド
審査員	5	5	5
来賓	5	5	5
企業	5	5	5
来場者	1	1	1

*投票者の持ち点(フィールドごと)：
「審査員」(デザコンの従来の4部門)＝1人5点。
「来賓」(来賓、プレゼンター)＝1人5点。
「企業」(協賛企業1社につき代表者1人)＝1人5点。
「来場者」(高専教職員、高専の学生、協賛企業関係者、一般来場者)＝1人1点。
*投票者はフィールドごとに、推薦する1作品に投票。
*投票者には、会期中、会場に出店しているカフェとキッチンカー(本書158ページ参照)で利用できる金券チケット500円分を配付。

表1　空間デザイン・フィールド／創造デザイン・フィールド／AMデザイン・フィールド投票(得点)集計結果

作品番号	作品名	高専名 (キャンパス名)	審査員	来賓	企業	来場者	合計点	フィールド別順位	受賞
空間004	蔵の街　とちぎ	小山高専	0	0	20	34	54	1	最優秀賞*1
空間011	コロッセオを繋ぐ	秋田高専	0	0	10	43	53	2	優秀賞*2
空間009	沈みゆく船	呉高専	5	0	0	43	48	3	特別賞*3
空間002	最も長い宿場町	近畿大学高専	0	5	5	36	46	4	
空間020	時空都市	仙台高専(名取)	0	0	5	37	42	5	
空間006	首里の道	近畿大学高専	0	0	5	31	36	6	
空間001	フォース橋	サレジオ高専	0	0	10	24	34	7	
空間017	呼吸する	舞鶴高専	0	0	0	31	31	8	
空間023	いつの時代も、	阿南高専	0	0	10	21	31	8	
空間022	Sagrada Familia	仙台高専(名取)	0	0	5	18	23	10	
空間003	Connecting Era	サレジオ高専	5	10	0	7	22	11	
空間014	茅野市民館	長野高専	0	5	5	12	22	11	
空間025	LAYER	松江高専	0	0	5	14	19	13	
空間008	タイムカプセル	秋田高専	5	0	5	3	13	14	
空間019	鹿児島中央駅一番街商店街	鹿児島高専	0	0	0	13	13	14	
空間005	商店街の人生	近畿大学高専	0	0	5	6	11	16	
空間016	Spaceship Earth	小山高専	0	0	5	6	11	16	
空間012	南三陸311メモリアル・中橋	仙台高専(名取)	0	0	5	4	9	18	
空間007	平城京	近畿大学高専	0	0	0	6	6	19	
空間021	人体という構造体	仙台高専(名取)	0	0	0	5	5	20	
空間010	TIME'S	秋田高専	0	0	0	2	2	21	
空間015	明るいを繋ぐ	仙台高専(名取)	0	0	0	2	2	21	
空間026	輝北天球館	鹿児島高専	0	0	0	2	2	21	
創造012	夢旅	阿南高専	10	0	35	86	131	1	最優秀賞*1
創造001	豊満	サレジオ高専	0	0	35	62	97	2	優秀賞*2
創造011	All starts in Fukui	仙台高専(名取)	0	10	10	64	84	3	特別賞*3
創造015	不死鳥	福井高専	0	0	0	38	38	4	
創造009	Evolution of the times	福島高専	0	0	5	30	35	5	
創造016	福羽二重	福井高専	0	5	10	16	31	6	
創造017	蟹	松江高専	0	0	0	25	25	7	
創造002	咆哮	秋田高専	5	0	0	16	21	8	
創造007	境界	仙台高専(名取)	0	0	0	16	16	9	
創造004	Flying From Fukui	呉高専	0	0	0	10	10	10	
創造010	まるごと福井	福井高専	0	0	0	10	10	10	
創造008	なみ	長岡高専	0	0	5	4	9	12	
創造006	めがねから様々な技術へ	仙台高専(名取)	0	0	0	8	8	13	
創造005	生命の輝き	呉高専	0	0	0	7	7	14	
創造014	福井といったら	福井高専	0	0	0	7	7	14	
創造013	ECHIZEN	福井高専	0	5	0	1	6	16	
AM008	SeeU FROMUK	鶴岡高専	0	0	25	144	169	1	最優秀賞*1
AM010	moAI	神戸市立高専	5	0	10	53	68	2	優秀賞*2
AM003	移動手段の歴史	鶴岡高専	0	5	20	41	66	3	特別賞*3
AM002	繋ぎ龍	鶴岡高専	5	0	15	26	46	4	
AM013	夢への道	鈴鹿高専	0	10	10	18	38	5	
AM009	繋時計	鶴岡高専	0	0	10	27	37	6	
AM015	Link of the flow of time	舞鶴高専	0	0	0	21	21	7	
AM005	時を繋ぐ	鈴鹿高専	0	5	5	10	20	8	
AM006	未来へ続けるのに…	阿南高専	5	0	0	14	19	9	
AM001	繋	舞鶴高専	0	0	0	9	9	10	
AM011	亀とトキ	鳥羽商船高専	0	0	0	14	14	10	
AM014	History lapse	鶴岡高専	0	0	0	14	14	10	
AM004	Connect The Times(こねくと ざ たいむす)	舞鶴高専	0	0	0	7	7	13	
AM012	時を越えて繋がる地球	阿南高専	0	0	0	2	2	14	

表註
*作品番号の「空間」は空間デザイン・フィールド、「創造」は創造デザイン・フィールド、「AM」はAMデザイン・フィールドを示す。　*投票者の持ち点は表2参照。　*作品名はサブタイトルを省略。
*作品番号[空間013][空間018][空間024][創造003][AM007]は登録時の不備により欠番。
*1　最優秀賞：最優秀賞(科学技術振興機構(JST)理事長賞)。
*2　優秀賞：優秀賞(全国高等専門学校連合会会長賞)。
*3　特別賞：特別賞(全国高等専門学校デザインコンペティション実行委員会委員長賞)。

プレデザコン部門

員」3票、「来賓」4票、「企業」20票、「来場者」400票であった。例年に比べて「企業」の投票数が増加し、受賞作品の決定においても企業票の影響が大きく表れたことは今年の特徴と言える（本書149ページ表1、表2参照）。
また、得票を集計しながら感じたことは、投票者各々で「芸術」をとらえる考え方や視点の異なることが、投票者コメントに表れていたこと。そして、その違いは決して世代や男女といった単純なものではなく、明らかにそれまでに積み重ねてきた個々の経験（日常生活、職、旅先、趣味など）の違いによるものであると感じた。

大接戦！　高評価続出の
ハイレベルな作品の数々
──空間デザイン・フィールド

本フィールドには、いずれも独創的で魅力的な作品が集まり、個々のレベルが非常に高かった。その結果、会場では、投票に訪れた多くの人々が、どの作品に投票しようかと迷う様子が見て取れた。受賞に関わる得票上位の作品は、この状況を反映するかのようにほとんど差がなく、上位2作品は1点差、3位と4位も2点差という接戦であった（本書149ページ表1参照）。
栃木県栃木市の歴史ある中心部をモチーフとして描かれた、最優秀賞（科学技術振興機構〈JST〉理事長賞）の小山高専『蔵の街　とちぎ』［空間004］は、細部の描写にまでこだわりが見られ、作品としての質の高さが際立っていた。色鉛筆による描画からは明るさとやわらかさを感じ取ることができ、力強く、ていねいに書かれた筆文字は絵全体にメリハリを生み出すなど、とても印象的な作品であった。また、過去の街の様子を水面に描いて、現在の風景と対比させる技法は、多くの来場者から高い評価を受けた。
優秀賞（全国高等専門学校連合会会長賞）の秋田高専『コロッセオを繋ぐ』［空間011］は、イタリアのローマの象徴である闘技場の遺跡コロッセオをモチーフに、過去と未来のコロッセオの様子をそれぞれモノクロとカラーに描き分け、1つの建物としてうまくつなぎ合わせたユニークな作品である。この独創的な構図と表現方法が高評価につながった。特に鉛筆で描かれたモノクロ部分（過去）の建物の表現では、コロッセオの曲面を細密に描くことで立体感を再現するなど、技量の高さが感じ取れた。
特別賞（全国高等専門学校デザインコンペティション実行委員会委員長賞）の呉高専『沈みゆく船』［空間009］は、解体が決定した旧・香川県立体育館をモチーフに、独自の感性で建築の世代交代を表現した作品である。これまで多くの人々に親しまれてきた船の体育館（旧・体育館）が夕日とともに海に沈む様子が世代交代を象徴しながらも、「市民の心の中で旧・体育館の記憶がいつか浮上するように」との作者の願いが込められている。作品から伝わる作者の想いの奥深さ、絵全体の構成力の高さが多くの人々から共感を得た。

トートバッグのデザイン画として
好まれるものは？
──創造デザイン・フィールド

福井県をイメージするモチーフとして、恐竜、メガネ、東尋坊などが多くの作品に採用されていた。それらのモチーフを独自性のある高い表現でアレンジした作品が多かったように思う。
幅広い支持を集めた最優秀賞（科学技術振興機構〈JST〉理事長賞）の阿南高専『夢旅』［創造012］は、メガネをかけた恐竜が、空飛ぶ新幹線に乗って楽しそうに福井の星々（宇宙）に向かうという、ファンタジー感あふれる情景を描いた作品である。恐竜、メガネ、新幹線を1つの円に収めることで作品の一体感を生み出し、デザインのわかりやすさと恐竜のかわいらしさも相まって、高評価につながった。
優秀賞（全国高等専門学校連合会会長賞）のサレジオ高専『豊満』［創造001］は、恐竜と福井県発祥の米であるコシヒカリを用いて、福井の頭文字「F」を表現した。シンプルな構図の中で、各部分にそれぞれ意味を持たせ、「福井」を大いにアピールする作品として高く評価された。
5体の恐竜を大きく描いた、特別賞（全国高等専門学校デザインコンペティション実行委員会委員長賞）の仙台高専（名取）『All starts in Fukui』［創造011］は、絵から受けるインパクトの強さが群を抜いていた。個々の恐竜の描写は完成度が高く、かっこよさとかわいらしさの融合しているところが高評価につながった。
得点集計結果から、トートバッグのデザイン画としては、シンプルなロゴ風のデザイン画が比較的好まれる傾向にある（本書149ページ表1参照）。特に企業票はこの傾向が強いように読み取れる。

3Dプリンタ技術の芸術表現は
どこまで進化できるのか？
──AMデザイン・フィールド

3Dプリンタによる造形物の提案に課題が変わって2年めとなる今回は、昨年より多い14作品の出展があった。前年と比較して、出展作品全体のレベルアップが感じられ、その中でも圧倒的に人気の高かったのが、最優秀賞（科学技術振興機構〈JST〉理事長賞）の鶴岡高専『SeeU FROMUK』［AM008］である。
イギリスのロンドンに建つビッグ・ベン（国会議事堂の時計台）を中心に、「過去⇒現在⇒未来」にわたるロンドンの姿がちりばめられ、課題テーマへの深い理解と、表現力の高さが伝わってきた。そして、何よりも建物の細部にまで至る細かい作り込みは見る者に衝撃を与えるとともに、3Dプリンタによる造作の明るい未来を見せてくれた。この作品が高い評価を得たことは、その完成度から考えても必然である。
優秀賞（全国高等専門学校連合会会長賞）と特別賞（全国高等専門学校デザインコンペティション実行委員会委員長賞）は、2点差の接戦であった（本書149ページ表1参照）。
優秀賞の神戸市立高専『moAI』［AM010］は、造形はシンプルながらも非常に重要なメッセージを持ち、過去の文化や芸術と最新技術の融合により、新たな変革が生まれ、明るい未来が切り拓かれるという願いが込められている。この未来志向の強いメッセージ性やモアイのかわいらしさに共感した来場者から高い評価を集めた。
特別賞に選ばれた鶴岡高専『移動手段の歴史』［AM003］は、移動手段の変遷を造形物の下層から上層にかけてらせん状に表現した作品である。馬車、自動車、飛行機と進化を続ける乗り物をていねいに造作し、時計の周囲に一体的に配置することで、課題テーマを直接的に表現した。そのわかりやすさが高い評価につながったと考えられる。

鑑賞を通じた「繋」

来場者の中には、デザコンに参加した高専の学生や教職員、関係者なども多数含まれていた。このような人たちは、作品を鑑賞する際の目力が一般の見学者とは明らかに異なり、展示された作品から何かを感じ取ろうとしていた。作者が深い探求の末に仕上げた作品には思考、技法、表現が詰め込まれている。来場者は知的好奇心を持ってじっくりと作品を鑑賞し、作品に込められたものを吸収していた。
会場は時代を「繋」ぐささやかな一場面となり、静かな鑑賞空間からデザインの新たな変革の波が生まれる。このように多岐にわたる専門分野の学生が、作品の鑑賞を通じて交流する機会は、将来、エンジニアとして必要になる、複合的で融合的な視点を育むきっかけとなる。
プレデザコン部門は、今後もこの観点での人材育成の場として期待できる。

（長田 健吾、景政 柊蘭、西本 浩司、小西 智也、山下 舞　阿南高専）

註
＊文中の作品名は、サブタイトルを省略。高専名（キャンパス名）『作品名』［フィールド名000］、で表示。
＊［フィールド名000］は作品番号。「空間」は空間デザイン・フィールド、「創造」は創造デザイン・フィールド、「AM」はAMデザイン・フィールドを示す。

本選 44作品　空間デザイン・フィールド ●20作品

最も長い宿場町
空間 002　近畿大学高専

◎小久保 伊織
[総合システム工学科都市環境コース建築系3年]
担当教員：田中 和幸[総合システム工学科都市環境コース建築系]

得点 46

いつの時代も、
空間 023　阿南高専

◎上田 椛栞[創造技術工学科情報コース3年]／北岡 茉紘[創造技術工学科機械コース3年]
担当教員：太田 健吾[創造技術工学科情報コース]

得点 31

タイムカプセル──国立科学博物館
空間 008　秋田高専

◎山田 陣[創造システム工学科1年]
担当教員：井上 誠[創造システム工学科土木・建築系空間デザインコース]／丁 威[創造システム工学科土木・建築系国土防災システムコース]

得点 13

時空都市
空間 020　仙台高専(名取)

◎伊藤 綾花[総合工学科Ⅲ類建築デザインコース3年]
担当教員：相模 誓雄[総合工学科Ⅲ類建築デザインコース]

得点 42

Sagrada Familia
空間 022　仙台高専(名取)

◎佐藤 瑞姫[総合工学科Ⅲ類建築デザインコース3年]
担当教員：相模 誓雄[総合工学科Ⅲ類建築デザインコース]

得点 23

鹿児島中央駅一番街商店街
空間 019　鹿児島高専

◎八谷 陽渚[都市環境デザイン工学科1年]
担当教員：髙安 重一[都市環境デザイン工学科]

得点 13

首里の道
空間 006　近畿大学高専

◎北村 真乙
[総合システム工学科都市環境コース建築系3年]
担当教員：田中 和幸[総合システム工学科都市環境コース建築系]

得点 36

Connecting Era
空間 003　サレジオ高専

◎酒井 大煕[デザイン学科1年]
担当教員：谷上 欣也、織田 豊一[デザイン学科]

得点 22

商店街の人生
空間 005　近畿大学高専

◎狩森 友喜[総合システム工学科都市環境コース建築系3年]
担当教員：田中 和幸[総合システム工学科都市環境コース建築系]

得点 11

フォース橋──The Forth Bridge
空間 001　サレジオ高専

◎田中 暖也[デザイン学科3年]
担当教員：谷上 欣也、織田 豊一[デザイン学科]

得点 34

茅野市民館──コミュニティの活性化へ
空間 014　長野高専

◎野明 鈴穂[工学科都市デザイン系3年]
担当教員：大原 涼平[工学科都市デザイン系]

得点 22

Spaceship Earth──人類の過去現在未来を紡ぐ場所
空間 016　小山高専

◎榎波 莉呂[建築学科3年]
担当教員：小林 基遼[建築学科]

得点 11

呼吸する
空間 017　舞鶴高専

◎與倉 凜[建設システム工学科1年]
担当教員：尾上 亮介、今村 友里子[建設システム工学科]

得点 31

LAYER──永遠の建築シンフォニー
空間 025　松江高専

◎永田 環、岩井 優奈、田中 美波[環境・建設工学科1年]
担当教員：堀田 崇由[環境・建設工学科]

得点 19

南三陸311メモリアル・中橋
空間 012　仙台高専(名取)

◎伊藤 成龍[総合工学科Ⅲ類建築デザインコース2年]
担当教員：相模 誓雄[総合工学科Ⅲ類建築デザインコース]

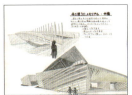

得点 9

註：(本書151～154ページ)　＊フィールド名000：作品番号。　＊作品番号の「空間」は空間デザイン・フィールド、「創造」は創造デザイン・フィールド、「AM」はAMデザイン・フィールドを示す。　＊氏名の前にある◎印は学生代表。　＊得点順に掲載。同点の場合は、作品番号順に掲載。
＊作品番号[空間013][空間018][空間024][創造003][AM007]は登録時の不備により欠番。

プレデザコン部門

平城京
空間 ⑦ 近畿大学高専
◎小村 真生
[総合システム工学科都市環境コース建築系3年]
担当教員：田中 和幸[総合システム工学科都市環境コース建築系]

得点 6

人体という構造体
空間 ㉑ 仙台高専（名取）
◎岩本 瑛[総合工学科Ⅲ類建築デザインコース2年]
担当教員：相模 誓雄[総合工学科Ⅲ類建築デザインコース]

得点 5

TIME'S
空間 ⑩ 秋田高専
◎今野 友翔[創造システム工学科機械系2年]
担当教員：井上 誠[創造システム工学科土木・建築系空間デザインコース]／丁 威[創造システム工学科土木・建築系国土防災システムコース]

得点 2

明るいを繋ぐ
空間 ⑮ 仙台高専（名取）
◎花等 麗輝[総合工学科Ⅲ類1年]
担当教員：相模 誓雄[総合工学科Ⅲ類建築デザインコース]

得点 2

輝北天球館
空間 ㉖ 鹿児島高専
◎平川 綾音[都市環境デザイン工学科1年]
担当教員：髙安 重一[都市環境デザイン工学科]

得点 2

創造デザイン・フィールド ●13作品

不死鳥
創造 015　福井高専

◎北出 晏梨[環境都市工学科3年]
担当教員：辻野 和彦[環境都市工学科]

得点 38

境界
創造 007　仙台高専（名取）

◎鈴木 響[総合工学科Ⅲ類1年]
担当教員：相模 誓雄[総合工学科Ⅲ類建築デザインコース]

得点 16

めがねから様々な技術へ
創造 006　仙台高専（名取）

◎青沼 咲弥[総合工学科Ⅲ類1年]
担当教員：相模 誓雄[総合工学科Ⅲ類建築デザインコース]

得点 8

Evolution of the times
創造 009　福島高専

◎門脇 汐音、西迫 杏、畠山 遥[都市システム工学科1年]
担当教員：相馬 悠人[都市システム工学科]

得点 35

Flying From Fukui
創造 004　呉高専

◎田谷 美咲[建築学科2年]
担当教員：三枝 玄希[建築学科]

得点 10

生命の輝き
創造 005　呉高専

◎桐谷 咲希[建築学科2年]
担当教員：三枝 玄希[建築学科]

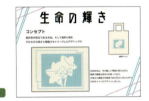
得点 7

福羽二重
創造 016　福井高専

◎新井 葵々[環境都市工学科3年]
担当教員：辻野 和彦[環境都市工学科]

得点 31

まるごと福井
創造 010　福井高専

◎久保 結月[環境都市工学科1年]
担当教員：辻野 和彦[環境都市工学科]

得点 10

福井といったら
創造 014　福井高専

◎髙橋 一生[環境都市工学科3年]
担当教員：辻野 和彦[環境都市工学科]

得点 7

蟹
創造 017　松江高専

◎岡 蓮水[環境・建設工学科3年]
担当教員：堀田 崇由[環境・建設工学科]

得点 25

なみ
創造 008　長岡高専

◎小野 真由[環境都市工学科3年]／田中 理子[物質工学科3年]
担当教員：小澤 広直[環境都市工学科]

得点 9

ECHIZEN
創造 013　福井高専

◎黒木 駿[環境都市工学科3年]
担当教員：辻野 和彦[環境都市工学科]

得点 6

咆哮
創造 002　秋田高専

◎池田 唯音[創造システム工学科土木・建築系2年]
担当教員：井上 誠[創造システム工学科土木・建築系空間デザインコース]／丁 威[創造システム工学科土木・建築系国土防災システムコース]

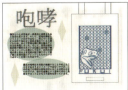
得点 21

本選 44作品　AMデザイン・フィールド ●11作品

繋ぎ龍――時空を超えて
AM(002)　鶴岡高専

◎鈴木 佑弥、齋藤 源治郎、阿部 來翔
[創造工学科化学・生物コース2年]
担当教員：和田 真人[創造工学科機械コースデザイン工学分野]

得点 46

Link of the flow of time
AM(015)　舞鶴高専

◎吉村 孝志[機械工学科3年]
担当教員：室巻 孝郎[機械工学科]

得点 21

繋
AM(001)　舞鶴高専

◎川中 滉平、泉川 晴汰、橋本 蒼汰、山本 大貴
[機械工学科3年]
担当教員：室巻 孝郎[機械工学科]

得点 14

夢への道
AM(013)　鈴鹿高専

◎増井 渚那、横山 結依子、山田 梨未[材料工学科2年]／福永 りお[機械工学科2年]
担当教員：堀江 太郎[教養教育科]

得点 38

時を繋ぐ
AM(005)　鈴鹿高専

◎大山 黎、鷹 美咲、河原田 真愛、毛利 翠里
[材料工学科2年]
担当教員：堀江 太郎[教養教育科]

得点 20

亀とトキ
AM(011)　鳥羽商船高専

◎礒田 姫乃音、九鬼 渉吾、小木曽 陽生、萬 柚月
[情報機械システム工学科3年]
担当教員：亀谷 知宏[情報機械システム工学科]

得点 14

繋時計
AM(009)　鶴岡高専

◎遠藤 嘉人、鈴木 康仙[創造工学科情報コース3年]／丹野 瑛太、佐藤 圭悟[創造工学科電気・電子コース3年]
担当教員：和田 真人[創造工学科機械コースデザイン工学分野]

得点 37

未来へ続けるのに…
AM(006)　阿南高専

◎バンナタット・ジャイケン
[創造技術工学科機械コース2年]
担当教員：西本 浩司[創造技術工学科機械コース]

得点 19

History lapse
AM(014)　鶴岡高専

◎山内 美怜、土井 紗稀寧[創造工学科情報コース2年]
担当教員：和田 真人[創造工学科機械コースデザイン工学分野]

得点 14

Connect The Times
AM(004)　舞鶴高専

◎長尾 柊吾、伊藤 晴紀、上田 征周、田畑 優樹
[機械工学科3年]
担当教員：室巻 孝郎[機械工学科]

得点 7

時を越えて繋がる地球
AM(012)　阿南高専

◎戸﨑 太智、川田 凛太朗
[創造技術工学科機械コース2年]
担当教員：西本 浩司[創造技術工学科機械コース]

得点 2

プレデザコン部門

本選 開催概要

空間デザイン部門概要
■ 課題テーマ
過去⇒現在⇒未来×「繋」

■ 課題概要
高専の本科3年生以下を対象とした部門。デザコンの従来の4部門の内の3部門(空間デザイン部門、創造デザイン部門、AMデザイン部門)をもとに連動した3つのフィールドに分け、それぞれ、以下の提案条件のもとに作品を募集する。既成概念にとらわれない自由な発想によるデザインを求める。

①空間デザイン・フィールド
「実在する」あるいは「過去に実在した」構造物をモチーフとして、部門の課題テーマ「過去⇒現在⇒未来×『繋』」を表現する独創的かつ魅力的な絵。モチーフとする構造物を1つに限定する必要はない。全体の構図は、人の目では一般に見られないもの、写真にも収められないものとする。

②創造デザイン・フィールド
2025年福井大会で使用するトートバッグのデザイン画。次回の開催地である福井県をイメージできるデザイン画を提案すること。
デザイン条件：
❶トートバッグの寸法は、縦380mm×横330mm程度
❷表面のみにデザイン画を印刷する仕様
❸余白なども考慮の上、デザインの配置まで提案すること
❹トートバッグの色はアイボリー。デザイン画に使用できる色は、福井高専のスクールカラーをイメージした青系1色
❺縦15mm×横60mm程度の大きさの協賛企業のロゴの位置を指定すること
❻デザインの意図、コンセプトのわかる説明文をポスター内に記載すること
❼アナログによる手書きの作品でもかまわないが、大会で用いるトートバッグのデザイン画として採用された場合、最終デザイン画(印刷されるデザイン画)を、手書き(アナログ)のままとするか、デジタル的な処理をするのかは、作者との打合せにより決定する
❽大会で用いるトートバッグの最終デザイン画を決定するにあたり、作者の確認を取った上で、その意図を十分に汲み取り、デザインの修正や変更を依頼する場合がある

③AMデザイン・フィールド
部門の課題テーマ「過去⇒現在⇒未来×『繋』」を体現する3Dプリンタで出力した造形物(オブジェ＝製作物)。
製作条件：
❶大きさは、幅400mm×奥行400mm×高さ500mm以内
❷自立可能であること
❸3Dプリンタで出力した造形物に限るが、造形方法、造形機種、材料(樹脂の種類など)、色は自由。「3Dプリンタで出力した造形物以外」(金属製の既製のビスや鋳造した金属など)を「造形物以外の部品(おもりなど)」として使用可
❹一体成形でなく、3Dプリンタで出力した造形物(部品)の組立てでも可。造形物の加工(切削、研磨、アセトンによる表面処理など)可。部品組立て時の接着剤(種類は不問)、金属部材の使用可
❺上記❸の規定のとおり、部品ごとに材料を変えても可
❻上記❸の規定の内、接着剤を除く「3Dプリンタで出力した造形物以外」は造形物の表面(底面含む)に露出させないこと
❼上記❸の規定の内、「3Dプリンタで出力した造形物以外」に該当する金属部品の総重量は1,000g未満とする
❽造形物の設置作業は、応募者、指導教員、当該学校関係者が指定時間内に来場し、実施すること
❾造形物の設置作業中、故意に他の展示物に接触するなどして破損などが生じた場合は、失格
❿展示前日に接着が必要な場合は、概ね1時間以内に初期硬化が発現して部品同士を安全に固定でき、会期中は展示に支障が生じない接着剤にすること
⓫展示台が完全に水平を保つことに十分留意すること。また、展示台に固定できないため、施工精度によって不安定となる造形物にはしないこと。ヒンジなどの可動部分のある造形物は不可。また電動や光源類、動作可能な状態にしたサーボモータ*1などを造形物の内外に仕込まないこと。軟質材料を用いる場合を除き、会期中は物理的に変形しないこと

■ 応募条件
❶高等専門学校に在籍する本科3年生以下の学生
❷4人以下のチームによるもの
❸フィールドごとに1人1作品
❹同一高専(キャンパス)からの応募は、合計12作品以内、同一フィールドで5作品以内
❺他のコンテスト、コンペティションに応募していない作品

■ 応募数
①空間デザイン・フィールド：23作品(26人、11高専)
②創造デザイン・フィールド：16作品(21人、9高専)
③AMデザイン・フィールド：14作品(41人、6高専)

■ 応募期間
2024年9月24日(火)～10月4日(金)

■ 作品提出期間
2024年10月1日(火)～10月24日(木)

本選審査
■ 日時
2024年11月2日(土)、3日(日)

■ 会場
阿南高専　本館管理棟2階1-1教室、1-2教室

■ 本選提出物
①空間デザイン・フィールド　②創造デザイン・フィールド
❶ポスター：A3判サイズ(横)1枚。高専名と氏名の記載不可。作品名、作品コンセプト(横書き300文字以内)を記載
❷ポスターの電子データ：PDF形式またはJPG形式

③AMデザイン・フィールド
❶3Dプリンタで出力した造形物(オブジェ＝製作物)：製作条件を満たすもの
❷ポスター：A3判サイズ(横)1枚。高専名と氏名の記載不可。作品名、作品コンセプト(横書き300文字以内)を記載
❸ポスターの電子データ：PDF形式またはJPG形式

■ 審査過程
参加数：53作品86人(〈内、2フィールド参加が2人〉、18高専)
2024年11月2日(土)
❶作品展示、投票　9:30～17:00
2024年11月3日(日)
❶作品展示　9:00～13:30
❷投票　9:00～11:30
❸結果掲示　12:30～13:30

■ 審査方法
「審査員」(デザコンの従来の4部門の審査員)、「来賓」(来賓、プレゼンター)、「企業」(協賛企業1社につき代表者1人)、「来場者」(高専教職員、高専の学生、協賛企業関係者、一般来場者)が、フィールドごとに展示作品の中で推薦する1作品へ持ち点すべてを投票。投票はQRコードを利用したオンライン投票で実施。
投票者の持ち点は、
「審査員」「来賓」「企業」：1人5点
「来場者」：1人1点

■ 賞
フィールドごとに、最多得点の作品を最優秀賞(科学技術振興機構〈JST〉理事長賞)、次点の1作品を優秀賞(全国高等専門学校連合会会長賞)とし、特別賞(全国高等専門学校デザインコンペティション実行委員会委員長賞)1作品を、全国高等専門学校デザインコンペティション実行委員会が決定

註
*1　サーボモータ：本書134ページ註1参照。

付篇

デザコン2024 in 阿南

contents: 会場と大会スケジュール　開会式／閉会式・表彰式　応募状況　デザコンとは？／大会後記　過去の受賞作品（2004-2023）

会場と大会スケジュール

部門	空間デザイン部門	構造デザイン部門	創造デザイン部門	AMデザイン部門	プレデザコン部門
会場	創造テクノセンター棟4階 マルチメディア室	第1体育館、第2体育館	本館専攻科棟3階 講義室3	本館電気棟2階 2E教室、3E教室、4E教室	本館管理棟2階 1-1教室、1-2教室

2024年11月2日(土)

時刻	空間デザイン部門	構造デザイン部門	創造デザイン部門	AMデザイン部門	プレデザコン部門
8:30	8:30～9:30 受付 作品展示設営(11月1日〈13:00～17:00〉より開始) 9:30～10:00 オリエンテーション 規定違反の有無を確認	8:30～9:00 受付、作品展示設営 9:00～11:30 仕様確認	8:30～8:50 受付、作品展示設営 8:50～9:00 オリエンテーション 9:10～10:40 ワークショップ1 (兼学生交流会) 「脱炭素まちづくりカレッジ PLAY」	8:30～9:30 受付、審査順の抽選 9:00～11:00 作品展示設営 9:30～9:40 オリエンテーション 9:40～ 学生相互投票開始 9:40～11:00 学生交流会1(技術交流)	8:30～9:30 作品展示設営 9:30～17:00 作品展示 投票*1
10:00	10:00～11:15 プレゼンテーション1 「つなぐ」ワークショップ	10:00～11:30 審査員審査			
11:00	11:20～11:45 プレゼンテーション1 「つなぐ」ワークショップ(成果報告) 11:45～12:30 昼休憩	11:30～12:30 昼休憩	11:00～11:40 ポスターセッション(前半) 11:40～12:30 昼休憩	11:00～11:30 仕様確認 11:30～12:30 昼休憩	
12:30	12:30～13:00 開会式(第1体育館、第2体育館〈サテライト配信会場〉)				
13:00	13:20～15:25 プレゼンテーション2 「つたえる」プレゼンテーション (前半)	13:00～13:25 オリエンテーション 13:40～15:40 耐荷性能試験1(競技)	13:10～13:50 ポスターセッション(後半) 14:00～15:30 ワークショップ2 「ワールドカフェ」	13:15～14:30 プレゼンテーション(前半) 15:00～16:00 プレゼンテーション(後半)	
15:30	15:30～17:00 プレゼンテーション2 「つたえる」プレゼンテーション (後半)	15:40～17:00 学生交流会	15:30～17:00 ワークショップ3 15:30～16:00 「意見まとめ」 16:00～17:00 「ブラッシュアップ」	16:00～16:45 学生交流会2(技術交流)	
17:30	17:40～18:30 「つながる」エクスカーション (学生交流会) (高志会館1階 学生食堂)				

2024年11月3日(日)

時刻	空間デザイン部門	構造デザイン部門	創造デザイン部門	AMデザイン部門	プレデザコン部門
8:30	8:30～8:55 受付、オリエンテーション 9:00～10:15 プレゼンテーション3 「たかめあう」クリティーク	8:30～ 受付 8:45～10:40 耐荷性能試験2(競技)	8:30～ 受付 8:45～9:30 オリエンテーション 審査順の抽選、準備 9:30～12:00 プレゼンテーション	8:30～8:45 受付 8:45～9:00 オリエンテーション 9:00～11:15 ポスターセッション (ディスカッション) 11:15 学生相互投票終了、投票集計 11:15～12:00 最終審査(非公開審査)	8:30～ 受付 9:00～13:30 作品展示 9:00～11:30 投票*1 11:30～12:30 投票集計
10:30	10:30～12:00 最終審査(公開審査) 審査員総評	11:00～12:00 最終審査(非公開審査)			
12:00	12:00～13:30 昼休憩	12:00～12:10 審査結果発表、審査員総評 12:10～13:30 昼休憩	12:00～13:00 昼休憩 12:20～13:00 最終審査(非公開審査) 13:00～13:20 審査結果発表、審査員総評	12:00～12:30 審査結果発表、審査員総評 12:30～13:30 昼休憩	12:30～13:30 結果掲示
13:30	13:30～14:30 閉会式・表彰式(第1体育館、第2体育館〈サテライト配信会場〉)				

表註
＊ ■は休憩時間を示す。
＊1 投票：投票者には、会期中、会場に出店しているカフェとキッチンカー(本書158ページ参照)で利用できる金券チケット500円分を配付。

デザコン2024 in 阿南

開会式
日時：2024年11月2日(土)12:30〜13:00
会場：阿南高専　第1体育館
（サテライト配信会場：第2体育館）
◇通算5回最優秀賞の特別表彰
米子高専、石川高専

閉会式・表彰式
日時：2024年11月3日(日)13:30〜14:30
会場：阿南高専　第1体育館
（サテライト配信会場：第2体育館）

受賞盾――「繋」がっていく技術

「デザコン2024 in 阿南」の受賞盾は、本大会の開催地、徳島県の伝統工芸品である大谷焼のプレート（皿）となっている。

大谷焼は、江戸時代後期（1780年代）に大谷村（現在の徳島県鳴門市大麻町）で誕生した陶器で、鉄分の多い陶土のざらりとした手ざわりと、金属的な光沢が特徴だ。同じく徳島県の伝統工芸品である藍染めに使う、藍液を入れるための巨大な藍甕の需要が、大谷焼の発展につながったとされている。

2003年には経済産業省の伝統的工芸品に指定。近年では湯のみや茶碗などの日用品だけでなく、トロフィや照明器具など、伝統的な大谷焼のイメージにとらわれない、幅広い作品が作られている。

受賞盾の製作者は、大谷焼元山窯10代当主で、令和6（2024）年度の徳島県卓越技能者「阿波の名工」に選定された田村栄一郎氏。鳴門海峡の渦潮をイメージしたデザインで、今回は特別にデザコン5部門の賞名を入れている。

大会メインテーマは「繋」。江戸時代から現代まで、多くの人々と「繋」がってきた技術で作られた大谷焼の受賞盾を手にした学生が、将来、多くの人々と「繋」がっていく技術を生み出していこう、という意欲をもってくれたら幸いである。

（森山卓郎　阿南高専）

製作協力：田村商事株式会社（徳島県鳴門市）、田村栄一郎（大谷焼元山窯10代当主、徳島県卓越技能者「阿波の名工」）

トートバッグ――『TUNAGARU TUNAGERU』

会場で配布されたトートバッグの原案は、「デザコン2023 in 舞鶴」プレデザコン部門の創造デザイン・フィールド最優秀賞作品。

トートバッグ・デザイン
原案：金沢 笑瑚、小田嶋 美海、斎藤 あかり（福島高専）
トートバッグ制作支援：
株式会社建築資料研究社／日建学院、阿南高専

キッチンカー――徳島ファストフードに舌鼓

今大会では、3台のキッチンカーが出店した。購入にはデザコンで配付された金券チケットを利用できる。晴れた2日めの昼時には、楽しげな参加学生たちが行列をつくった。地元の食材を使ったメニューもあり、利用者からの評判は上々であった。

●開店日時
2024年11月2日(土)9:00〜14:00（荒天のため）
2024年11月3日(日)9:00〜16:00
●出店場所　阿南高専　第1体育館玄関前

小中学生見学ツアー――この中から未来の技術者が生まれる？

会期中、2023年に引き続き小中学生を対象とした見学ツアーを2回に分けて実施した。ツアーでは、阿南高専の学生（5年）2人の案内で各部門約10分ずつで全会場を巡り、展示内容をわかりやすく説明。参加した小中学生は、はじめて見るタイプの作品や、学生と審査員とのやり取りに興味津々で、ツアー終了後には、興味を持った小学生から、学校の雰囲気、寮生活など、阿南高専への質問も挙がった。

●日時
第1回：2024年11月2日(土)13:30〜14:30
第2回：2024年11月3日(日)9:30〜10:30
●参加人数
第1回：3組7人　第2回：14組33人

カフェ――阿南高専卒業生のこだわり満載「One sec.（ワン セカンド）」

会場内に阿南高専卒業生の西條賢人氏（県内グルメ情報を発信する「徳島カフェ男子」主宰）がカフェを出店。こだわりのコーヒー（80杯／会期中）と焼菓子を提供し、店内はかなり賑わった。プレデザコン部門の投票者などに配付された金券チケットも利用できる。当初、2日間の出店予定だったが、悪天候だった初日に屋内出店の同カフェは大盛況で、用意したメニューが完売し、2日めは無念の閉店となった。

●開店日時　2024年11月2日(土)9:00〜16:00
●出店場所　阿南高専　物理実験室

受賞作品

071　034　080　057

094　070　110　099

[空間デザイン部門]
最優秀賞(日本建築家協会会長賞)：賞状+盾+副賞
豊田高専　瀬戸際を生き抜く登り窯[071]
優秀賞：賞状+盾+副賞
呉高専　両城解体[034]
豊田高専　水と住まう[080]
審査員特別賞：賞状+盾+副賞
仙台高専(名取)　うみ・ひと・まち・消防団──未来へつなぐ防災意識[057]
鹿児島高専　港の日常──桜島と生きる[094]
建築資料研究社／日建学院賞：賞状+盾+副賞
米子高専　鳥取移住訓練──鳥取に来てみんさい[070]
三菱地所コミュニティ賞：賞状+盾+副賞
熊本高専(八代)　私の集落は柑橘(みかん)色[110]
ベクターワークスジャパン賞：賞状+盾+副賞
明石高専　そらに刻む人形浄瑠璃──津波を待つ空き家[099]

036　030　044　027

046　002　038

[構造デザイン部門]
最優秀賞(国土交通大臣賞)：賞状+盾+副賞
米子高専　要[036]
優秀賞(日本建設業連合会会長賞)：賞状+盾+副賞
米子高専　渡鳥橋(とっとりきょう)[030]
優秀賞：賞状+盾+副賞
徳山高専　魁兜(かいと)[044]
審査員特別賞：賞状+盾+副賞
新モンゴル高専　竜[027]
徳山高専　翠月(すいげつ)[046]
日刊建設工業新聞社賞：賞状+盾+副賞
八戸高専　橋(きょう)、好きになりました♡[002]
東京水道賞：賞状+盾+副賞
秋田高専　市松網代橋[038]

002　007　009　004

012

[創造デザイン部門]
最優秀賞(文部科学大臣賞)：賞状+盾+副賞
サレジオ高専　推し色でつながる推し活コミュニティツール　OXIKARA(オシカラ)[002]
優秀賞：賞状+盾+副賞
和歌山高専　ソダテル──脱炭素なまち「つくる・食べる・受け継ぐ」[007]
石川高専　小学生と公立小学校全寮化から広がる脱炭素[009]
審査員特別賞：賞状+盾+副賞
明石高専　マッスルチャージ[004]
仙台高専(名取)　緑を紡ぐ第一歩──2050年のすべての生き物のために[012]

023　013　027　014

017

[AMデザイン部門]
最優秀賞(経済産業大臣賞)：賞状+盾+副賞
弓削商船高専　ヒールラクテクター[023]
優秀賞：賞状+盾+副賞
仙台高専(名取)　はしもっとくん──食事を楽しく簡単に!![013]
仙台高専(名取)　ゼロステップで書けるペン　N-grip[027]
審査員特別賞：賞状+盾+副賞
大阪公立大学高専　ぐんぐん十一樹(キ)ング!![014]
神戸市立高専　shake hands[017]

空間004　空間011　空間009

創造012　創造001　創造011

AM008　AM010　AM003

[プレデザコン部門]
最優秀賞(科学技術振興機構〈JST〉理事長賞)：賞状+盾+副賞
小山高専　蔵の街　とちぎ[空間004]
阿南高専　夢旅[創造012]
鶴岡高専　SeeU FROMUK[AM008]
優秀賞(全国高等専門学校連合会会長賞)：賞状+盾+副賞
秋田高専　コロッセオを繋ぐ[空間011]
サレジオ高専　豊満[創造001]
神戸市立高専　moAI[AM010]
特別賞(全国高等専門学校デザインコンペティション実行委員会委員長賞)：
賞状+盾+副賞
呉高専　沈みゆく船[空間009]
仙台高専(名取)　All starts in Fukui[創造011]
鶴岡高専　移動手段の歴史[AM003]

＊000、[000]、フィールド名000：作品番号。
＊作品名は、高専名(キャンパス名)、作品名[作品番号]で表示。
＊プレデザコン部門の作品番号は、[フィールド名000]で表示。
「空間」は「空間デザイン・フィールド」、「創造」は「創造デザイン・フィールド」、「AM」は「AMデザイン・フィールド」を示す。

協力協賛企業、関連団体／運営組織

協力協賛企業、関連団体

協力
長岡技術科学大学、豊橋技術科学大学

特別協賛
青木あすなろ建設株式会社、株式会社建築資料研究社／日建学院、東京水道株式会社、日本オーチス・エレベータ株式会社、三菱地所コミュニティ株式会社

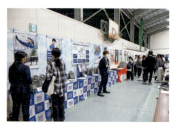

一般協賛
株式会社IHIインフラ建設、株式会社新井組、岩浅建設株式会社、株式会社インフォメーション・ディベロップメント、株式会社エイト日本技術開発、株式会社エスバス建築事務所、株式会社エス・ビー・シー、エヌ・ティ・ティ・インフラネット株式会社、株式会社エフ設計コンサルタント、株式会社大阪防水建設社、株式会社大本組、鹿島建設株式会社、株式会社キクチコンサルタント、建装工業株式会社、株式会社鴻池組、四国開発建設株式会社、四国建設コンサルタント株式会社、シンヨー株式会社、住友金属鉱山株式会社、大協建工株式会社、ダイダン株式会社、大鉄工業株式会社、大和リース株式会社、株式会社竹中土木、ダッソー・システムズ株式会社、チームラボ株式会社、株式会社ナカノフドー建設、株式会社浪速技研コンサルタント、西日本高速道路株式会社、西日本高速道路ファシリティーズ株式会社、西野建設株式会社、西松建設株式会社、日本橋梁株式会社、日本国土開発株式会社、日本ファブテック株式会社、株式会社 Panopticon Investment、株式会社フジタ、株式会社フジタ建設コンサルタント、ベクターワークスジャパン株式会社、株式会社ベクトル・ジャパン、丸磯建設株式会社、宮崎基礎建設株式会社、宮地エンジニアリング株式会社、メディア総研株式会社、阿南工業高等専門学校悠久同窓会、阿南工業高等専門学校拓士会

広告協賛
株式会社アズマ建設、株式会社アルボレックス、エスオーエンジニアリング株式会社、エヌ・アンド・イー株式会社、株式会社大竹組、広成建設株式会社、株式会社フジみらい、本四塗装工業株式会社、株式会社横河ブリッジホールディングス

後援
内閣府、文部科学省、国土交通省、経済産業省、国立研究開発法人科学技術振興機構、阿南市、一般社団法人日本建築学会、公益社団法人土木学会、公益社団法人日本コンクリート工学会、一般社団法人日本機械学会、公益社団法人日本都市計画学会、公益社団法人日本建築家協会、一般社団法人日本建設業連合会、一般社団法人日本建築士事務所協会連合会、公益社団法人日本建築士会連合会、株式会社日刊建設工業新聞社、株式会社日刊工業新聞社、一般社団法人徳島新聞社、株式会社ケーブルテレビあなん

運営組織

主催
一般社団法人全国高等専門学校連合会

主管校
阿南工業高等専門学校

第21回全国高等専門学校デザインコンペティション実行委員会
箕島 弘二（委員長／阿南工業高等専門学校校長）

全国高等専門学校デザインコンペティション専門部会
田村 隆弘（専門部会長／都城高専校長）、玉井 孝幸（幹事／米子高専）
空間デザイン部門：道地 慶子（石川高専）、森山 学（熊本高専（八代））
構造デザイン部門：玉田 和也（舞鶴高専）、寺本 尚史（秋田高専）
創造デザイン部門：玉井 孝幸（米子高専）
AMデザイン部門：堀口 勝三（長野高専）、玉井 孝幸（米子高専）

開催地委員：
前年度開催校委員：玉田 和也（舞鶴高専）
今年度開催校委員：森山 卓郎（阿南高専）
次年度開催校委員：吉田 雅穂（福井高専）

全国高等専門学校デザインコンペティション2024 in 阿南　開催地委員会
箕島 弘二（実行委員長）、中村 厚信（実行副委員長）、松本 高志（実行副委員長）、森山 卓郎（統括責任者）、吉村 洋（統括副責任者）、遠野 竜翁（統括副責任者）、錦織 浩文（統括副責任者）、松尾 麻里子（統括副責任者）、増田 智仁（統括副責任者）
空間デザイン部門：多田 豊（部門長）、藤原 健志（副部門長）
構造デザイン部門：角野 拓真（部門長）、井上 貴文（副部門長）
創造デザイン部門：加藤 研二（部門長）、中島 一（副部門長）
AMデザイン部門：釜野 勝（部門長）、川畑 成之（副部門長）
プレデザコン部門：長田 健吾（部門長）、景政 柊蘭（副部門長）
ネットワーク担当：松浦 史法
ホームページ担当：園田 昭彦
事務局：山田 美由紀、増田 智仁、鈴木 智子、篠原 彩香

応募状況

地区	高専名 (キャンパス名)	空間デザイン部門 予選	空間デザイン部門 本選	構造デザイン部門	創造デザイン部門 予選	創造デザイン部門 本選	AMデザイン部門 予選	AMデザイン部門 本選	プレデザコン部門 空間	プレデザコン部門 創造	プレデザコン部門 AM
北海道	函館高専	0	0	0	0	0	0	0	0	0	0
	苫小牧高専	0	0	2	0	0	0	0	0	0	0
	釧路高専	5	0	2	1	1	0	0	0	0	0
	旭川高専	0	0	0	0	0	0	0	0	0	0
東北	八戸高専	0	0	1	0	0	0	0	0	0	0
	一関高専	0	0	0	0	0	0	0	0	0	0
	仙台高専(広瀬)	0	0	0	0	0	0	0	0	0	0
	仙台高専(名取)	15	2	0	4	1	6	2	5	3	0
	秋田高専	1	0	2	1	0	0	0	3	1	0
	鶴岡高専	1	0	2	0	0	1	0	0	0	5
	福島高専	0	0	1	0	0	0	0	0	1	0
関東信越	茨城高専	0	0	0	0	0	0	0	0	0	0
	小山高専	1	0	1	0	0	0	0	2	0	0
	群馬高専	0	0	2	0	0	0	0	0	0	0
	木更津高専	0	0	0	0	0	0	0	0	0	0
	東京高専	0	0	0	0	0	0	0	0	0	0
	長岡高専	0	0	0	0	0	0	0	0	1	0
	長野高専	0	0	2	0	0	0	0	1	0	0
	東京都立産業技術高専(品川)[公]	0	0	0	0	0	0	0	0	0	0
	東京都立産業技術高専(荒川)[公]	0	0	0	0	0	0	0	0	0	0
	サレジオ高専[私]	3	0	0	1	1	2	1	2	1	0
東海北陸	富山高専(本郷)	0	0	0	0	0	0	0	0	0	0
	富山高専(射水)	0	0	0	0	0	0	0	0	0	0
	石川高専	4	0	2	1	1	2	0	0	0	0
	福井高専	0	0	2	2	1	2	0	0	5	0
	岐阜高専	5	0	2	0	0	0	0	0	0	0
	沼津高専	0	0	0	0	0	1	1	0	0	0
	豊田高専	10	2	0	1	0	0	0	0	0	0
	鳥羽商船高専	0	0	0	0	0	2	1	0	0	1
	鈴鹿高専	0	0	0	0	0	0	0	0	0	2
	国際高専[私]	0	0	0	0	0	0	0	0	0	0
	近畿大学高専[私]	0	0	2	0	0	0	0	4	0	0
近畿	舞鶴高専	2	0	2	1	0	0	0	1	0	3
	明石高専	8	1	2	4	3	0	0	0	0	0
	奈良高専	0	0	0	0	0	10	0	0	0	0
	和歌山高専	0	0	2	1	1	0	0	0	0	0
	大阪公立大学高専[公]	6	0	2	0	0	1	0	0	0	0
	神戸市立高専[公]	0	0	2	0	0	2	1	0	0	1
中国	米子高専	11	1	2	0	0	0	0	0	0	0
	松江高専	0	0	2	0	0	0	0	1	1	0
	津山高専	0	0	0	0	0	0	0	0	0	0
	広島商船高専	0	0	0	0	0	0	0	0	0	0
	呉高専	11	2	2	0	0	0	0	1	2	0
	徳山高専	0	0	2	0	0	0	0	0	0	0
	宇部高専	0	0	0	0	0	0	0	0	0	0
	大島商船高専	0	0	0	0	0	0	0	0	0	0
四国	阿南高専	6	0	1	0	0	0	0	1	1	2
	香川高専(高松)	0	0	1	2	0	0	0	0	0	0
	香川高専(詫間)	0	0	0	0	0	0	0	0	0	0
	新居浜高専	0	0	0	0	0	0	0	0	0	0
	弓削商船高専	0	0	0	0	0	2	1	0	0	0
	高知高専	4	0	0	0	0	0	0	0	0	0
	神山まるごと高専[私]	0	0	0	0	0	0	0	0	0	0
九州沖縄	久留米高専	0	0	0	0	0	0	0	0	0	0
	有明高専	0	0	1	0	0	0	0	0	0	0
	北九州高専	0	0	0	0	0	0	0	0	0	0
	佐世保高専	0	0	0	0	0	0	0	0	0	0
	熊本高専(八代)	11	1	0	0	0	0	0	0	0	0
	熊本高専(熊本)	0	0	0	0	0	0	0	0	0	0
	大分高専	0	0	0	0	0	0	0	0	0	0
	都城高専	6	0	1	0	0	0	0	0	0	0
	鹿児島高専	2	2	1	0	0	0	0	2	0	0
	沖縄高専	0	0	0	0	0	0	0	0	0	0
海外	IETモンゴル高専	0	0	2	0	0	0	0	0	0	0
	新モンゴル高専	0	0	2	0	0	0	0	0	0	0
	モンゴル科技大高専	0	0	2	0	0	0	0	0	0	0
合計	作品数	112*1	11	52	19	9	32	8	23	16	14
										53	
	参加学生数	321	37	270	49	26	111	24	26	21	41
										86*2	
	参加高専(キャンパス)数	19	7	30	11	7	12	7	11	9	6
										18	
	参加高専(キャンパス)総数					41					

表註 *高専名欄の[公]は公立、[私]は私立、特記外は国立を示す。 *プレデザコン部門の見出し欄の「空間」は「空間デザイン・フィールド」、「創造」は「創造デザイン・フィールド」、「AM」は「AMデザイン・フィールド」を示す。 *本選不参加の学生も算入。 *作品の応募登録には、インターネットのクラウド・サービスを利用。
*1:規定に違反した1作品が失格、審査対象外に。審査対象は111作品。
*2:この内、2人の学生がそれぞれ2つのフィールドに出展。

デザコンとは？── 「教育の場」「成果を社会に示す場」

デザコン（正式名称：全国高等専門学校デザインコンペティション）は、前身である全国高専建築シンポジウムの目的であった「学生相互の研鑽と理解」をベースに、2004年の第1回石川大会からは「人が生きる生活環境を構成するための総合的技術の習得」が目的に加わり、2013年からは建築や建設系の学科の学生に限らず、電気系、情報系、機械系を専門とする学生も参加できる大会として「専門力（＝専門的な知識や技術）とエンジニアリング・デザイン*¹力を育む」ことを目的とする場へと発展してきた。これは、情報や関係性がグローバルに広がる現代社会において、生活にまつわるさまざまな課題の解決のため高専の学生が持つ専門力をいかに生かすか、を考えるためだ。つまり、学生が「社会ニーズに専門力で応える」という課題に取り組む体験を通じて、高専の掲げる「『実践的』で『創造性豊かな』技術者」を育成する「教育の場」を提供すると同時に、社会に対して高専教育の成果を示す場として開催されている。

従来、日本では「デザイン（design）」を「設計」「意匠計画」といった狭義にとらえる傾向にあったが、近年は「エンジニアリング・デザイン（engineering design）」という言葉がよく使われるようになり、「デザイン」という言葉の持つ幅広い意味が社会的に認知されるようになった。

デザコン第1回の2004年石川大会では、ワークショップ部門と設計競技部門に分かれ、ワークショップ部門では「まちづくりへのチャレンジ」と題した地域交流シンポジウムと、「座ってまちをみつける場所」と題したものづくりワークショップが行なわれた。イベントの内容は設計の領域のみに留まることなく、地域コミュニティを扱った企画や実物大のベンチの制作など、多岐にわたっていた。エンジニアリング・デザインという概念が、大会プログラムの「デザコンの意義」の中に明文化されるのは2013年米子大会を待つことになるが、2004年時点で、すでに「創造性教育」「答えのない課題」など、先進的なプログラムに取り組む大会であったのだ。

改めてデザコンの歴史を整理すると、次ページの年表のように、誕生は1977年、明石高専と米子高専の学生による設計製図の課題の相互発表会に遡る。その後、この相互発表会に呉高専、石川高専が参加し、1993年に「四高専建築シンポジウム」と改称した。以降、運営は学生主体となり、4高専の学生たちが共通のテーマの下に意見交換したり、各校の設計課題を中心に学生生活全般について発表する場となった。四高専建築シンポジウムは、学生の「創造性教育」「相互理解」「交流」の場として重要な意味を持つことが全国の高専の間で理解され、1999年に「全国高専建築シンポジウム」と改称し、全高専の建築系の学科の学生が参加できる大会となった。そして、伊東豊雄、小嶋一浩、内藤廣、村上徹、隈研吾など、招聘した著名な建築家から学生が直接指導を受けられる公開設計競技スタイルの大会へと発展した。その後、建設系を専門とする学生も参加できる大会として、2004年の第1回全国高等専門学校デザインコンペティション（通称：デザコン）石川大会につながった。

一方、2008年から「高専における設計教育高度化のための産学連携ワークショップ」として「全国高等専門学校3次元デジタル設計造形コンテスト」（通称：CADコン）がスタートした。これは、当時まだ創生期であった3Dプリンタを造形装置として活用して造形物を製作し、造形物を使った競技を通して3D CADによる学生の設計力の向上を目的とした大会である。造形素材の弾性を利用するなど、CADによる設計に加えて構造解析や流体解析などを学生に求める課題であった。2011年北海道大会以降、2013年米子大会、2014年やつしろ大会と、主催は別にするもののデザコンと同日同会場で開催された。

また、2014年からは、同様に3Dプリンタを使う「3Dプリンタ・アイディアコンテスト」（通称：アイディアコン）が始まった。CADコンの競技に対して、こちらは学生のアイディアや提案を主体とする特色を持った大会であった。この2つの大会は3Dプリンタを使うという共通の特徴を持つことから、関係者の間で協議・検討を重ねた結果、2015年のデザコン和歌山大会は、デザコンのAM（Additive Manufacturing）デザイン部門として、夏大会（アイディアコン）と秋大会（CADコン）に分けて開催。2016年デザコン高知大会で、AMデザイン部門は完全に1部門に統合された。これを機に、さらに新たな境地を広げ、内容の充実したデザコンとして進化している。

（玉井 孝幸　米子高専）

註（本書162〜163ページ）
*1　エンジニアリング・デザイン：総合的な専門知識を活用してものをつくる力、プロジェクトを推進していく力。そうしたデザイン能力、設計能力のこと。
*2　一般社団法人全国高等専門学校連合会：国立（51校55キャンパス）、公立（3校4キャンパス）、私立（4校4キャンパス）の高専の連合組織。全国の高専の体育大会やさまざまな文化系クラブ活動の発展を助け、心身ともに健全な学生の育成に寄与することが主な目的。
*3　独立行政法人国立高等専門学校機構：全国の国立高専51校55キャンパスを設置、運営している。目的は、職業に必要な実践的かつ専門的な知識と技術を持つ創造的な人材を育成するとともに、日本の高等教育の水準の向上と均衡ある発展を図ること。
*4　主管校：大会運営の主体となる高専。
＊文中の人名は、敬称略

デザコンの開催地（主管校*⁴〈キャンパス〉）

2004年	第 1 回 石川大会（石川高専）
2005年	第 2 回 明石大会（明石高専）
2006年	第 3 回 都城大会（都城高専）
2007年	第 4 回 周南大会（徳山高専）
2008年	第 5 回 高松大会（高松高専＝現・香川高専〈高松〉）
2009年	第 6 回 豊田大会（豊田高専）
2010年	第 7 回 八戸大会（八戸高専）
2011年	第 8 回 北海道大会（釧路高専）
2012年	第 9 回 小山大会（小山高専）
2013年	第10回 米子大会（米子高専）
2014年	第11回 やつしろ大会（熊本高専〈八代〉）
2015年	第12回 和歌山大会（和歌山高専）
2016年	第13回 高知大会（高知高専）
2017年	第14回 岐阜大会（岐阜高専）
2018年	第15回 北海道大会（釧路高専）
2019年	第16回 東京大会（東京都立産業技術高専〈品川〉）
2020年	第17回 名取大会（仙台高専〈名取〉）
2021年	第18回 呉大会（呉高専）
2022年	第19回 有明大会（有明高専）
2023年	第20回 舞鶴大会（舞鶴高専）
2024年	第21回 阿南大会（阿南高専）

（本書162〜163ページの情報は2025年3月末現在のもの）

デザコンの変遷

	デザコン	CADコン	アイディアコン
1977年	設計製図の課題の相互発表会をスタート(参加：明石高専と米子高専の建築系の学科の学生)		
1989年	第13回から呉高専が参加		
1993年	第17回から石川高専が参加。「四高専建築シンポジウム」と改称(運営：学生主体／参加：明石高専、米子高専、呉高専、石川高専の建築系の学科の学生)		
1999年	「全国高専建築シンポジウム」と改称(主催：各高専／参加：全高専の建築系の学科の学生)		
2004年	「全国高等専門学校デザインコンペティション(通称：デザコン)」に改称(主催：一般社団法人全国高等専門学校連合会*2／参加：全高専の建築系と建設系の学科の学生)。空間デザイン部門と構造デザイン部門の前身となる種目実施		
2008年		「全国高等専門学校3次元ディジタル設計造形コンテスト」(通称：CADコン)がスタート(主催：独立行政法人国立高等専門学校機構*3／参加：全高専の機械系の学科の学生が中心)	
2011年	デザコンとCADコンを同日同会場(釧路)で開催(主催は別)		
2013年	デザコン(米子)とCADコン(明石)を同日に開催(主催は別)		
2014年	デザコンとCADコンを同日同会場(熊本〈八代〉)で開催 ものづくり部門を廃止		「3Dプリンタ・アイディアコンテスト」(通称：アイディアコン)がスタート(主催：独立行政法人国立高等専門学校機構／参加：全高専の電気系の学科の学生が中心／主管校*4：八戸高専と仙台高専を核に東北地区の国立高専)
2015年	CADコンとアイディアコンをデザコンのAMデザイン部門として、夏大会(アイディアコン、仙台／主催：独立行政法人国立高等専門学校機構)と秋大会(CADコン、和歌山／主催：一般社団法人全国高等専門学校連合会)に分けて開催(参加：全高専の建築系、建設系、機械系、電気系、情報系の学科の学生)。創造デザイン部門創設、環境デザイン部門廃止		
2016年	デザコンのAMデザイン部門として、CADコンとアイディアコンが1部門に統合(高知)。プレデザコン部門創設		

 大会後記 「デザコン2024 in 阿南」を終えて

開催直前に台風の接近が懸念され、一時は開催の可否を校内で検討したが、幸いにも温帯低気圧に変わったので、予定どおり開催できることになった。その影響もあり、初日の午後は大雨となったが、2日めは前日の悪天候からガラリと変わって秋晴れとなり、すべての日程を無事、実施できた。

今大会は、外部の会場を借りずにすべて阿南高専のキャンパス内で実施した。教室や体育館などを使用したので、式典や構造デザイン部門の耐荷性能試験などでは、やや手狭だったのではないか、と感じた。しかし、第1体育館の映像を第2体育館に配信するなど、さまざまな工夫を凝らし、参加者や来場者へは最大限の配慮をしたつもりである。他にも、参加者用クロークの設置、カフェやキッチンカーの出店、小中学生を対象とした見学ツアーの開催、などを企画した。

今大会の協賛企業数は、歴代最多とのことである。構造デザイン部門では、新たに東京水道賞ができた。専門部会*5の尽力により、「協賛企業コンソーシアム*6」が立ち上げられた。これもひとえに、高専の学生に対する、企業からの高い評価によるものと考える。

大会メインテーマ「繋」のとおり、阿南から新たな「繋」がりが生まれて、次回の福井大会で、その「繋」がりがさらに発展していくことを期待している。次に阿南高専が主管校となる時、私自身は退職していると思うが、もしまだこの世にいるようなら、より進化したデザコンを楽しみにしたい。

最後に、はじめての主管校として戸惑う中、準備の段階からいろいろと指導を受けた専門部会をはじめとする関係各位に、紙面を借りて御礼申し上げたい。

(森山 卓郎　阿南高専／「デザコン2024 in 阿南」統括責任者)

註
*5　専門部会：全国高等専門学校デザインコンペティション専門部会。デザコンの運営に当たる主管校を支援するため、高専の教員から構成された組織。各部門に2人ずつの担当者が就く。
*6　協賛企業コンソーシアム：デザコンを支援する企業の団体。

過去の受賞作品（2004-2023）

全国高等専門学校デザインコンペティション

＊高専名などは、大会開催当時のもの
＊大会名は開催当時のもの。現在の部門の前身となる大会も含む
＊受賞作品は、「高専名（キャンパス名）作品名」で表示。読み仮名を省略
＊高専名末尾に付いた[A][B]は、同じ高専の別チーム名

第1回　2004年 石川大会
（主管校：石川高専）

ワークショップ部門

「地域交流シンポジウム」セッション
課題テーマ「まちづくりへのチャレンジ」
審査員：桜井康宏
優秀賞
豊田高専　ひまわり畑をつくろう2003 —— 豊田市域の大学生によるまちづくり事業
徳山高専　徳山高専夢広場
有明高専　八女の力
小山高専　わらの家
福島高専　まちを探索すると見えてくるユニバーサルデザイン
米子高専　再生寫真
呉高専　高齢者と学生によるまちづくりin呉
奨励賞
石川高専　シビックキャンパス・プロジェクト
明石高専　加古川本町まちづくり
　　　　　—— なつかしい町は元気になる!!

「ものづくりワークショップ」セッション
課題テーマ「座ってまちをみつける場所」
審査員：鈴木時秀ほか15人
最優秀賞
徳山高専　座ってまちをみつける場所
佳作
岐阜高専　ブレケツ
石川高専　いつもと違う角度で触れ合ってみたいと思いませんか
明石高専　Bloom
米子高専　上を向いて座ろう
呉高専　ベンチ —— 動き
八代高専　雪吊り物語

設計競技部門

「木造住宅デザインコンペティション」セッション
課題テーマ「帰りたくなる家」
審査員：熊谷昌彦ほか9人
最優秀賞
米子高専　味噌汁の家
優秀賞
明石高専　おいしいごはん生活
石川高専　HOUSE×SPACE×HOUSE

「複合住宅デザインコンペティション」セッション
課題テーマ「まち暮らしを楽しむための複合住居」
審査員：妹島和世
最優秀賞
小山高専　思川cafe
優秀賞
石川高専　M-GATE
呉高専　CONNECT

「構造デザインコンペティション」セッション
課題テーマ「ブリッジコンテスト」
審査員：小堀為雄ほか18人
グランプリ（文部科学大臣賞）
豊田高専　Simplest —— Sunrise
競技
1位：呉高専　U-18呉代表
2位：松江高専　テトラクインテット
3位：米子高専　S.E.S
アイデア賞
豊田高専　Simplest —— Sunrise

第2回　2005年 明石大会
（主管校：明石高専）
メインテーマ「復興＋共生」

プロポーザルコンペティション
課題テーマ「癒しの避難所シェルター」
審査員：室崎益輝ほか1人
最優秀賞（明石市長賞）
豊田高専　IMAGINATION

優秀賞
豊田高専　TANE
明石高専　間

構造デザインコンペティション
課題テーマ「ブリッジコンテスト」
審査員：中島正愛ほか1人
最優秀賞（文部科学大臣賞）
豊田高専　すけあり～橋 —— Parabola Arch
優秀賞
松江高専　霞 —— KASUMI
米子高専　サンキューTOKYO! サヨナラYONAGO

環境デザインコンペティション
課題テーマ「水辺の共生空間」
審査員：篠原修ほか2人
最優秀賞（兵庫県知事賞）
豊田高専　水－解放
優秀賞
石川高専　志雄取り出しエリア
　　　　　—— SHIO TORIDASHI AREA
明石高専　border wall
会場審査賞
豊田高専　水－解放

第3回　2006年 都城大会
（主管校：都城高専）
メインテーマ「生活環境関連のデザイン」

プロポーザルコンペティション
課題テーマ「商店街のマスカレード」
審査員：有馬孝禮ほか2人
最優秀賞（都城市長賞）
明石高専　すぎ風呂っく（あしゆ）
優秀賞
サレジオ高専　光Hikari
都城高専　和飾 —— チラリズムとの融合
会場審査賞
有明高専　ばったりまったり
豊田高専　マチレゴ

構造デザインコンペティション
課題テーマ「ブリッジコンテスト」
審査員：加藤史郎ほか2人
最優秀賞（文部科学大臣賞）
新居浜高専　Marvel of Art
優秀賞
松江高専　大蛇 —— OROCHI
米子高専　砂丘と大山と汗とペダルと
特別賞（日刊建設工業新聞社賞）
松江高専　大蛇 —— OROCHI

環境デザインコンペティション
課題テーマ「山あいの生きられる空間」
審査員：竹下輝和ほか1人
最優秀賞（宮崎県知事賞）
明石高専　山あいの多目的教室
優秀賞
呉高専　Living with Fields
明石高専　みんなの庭道

第4回　2007年 周南大会
（主管校：徳山高専）
メインテーマ「つながり —— 頭の中は、宇宙（ソラ）より広い」

空間デザインコンペティション
課題テーマ「新まちなか居住施設 —— とぎれた『つながり』をとりもどす」
審査員：重村力ほか2人
最優秀賞（山口県知事賞）
米子高専　もうひとつのまち
優秀賞
明石高専　住居のFRAGMENTS
米子高専　まちリビング —— アクションスタディによるつながりの再生
審査員特別賞
小山高専　THE PARK

会場審査賞
岐阜高専　学びの森

ものづくりコンペティション
課題テーマ「『ひと』と動物の『つながり』が見える動物園ファニチャー」
審査員：内田文雄
最優秀賞（周南市長賞）
米子高専　play ＊ search
優秀賞（日刊建設工業新聞社賞）
都城高専　primitive
豊田高専　Marking Another Animals
審査員特別賞
デザイン賞：米子高専　カク・レン・Board
技術賞：徳山高専　アニ＝スタ（アニマル＝スタンド）
アイデア賞：明石高専　くるりん

構造デザインコンペティション
課題テーマ「ブリッジコンテスト」
審査員：長井正嗣ほか3人
最優秀賞（文部科学大臣賞）
米子高専　オリガネ、米子ブリッジ
優秀賞
松江高専　スサノオ、ブリッジ・ヘキサゴン
和歌山高専　ステンレスモンスター、パスタモンスター
審査員特別賞
構造賞：松江高専　スサノオ
Gold Coast Prize
デザイン賞：釧路高専　トルデラート

環境デザインコンペティション
課題テーマ「みちのあかり —— LED de Eco Road」
審査員：牛山泉ほか3人
最優秀賞（国土交通大臣賞）
松江高専　世界遺産「石見銀山街道」を照らすLEDラトウ
優秀賞
豊田高専　そふぁみれどーろ
徳山高専　Pole Signal
審査員特別賞
デザイン賞：呉高専　シロシマの夜に咲くタンポポ
アイデア賞：米子高専　照り照ルボード
　　　　　—— ヒト×オト×ヒカリ

第5回　2008年 高松大会
（主管校：高松高専）
メインテーマ「共生と再生」

空間デザインコンペティション
課題テーマ「中心街再生のための交流拠点の提案」
審査員：佐藤滋ほか2人
最優秀賞（香川県知事賞）
米子高専　でこぼこうじ —— 凸凹＋小路
優秀賞
岐阜高専　START FROM JOB STATION
明石高専　森のマーケット
審査員特別賞
デザイン賞：小山高専　祇園通り商店街
アイデア賞：米子高専　エネルギー・ステーション
　　　　　—— 後世に残したい車社会

構造デザインコンペティション
課題テーマ「ブリッジコンテスト」
審査員：加藤史郎ほか2人
最優秀賞（文部科学大臣賞）
米子高専　（静的耐力）vvp（グール：橋）、（傾斜耐力）Simple Canti
優秀賞
大阪府立大学高専　（静的耐力）Reverse arch Bridge、（傾斜耐力）橋下郷
福井高専　（静的耐力）Sharp!、（傾斜耐力）OVER THE RAINBOW
審査員特別賞
構造賞：福井高専　（静的耐力）Sharp!
デザイン賞：大阪府立大学高専　（傾斜耐力）橋下郷
日刊建設工業新聞社賞
秋田高専　（静的耐力）LE PONT DU BEC

環境デザインコンペティション
課題テーマ「郷土再生と環境保全の両立」
審査員：大橋昌良ほか2人
最優秀賞（国土交通大臣賞）
明石高専　あっ地　こっ地　しっ地　ばっ地　わーく
優秀賞
明石高専　ため池にチナンパを作ろう
米子高専　季の彩──大地に広がる万華鏡
審査員特別賞
デザイン賞：豊田高専　みそにこみ
アイデア賞：豊田高専　うまれかわるまち

ものづくりコンペティション
課題テーマ「地域と人間の共生に向けて」
審査員：福田知弘ほか4人
最優秀賞（高松市長賞）
サレジオ高専　Town's Heart
優秀賞
米子高専　オーシャンパシフィックピース2008
米子高専　Reincarnation
審査員特別賞
アイデア賞：宮城高専　伝灯

第6回　2009年　豊田大会
（主管校：豊田高専）
メインテーマ「やさしさ」

空間デザインコンペティション
課題テーマ「景観と人にやさしい住まい」
審査員：竹原義二ほか2人
最優秀賞（愛知県知事賞）
米子高専　境界線からボリュームへ
　　　　　──郊外進行形の保存
優秀賞
明石高専　Edible Façade
小山高専　床のち庭　ときどき田んぼ。
審査員特別賞
豊田高専　築く家──築かれる風景
有明高専　帰路

構造デザインコンペティション
課題テーマ「3点支持ブリッジコンテスト」
審査員：長井正嗣ほか2人
最優秀賞（文部科学大臣賞）
米子高専　極
優秀賞
新居浜高専　デルタブリッジ
豊田高専　No, モーメント　Yes, 軸力！
審査員特別賞
石川高専　YUKI*TREE
呉高専　三3（きゅーびっく・すりー）
日刊建設工業新聞社賞
福島高専　Rock Bridge

環境デザインコンペティション
課題テーマ「環境にやさしい水質浄化コンテスト」
審査員：大東憲二ほか2人
最優秀賞（国土交通大臣賞）
八戸高専　おんでやんせ八戸
優秀賞
和歌山高専　意外と濾すんで酢（イガイトコスンデス）
米子高専　バグフィルター ZERO
審査員特別賞
明石高専　はなさか装置
米子高専　卵について本気出して考えてみた
　　　　　──活性炭に下克上！

ものづくりコンペティション
課題テーマ「国産材でつくる遊具」
審査員：稲本正ほか2人
最優秀賞（豊田市長賞）
豊田高専　ツナグハコ
優秀賞
サレジオ高専　地球危機一髪
豊田高専　エコツリー
審査員特別賞
石川高専　SCHOOL OF FISH
都城高専　ランダとフウガ

第7回　2010年　八戸大会
（主管校：八戸高専）
メインテーマ「もったいない」

空間デザインコンペティション
課題テーマ「未来の世界のエコ型リビング」
審査員：野沢正光ほか2人
最優秀賞（青森県知事賞）
明石高専　おっきいゆか
優秀賞
小山高専　MACHINAKA LIVING
明石高専　ちくたく
審査員特別賞
小山高専　繋がりの丘
呉高専　MINI LIFE

構造デザインコンペティション
課題テーマ「どこでもブリッジ」
審査員：山田聖史ほか2人
最優秀賞（国土交通大臣賞）
新居浜高専　BB（Beautiful Bridge）
優秀賞
米子高専　SAP5
和歌山高専　技
審査員特別賞
徳山高専　らち☆すた
金沢高専　D・ブリッジ
日刊建設工業新聞社賞
石川高専　てら・つながる

環境デザインコンペティション
課題テーマ「エコKnowledgeを未来へ」
審査員：石田秀輝ほか2人
最優秀賞（文部科学大臣賞）
米子高専　ANAGRAMオモイデノコウカン
優秀賞
鹿児島高専　焼酎蒸留粕を用いた多機能エコポット
呉高専　段暖──瀬戸の知恵
審査員特別賞
八戸高専　BEST SENSE──だぐめぐ
徳山高専　生活排水で発電
　　　　　──明かりをつけちゃおう！

ものづくりコンペティション
課題テーマ「日用品のuniversal design」
審査員：渡邊政嘉ほか2人
最優秀賞（八戸市長賞）
豊田高専　よりどころ
優秀賞
サレジオ高専　flamo
サレジオ高専　PUNK
審査員特別賞
阿南高専　ほたっち
明石高専　colorful wall
　　　　　──何でも、誰でも、どこにでも

第8回　2011年　北海道大会
（主管校：釧路高専）
メインテーマ「ひらく」

空間デザインコンペティション
課題テーマ「地域にひらかれたサテライトキャンパス」
審査員：斉藤浩二ほか2人
最優秀賞（北海道知事賞）
明石高専　LAVARATORY──local foothold
優秀賞
豊田高専　壁を開いてみると
　　　　　──地域と高専の交わりの場
呉高専　島・こらぼ──過疎の島と高専生
審査員特別賞
米子高専　ひかりキャンパス──世界にひらく
秋田高専　バスで行こう

構造デザインコンペティション
課題テーマ「片持ち構造物の強度コンテスト」
審査員：長井正嗣ほか2人
最優秀賞（国土交通大臣賞）
米子高専　北の和
優秀賞
米子高専　月下美人
新居浜高専　Foxtail
審査員特別賞
都城高専　霧島──Kirishima
徳山高専　麒麟
日刊建設工業新聞社賞
松江高専　非力な長い腕

環境デザインコンペティション
課題テーマ「地場素材を用いたセルフビルドハウス」
審査員：五十嵐淳ほか2人
最優秀賞（文部科学大臣賞）
明石高専　天木ボボ
優秀賞
舞鶴高専　竹志
徳山高専　灯籠の家

審査員特別賞
米子高専　しめり風ノ訪問者
呉高専　練家
　　　　──瀬戸内にたてるセルフビルドハウス

ものづくりコンペティション
課題テーマ「紙で作る楽器」
審査員：西川辰美ほか2人
最優秀賞（釧路市長賞）
サレジオ高専　OPEN TREE
優秀賞
呉高専　Tongue Box
明石高専　KAIKAする楽器
審査員特別賞
釧路高専　アイヌの楽器
明石高専　一年の中で

第9回　2012年　小山大会
（主管校：小山高専）
メインテーマ「デザインが起つ」

空間デザインコンペティション
課題テーマ「EARTHECTURE 天と地の間に」
審査員：栗生明ほか2人
最優秀賞（栃木県知事賞）
小山高専　もっと近く、もっと遠く
優秀賞
米子高専　うつろいの砂
仙台高専（名取）　都市の栖
審査員特別賞
明石高専　100年の防波堤
呉高専　Der Wirbel 渦

構造デザインコンペティション
課題テーマ「デザイン・コストに配慮した橋
　　　　　　──単純支持橋の軽量化コンテスト」
審査員：山田聖史ほか2人
最優秀賞（国土交通大臣賞）
米子高専　ABS 47号
優秀賞
小山高専　Reinforce After
松江高専　アッキー
都城高専　さよならさんかく　またきてしかく
審査員特別賞
新居浜高専　SECTOR
米子高専　撫子☆KTN
日刊建設工業新聞社賞
都城高専　大の字

環境デザインコンペティション
課題テーマ「身近なエネルギーで心豊かな生活環境を」
審査員：高橋健彦ほか2人
最優秀賞（文部科学大臣賞）
釧路高専　ふっと＊ほっとらいと
優秀賞
徳山高専　豪雪地帯の家
石川高専　うみほたる
審査員特別賞
阿南高専　波力・風力発電でスマート漁業
呉高専　街角どこでもパラソル

ものづくりコンペティション
課題テーマ「元気にさせる地域特産おもちゃ」
審査員：福田哲夫ほか2人
最優秀賞（小山市長賞）
サレジオ高専　江戸線香
優秀賞
豊田高専　願いまして、四目並べ。
釧路高専　サバクラアニマル
審査員特別賞
明石高専　NASCER
木更津高専　落花生割りコロ

第10回　2013年　米子大会
（主管校：米子高専）
メインテーマ「かえる」

空間デザイン部門
課題テーマ「未来の町屋商店街」
審査員：貝島桃代ほか2人
最優秀賞（日本建築家協会会長賞）
石川高専　Over the Canal　路地と水路のある風景
　　　　　──せせらぎ通り商店街
優秀賞
米子高専　蔵郷コミュニティー
仙台高専（名取）　花火と生きるまち大曲
審査員特別賞

米子高専　Rentable＝120%
熊本高専(八代)　引出町家

構造デザイン部門
課題テーマ「4点支持構造物の耐荷力コンテスト」
審査員：丸山久一ほか3人
最優秀賞(国土交通大臣賞)
米子高専　火神岳の希
優秀賞
米子高専　阿弥陀川及水澄
小山高専　Reinforce Tristar
審査員特別賞
舞鶴高専　橋たちぬ──耐えねば
石川高専　りったいパズル
日刊建設工業新聞社賞
仙台高専(名取)　上遠野流・手裏剣
　　　　──よみ「がえる」

環境デザイン部門
課題テーマ「もっと豊かな湯のまち」
審査員：山崎亮
最優秀賞(文部科学大臣賞)
釧路・米子・サレジオ高専　日本一友だちの多い街
皆生！へ

優秀賞
阿南・米子・大阪府立大学高専　ボードウォーク
仙台(名取)・明石・有明高専　松葉ガニが結ぶ地域
のつながり

審査員特別賞
阿南・石川高専　Try!! Athlon!! 3つの競技で地域こ
うけん
釧路・阿南高専　高齢促進街
阿南・サレジオ・明石高専　皆生とトモに

創造デザイン部門(ものづくり部門)
課題テーマ「エンジニアリング・デザインを学ぶため
の子どもワークショップを考える」
審査員：ムラタチアキほか2人
最優秀賞(全国高専連合会会長賞)
明石高専　まちカードばとる!!
優秀賞
釧路高専　Made in earth！(アースバック秘密基地)
米子高専　僕の私の秘密基地をつくっちゃおう！
(自分たちだけの秘密基地を作ろう!!)
審査員特別賞
呉高専　アーチボックス
サレジオ高専　かさでアート
舞鶴高専　目で見えるようで見えない木(目だけで
は見えない木の魅力)

第11回　2014年　やつしろ大会
(主管校：熊本高専(八代))
メインテーマ「よりそう」

空間デザイン部門
課題テーマ「地域でつくる、人とつくる」
審査員：伊東豊雄ほか2人
最優秀賞(日本建築家協会会長賞)
熊本高専(八代)　○range ○ché
優秀賞
石川高専　＋α日間　1%のはたらき
米子高専　ベタ漕ぎ坂──島根と鳥取をつなぐ架
け橋を自転車で走破する
審査員特別賞
舞鶴高専　唯一の景色
明石高専　消えゆく十四の集落と育ちゆく十四の思
ひ出

構造デザイン部門
課題テーマ「エネルギータワーコンテスト」
審査員：齊藤大樹ほか3人
最優秀賞(国土交通大臣賞)
米子高専　捩摺
優秀賞
徳山高専　百折不撓
秋田高専　thread
審査員特別賞
八戸高専　馬淵川ノ竹蜻蛉
石川高専　いいがんなっタワー
日刊建設工業新聞社賞
米子高専　unity tower

環境デザイン部門
課題テーマ「水と生きる、水が生きる」
審査員：木村尚ほか2人
最優秀賞(文部科学大臣賞)
サレジオ高専　カワアカシ
優秀賞

熊本高専(八代)　水辺の暮らし
熊本高専(八代)　はねやすめ
　　　　──親水を促す「川の駅」
審査員特別賞
豊田高専　雪の住処──多雪都市における雪箱によ
る雪エネルギー活用
石川高専　潟と人を繋ぐ──内灘役場前「観賞用池」
を「ちいさな河北潟」に

第12回　2015年　和歌山大会
(主管校：和歌山高専)
メインテーマ「ささえる」

空間デザイン部門
課題テーマ「地域強靭化のための道の駅のデザイン」
審査員：高砂正弘ほか2人
最優秀賞(日本建築家協会会長賞)
熊本高専(八代)　かしこみ　かしこみ　水神様
優秀賞
有明高専　つなぐおもてなし──都会の道の駅
釧路高専　道の駅・汽車の駅・川の駅　とうろ
審査員特別賞
舞鶴高専　Bicycle Station
　　　　──自転車がつなぐ地域の未来
米子高専　ダイコン発　なかうみらいん
石川高専　Portal──塔がつなぐ八の端初

構造デザイン部門
課題テーマ「メタルブリッジコンテスト」
審査員：岩崎英治ほか3人
最優秀賞(国土交通大臣賞)
米子高専　叶和夢
優秀賞
徳山高専　織月
徳山高専　美環
日刊建設工業新聞社賞
新居浜高専　銅夢橋
審査員特別賞
舞鶴高専　バケモノの弧
小山高専　Reinforce FRAME
都城高専　MIYAMA

創造デザイン部門
課題テーマ「生活環境を災害から守る」
審査員：細川恭史ほか2人
最優秀賞(文部科学大臣賞)
明石高専　酒蔵を守り、酒蔵に守られる
優秀賞
米子高専　人は城！人は石垣！人は堀!!
仙台高専(名取)　祭りで地域強靭化、参加で住民協
力化
審査員特別賞
明石高専　今日から君も「おはしも」ファイターだ!!
和歌山高専　Challenge by rain water
　　　　──人を守る雨水

AMデザイン部門(秋大会)
課題テーマ「フライングプレーンⅡ」
審査員：岸浪建史ほか2人
最優秀賞
沼津高専　Swallow Hornet
優秀賞
一関高専　TSUBAME
呉高専　ARATA号
審査員特別賞
旭川高専　鳳
和歌山高専　S-3KT

2015年 AMデザイン部門夏大会
(主管校：八戸高専、仙台高専)
課題テーマ「IT関連グッズ」
審査員：田中浩也ほか5人
最優秀賞
東京都立産業技術高専[A]　パチッとシステム
優秀賞
木更津高専[A]　電脳トマト
特別賞
八戸高専[B]　高血圧予防スマートグリップ
鶴岡高専[B]　晴山水
岐阜高専[A]　スマホケース〈奏〉
奨励賞
函館高専[A]　by 3Digitizing(mimi)
八戸高専[A]　Helen(Help English Manual
Alphabet)
秋田高専[A]　SMART HEAT
鶴岡高専[A]　Jig Sounds
北九州高専[A]　BattleBot(バトルボット)

第13回　2016年　高知大会
(主管校：高知高専)
メインテーマ「『はちきん』と『いごっそう』」

空間デザイン部門
課題テーマ「あたりまえをReスタート」
審査員：長坂常ほか2人
最優秀賞(日本建築家協会会長賞)
有明高専　さるきどころ
優秀賞
米子高専　隠岐ノ島、里帰り難民ヲ救エ
　　　　──シェア実家はじめました
明石高専　揺蕩う生死境
審査員特別賞
熊本高専(八代)　ノコスカナラズ──地震により
気づかされた大切なもの
大阪府立大学高専　らせん──「未来型バイク」を用
いた自立支援型ショッピング
モール

構造デザイン部門
課題テーマ「丈夫で美しいブリッジ」
審査員：齊藤大樹ほか2人
最優秀賞(国土交通大臣賞)
呉高専　最善線──さいぜんせん
優秀賞
徳山高専　結美弦──ゆみづる
呉高専　捲土橋来
日刊建設工業新聞社賞
徳山高専　透ヶ織──すきがおり
審査員特別賞
八戸高専　東奥の琥珀
鹿児島高専　桜島 Bridge

創造デザイン部門
課題テーマ「ふるさと創生×企画力」
審査員：松崎了三ほか2人
最優秀賞(文部科学大臣賞)
石川高専　旅先になる、あなたの「ふるさと」
優秀賞
仙台高専(名取)　届ける、灯す、紡ぐ
　　　　──白石環紙っぷ「かたくら」号
サレジオ高専　東京やさいくる
総合資格賞
豊田高専　Waterization City
　　　　──Water×Mortorization
審査員特別賞
仙台高専(名取)　防潮堤──海と陸をつなぐ
大阪府立大学高専　流域調整池の有効利用 ふるさ
と創生企画──地方に商業は根
付くのか

AMデザイン部門
課題テーマ「安心・安全アイテム開発」
審査員：田中浩也ほか2人
最優秀賞(経済産業大臣賞)
石川高専[B]　Myブックエンドサービス
優秀賞
東京都立産業技術高専(品川)[B]　傘Clip
函館高専　BoonBon──あるようでなかった新し
いしゃぼん玉です
審査員特別賞
旭川高専[A]　スプロケット間隔零
北九州高専　光太郎
　　　　──ウインカー×ナビ＝安全×便利

プレデザコン部門
課題テーマ「気になる「もの」」
最優秀賞(科学技術振興機構(JST)理事長賞)
明石高専　異人館カフェ(空間デザイン・フィールド)
優秀賞(科学技術振興機構(JST)理事長賞)
豊田高専　The Earth on the Moon
　　　　(構造デザイン・フィールド)
サレジオ高専　鉛筆が向かい合っているDESIGN
マーク
　　　　(創造デザイン・フィールド)

第14回　2017年　岐阜大会
(主管校：岐阜高専)
メインテーマ「デザインが天下を制する」

空間デザイン部門
課題テーマ「物語(ナラティブ)を内在する空間」
審査員：宇野求ほか2人
最優秀賞(日本建築家協会会長賞)
仙台高専(名取)　杜ヲ　温ネテ　森ヲ　想フ
優秀賞
明石高専　古い土地の新しい夜明け

明石高専　時とともに…
　　　　——7つのトキと地域の子育て空間
審査員特別賞
有明高専　じじばばは上をゆく
石川高専　あふれだす児童館

構造デザイン部門
課題テーマ「そこのけそこのけ、王者が通る」
審査員：岩崎英治ほか2人
最優秀賞（国土交通大臣賞）
徳山高専　紡希
優秀賞
小山高専　Reinforce B
優秀賞（日本建設業連合会会長賞）
福島高専　剛橋無双
審査員特別賞
米子高専　礎
呉高専　再善線
日刊建設工業新聞社賞
松江高専　真円軍扇

創造デザイン部門
課題テーマ「地産地"興"」
審査員：箕浦秀樹ほか2人
最優秀賞（文部科学大臣賞）
秋田高専　竿燈見に来てたんせ
優秀賞
仙台高専（名取）　うらとのさち・あらたなかち
仙台高専（名取）　イノシシと共存、丸森で共存
審査員特別賞
岐阜高専　地域住民が運営するコミュニティカフェ
　　　　——本巣市北部地域を対象として
石川高専　雨のち、金沢　のちのち金沢
総合資格賞
舞鶴高専　健輪のムコウ

AMデザイン部門
課題テーマ「安心・安全アイテム開発」
審査員：新野俊樹ほか2人
最優秀賞（経済産業大臣賞）
函館高専　Fantasistar
優秀賞
弓削商船高専　安心はかり「確認くん」
石川高専[A]　Bright
審査員特別賞
苫小牧高専　柄ノ器——雪かきから変える北海道の冬
木更津高専　アクティブマスク

プレデザコン部門
課題テーマ「気になる『もの』」
最優秀賞（科学技術振興機構（JST）理事長賞）／一般投票優秀賞
石川高専　虫避AP——アミドレス
　　　　（AMデザイン・フィールド）
優秀賞（科学技術振興機構（JST）理事長賞）
長野高専　風（空間デザイン・フィールド）
サレジオ高専　TOMAMORI AMAMIKUN
　　　　——可動式防潮堤
　　　　（構造デザイン・フィールド）
岐阜高専　忘れまぺン——WASUREMA-PEN
　　　　（AMデザイン・フィールド）

第15回　2018年 北海道大会
（主管校：釧路高専）
メインテーマ「守破離」

空間デザイン部門
課題テーマ「発酵する空間、熟成する空間」
審査員：鯵坂徹ほか2人
最優秀賞（日本建築家協会会長賞）
米子高専　集落まるごと町役場
優秀賞
石川高専　他所の市　此処の市
小山高専　ヤマサ
　　　　——煙突の煙が幸せのかけらを報せる
審査員特別賞
熊本高専（八代）　これからも、宮地んこどもの百貨店
舞鶴高専　眺める味わう感じる。わたしたちはこれ
　　　　からもカバタと生きる。

構造デザイン部門
課題テーマ「より美しく、より強く」
審査員：中澤祥二ほか2人
最優秀賞（国土交通大臣賞）
米子高専　麗瓏
優秀賞
呉高専　思伝一線
優秀賞（日本建設業連合会会長賞）

米子高専　流々——ruru
審査員特別賞
徳山高専　国士夢想
鹿児島高専　チェストォー橋
日刊建設工業新聞社賞
仙台高専（名取）　橋らしい橋を目指して

創造デザイン部門
課題テーマ「地方発進！『脱・横並び』」
審査員：田村亨ほか2人
最優秀賞（文部科学大臣賞）
明石高専　杉板を焼いて黒くする！ビジネス
　　　　——但馬・丹後の日本海沿岸の建物に活用するために
優秀賞
秋田高専　堀を語ろう——秋田市佐竹小路のクリエーターによるまちづくり
舞鶴高専　舞鶴行動
審査員特別賞
都城高専　みんなでつくる集いの蔵——宮崎県都城市庄内町・社会実装プロジェクト
岐阜高専　福祉×農園——園児と高齢者の楽しい農業
総合資格賞
石川高専　下ента から始まり駅に向かう
　　　　——六の段階で津幡町が変わるまで

AMデザイン部門
課題テーマ「スポーツ支援アイテム開発」
審査員：新野俊樹ほか2人
最優秀賞（経済産業大臣賞）
津山高専　Tリーグファン養成ギブス
優秀賞
福井高専[C]　サウンドディスク——ディスク周りの流れる空気をキャッチ
仙台高専（名取）[A]　変幻自在！みんなが「ハニカム」サポーター
審査員特別賞
弓削商船高専　ダーツ競技のための3Dプリントシステム
茨城高専　円盤投射機

プレデザコン部門
課題テーマ「気になる『もの』」
最優秀賞（科学技術振興機構（JST）理事長賞）／一般投票優秀賞
明石高専　BOOK AND BED TOKYO「泊まれる本屋®」（空間デザイン・フィールド）
優秀賞（科学技術振興機構（JST）理事長賞）
長野高専　自然に呼応する図書館
　　　　（空間デザイン・フィールド）
サレジオ高専　Modern.TOKYO
　　　　（創造デザイン・フィールド）
サレジオ高専　Human——運搬用ドローンとケアロボット（AMデザイン・フィールド）

第16回　2019年 東京大会
（主管校：東京都立産業技術高専（品川））
メインテーマ「新『五輪書』——『デザイン』の奥義を究めよ」

空間デザイン部門　新『五輪書』地之巻
課題テーマ「多文化共生空間の創出」
審査員：柴崎恭秀ほか2人
最優秀賞（日本建築家協会会長賞）
秋田高専　CRUMBLE
　　　　——個と都市をつなぐ線的な集団形成
優秀賞
石川高専　多様面が囲う宿
仙台高専（名取）　うけたもう
　　　　——継ギ接ギ絢ッテイク
審査員特別賞
呉高専　共生の躯体——日本で生きる外国人のためのスタートアップ施設
仙台高専（名取）　「いずぬま」テリトーリオ

構造デザイン部門　新『五輪書』水之巻
課題テーマ「カミってる!!」
審査員：岩崎英治ほか2人
最優秀賞（国土交通大臣賞）
米子高専　逕弓
優秀賞
米子高専　金剛扇
優秀賞（日本建設業連合会会長賞）
モンゴル高専　信憑
審査員特別賞
呉高専　海凪——MINAGI
徳山高専　双穹
日刊建設工業新聞社賞

石川高専　双舞
創造デザイン部門　新『五輪書』火之巻
課題テーマ「彼を知り、己を知る——未来につながる持続可能な地元創生」
審査員：西山佳孝ほか2人
最優秀賞（文部科学大臣賞）
米子高専　森になる、私たちの「地元」
　　　　——緑から始まるまちづくり
優秀賞
岐阜高専　"Life" saver 川の家
石川高専　公「民宿」館——長町における高齢者のネットワーク支援
審査員特別賞
サレジオ高専　はちめいく——八王子をめいくする
釧路高専　花のアポイ再生プロジェクト
総合資格賞
明石高専　レンガ映画館——近代化産業遺産のリノベーション

AMデザイン部門　新『五輪書』風之巻
課題テーマ「社会的弱者に向けたスポーツ支援アイテム開発」
審査員：今井公太郎ほか2人
最優秀賞（経済産業大臣賞）
神戸市立高専　剣道防具型
優秀賞
神戸市立高専　オリジナルディスク
審査員特別賞
福井高専　Fitoss——Fit＋Toss トス上げ用義手
鶴岡高専　AnySkate

プレデザコン部門　新『五輪書』空之巻
課題テーマ「気になる『もの』」
最優秀賞（科学技術振興機構（JST）理事長賞）
仙台高専（名取）　最期の記憶 銀山温泉
　　　　（空間デザイン・フィールド）
サレジオ高専　mind connection sendai
　　　　（創造デザイン・フィールド）
津山高専　Collon（AMデザイン・フィールド）
優秀賞（全国高等専門学校連合会会長賞）
小山高専　一期一会（空間デザイン・フィールド）
サレジオ高専　ずーっと、わせねーっちゃ
　　　　（創造デザイン・フィールド）
特別賞（全国高等専門学校デザインコンペティション実行委員会会長賞）
岐阜高専　ハイタウン北方
　　　　（空間デザイン・フィールド）
国際高専　co-op hope（創造デザイン・フィールド）
津山高専　発条の奴（AMデザイン・フィールド）

第17回　2020年 名取大会
（主管校：仙台高専（名取））
メインテーマ「ゆい」

空間デザイン部門
課題テーマ「こどもパブリック」
審査員：西田司ほか2人
最優秀賞（日本建築家協会会長賞）
仙台高専（名取）　コドモノママデ
優秀賞
米子高専　町を横断する遊び
熊本高専（八代）　ヒナガ コドモ びじゅつかん
審査員特別賞
仙台高専（名取）　すみかへ
仙台高専（名取）　蔵ster
建築資料研究社／日建学院賞
石川高専　いで湯この地に大田楽の時を編む

構造デザイン部門
課題テーマ「由緒と由来——素材とかたち」
審査員：中澤祥二ほか2人
最優秀賞（国土交通大臣賞）
米子高専　琥白鳥
優秀賞（日本建設業連合会会長賞）
呉高専　夢双
優秀賞
秋田高専　さどめんこ　二〇二〇
審査員特別賞
豊田高専　SANK"AKU
鹿児島高専　桜島BridgeⅡ
日刊建設工業新聞社賞
松江高専　葉紙

創造デザイン部門
課題テーマ「新しい結のかたち——持続可能な地域創生」
審査員：西山佳孝ほか2人

最優秀賞(文部科学大臣賞)
明石高専　一円電車でつなぐ
優秀賞
石川高専　よぼしむすび
石川高専　めぐる地域の玄関── 小規模特認校から広がる新しい結のかたち
審査員特別賞
明石高専　塩屋おすわけバザール── リノベーションで醸成するまちづくりの提案
近畿大学高専　名張の水路発見── 子供の遊び場ふたたび
名取市長賞
仙台高専(名取)　架ける和紙、染まるまち

AMデザイン部門
課題テーマ「唯へのこだわり」
審査員:今井公太郎ほか2人
優秀賞
函館高専　MG

プレデザコン部門
課題テーマ「形而上」
最優秀賞(科学技術振興機構〈JST〉理事長賞)
石川高専　禅と無(空間デザイン・フィールド)
明石高専　呉の暮れ(創造デザイン・フィールド)
津山高専　Podd(AMデザイン・フィールド)
優秀賞(全国高等専門学校連合会会長賞)
秋田高専　国際教養大学『中嶋記念図書館』── 365日眠らない図書館(空間デザイン・フィールド)
長岡高専　An Exquisite Sunset(創造デザイン・フィールド)
津山高専　Collon 2(AMデザイン・フィールド)
特別賞(全国高等専門学校デザインコンペティション実行委員会会長賞)
岐阜高専　貝殻ホテル(空間デザイン・フィールド)
秋田高専　COMPASS(創造デザイン・フィールド)
鶴岡高専　単位号(AMデザイン・フィールド)

第18回　2021年 呉大会
(主管校:呉高専)
メインテーマ「Restart」

空間デザイン部門
課題テーマ「住み継がれるすまい」
審査員:三分一博志ほか2人
最優秀賞(日本建築家協会会長賞)
熊本高専(八代)　い草と人のよりどころ── 網掛け建築でつながる・広がる新しい草農家のかたち
優秀賞
明石高専　新風の蔵れ家── 瓦工場と空き家をみんなの「ハナレ」ヘコンバージョン
仙台高専(名取)　祭転成
審査員特別賞
豊田高専　蓄える建築
鹿児島高専　Connection With the EARTH── 活力は大地から
建築資料研究社/日建学院賞
米子高専　自給自足の島

構造デザイン部門
課題テーマ「鉄球の再来」
審査員:岩崎英治ほか2人
最優秀賞(国土交通大臣賞)
米子高専　双龍
優秀賞(日本建設業連合会会長賞)
徳山高専　和魁
優秀賞
舞鶴高専　おちねぇわ
審査員特別賞
明石高専　魁
呉高専　繋── KEI
日刊建設工業新聞社賞
新モンゴル高専　隼── FALCON
三菱地所コミュニティ賞
IETモンゴル高専　光る蓮

創造デザイン部門
課題テーマ「再出発!── 持続可能な再興を目指して」
審査員:西山佳孝ほか2人
最優秀賞(文部科学大臣賞)
明石高専　「どうぞ」から蘇るまち── 古参と新規の相生い
優秀賞
仙台高専(名取)　かだれ山王── 映画×きびそで盛り上げる山王商店街

石川高専　Pポート×木の文化都市── 住宅街の公共交通・拠点空間から広がるコミュニティ空間の醸成
審査員特別賞
明石高専　こなもんが紡ぐ長田の未来── 「長田焼きって知っとぉ～？」
仙台高専(名取)　りらいふつちゆ
クボタ賞
舞鶴高専　自然も水も元気に！水路がつなぐ！陸のめぐみを海へ

AMデザイン部門
課題テーマ「ついでに解決しよう！」
審査員:浜野慶一ほか2人
優秀賞
仙台高専(名取)　Circu-up
神戸市立高専　アンブレ螺
審査員特別賞
福井高専　光って充電ためるくん
旭川高専　ChariVT-Generator
呉市長賞
弓削商船高専　家トレ発電装置

プレデザコン部門
課題テーマ「みらい」
最優秀賞(科学技術振興機構〈JST〉理事長賞)
近畿大学高専　六華苑(空間デザイン・フィールド)
東京都立産業技術高専(品川)　紙ヒコウキ(創造デザイン・フィールド)
津山高専　Dia(AMデザイン・フィールド)
優秀賞(全国高等専門学校連合会会長賞)
長野高専　木曽の大橋 奈良井宿── 未来への架け橋(空間デザイン・フィールド)
サレジオ高専　The Bird Soars Ariake(創造デザイン・フィールド)
鶴岡高専　まり鶴(AMデザイン・フィールド)
特別賞(全国高等専門学校デザインコンペティション実行委員会会長賞)
仙台高専(名取)　奈良井宿(空間デザイン・フィールド)
サレジオ高専　有り明けの海を泳げ、未来へ。(創造デザイン・フィールド)
鈴鹿高専　はことっつぉ── 分銅を添えて(AMデザイン・フィールド)

第19回　2022年 有明大会
(主管校:有明高専)
メインテーマ「NEW!!」

空間デザイン部門
課題テーマ「2040年集いの空間」
審査員:末廣香織ほか3人
最優秀賞(日本建築家協会会長賞)
石川高専　還りみち── 暮らしを紡ぐ「みち」
優秀賞
明石高専　神鉄八百号── 線路でつながる人々の暮らし
石川高専　Plot
審査員特別賞
呉高専　響── 2040年、「学びと遊び」、「地域住民と外国人技能実習生」の共鳴を起こす
仙台高専(名取)　和気藹味
建築資料研究社/日建学院賞
有明高専　空博のつながり
三菱地所コミュニティ賞
米子高専　しょーにん通り── ただいま学校に帰りました

構造デザイン部門
課題テーマ「新たなつながり── ふたつでひとつ」
審査員:中澤祥二ほか2人
最優秀賞(国土交通大臣賞)
米子高専　火神岳
優秀賞(日本建設業連合会会長賞)
舞鶴高専　継手の濃厚接触
優秀賞
徳山高専　一繋
審査員特別賞
仙台高専(名取)　SIMPLE DIVIDING GOOD STRUCTURE
苫小牧高専　翼
日刊建設工業新聞社賞
呉高専　双嶺

創造デザイン部門
課題テーマ「新時代のデジタル技術へチャレンジ！── 3D都市モデル活用で見えてくる地方都市の未来」

審査員:吉村有司ほか2人
最優秀賞(文部科学大臣賞)
高知高専　まちから創るよさこい── PLATEAU×よさこい
優秀賞
明石高専　空き家にきーや！
有明高専　みかん農家の働き方改革── PLATEAUで一歩先の農業
審査員特別賞
仙台高専(名取)　星の絵を探しに
石川高専+福井高専　青空駐車場の育て方── 周辺住民が耕す小さな広場
クボタ賞
有明高専　空き家にお引越し── ペットと歩き、花を育てる 新しい公営住宅のかたち
吉村有司賞
釧路高専　まちまれ おさんぽ
木藤亮太賞
明石高専　リボーン・ジケマチ
PLATEAU(内山裕弥)賞
明石高専　ぶらっと寄れるアートの拠点 ニッケ社宅群

AMデザイン部門
課題テーマ「新しい生活様式を豊かにしよう！」
審査員:浜野慶一ほか2人
最優秀賞(経済産業大臣賞)
旭川高専　廻滑車輪アクロレス
優秀賞
仙台高専(名取)　No knock No stress── 次世代の多機能ペン！
東京都立産業技術高専(品川)　ホジ保持ホジー
審査員特別賞
岐阜高専　ショウドクリップ
神戸市立高専　COMFY CAST

プレデザコン部門
課題テーマ「この先へ!!」
最優秀賞(科学技術振興機構〈JST〉理事長賞)
呉高専　回遊── migration(空間デザイン・フィールド)
サレジオ高専　鶴汀鳧渚(創造デザイン・フィールド)
鶴岡高専　海月(AMデザイン・フィールド)
優秀賞(全国高等専門学校連合会会長賞)
秋田高専　恒久平和(空間デザイン・フィールド)
明石高専　舞って影和(創造デザイン・フィールド)
鶴岡高専　跳ねろべえ(AMデザイン・フィールド)
特別賞(全国高等専門学校デザインコンペティション実行委員会会長賞)
仙台高専(名取)　銀山温泉(空間デザイン・フィールド)
サレジオ高専　FROM NOW ON(創造デザイン・フィールド)
鶴岡高専　パラクッション(AMデザイン・フィールド)

第20回　2023年 舞鶴大会
(主管校:舞鶴高専)
メインテーマ「session── 新しい協働の形」

空間デザイン部門
課題テーマ「住まいのセッション」
審査員:横内敏人ほか2人
最優秀賞(日本建築家協会会長賞)
舞鶴高専　サンドイッチ・アパートメント── 3人の単身高齢者と5世帯の家族が暮らす家
優秀賞
岐阜高専　「よそ者」と「地域」を紡ぐ集合住宅
呉高専　個性が彩るみち── みちから広がる世帯間交流
審査員特別賞
明石高専　風立ちぬ仮寓
呉高専　開いて、閉じて。
建築資料研究社/日建学院賞
釧路高専　選択できる洗濯場── 霧の町釧路における新しい洗濯のあり方
三菱地所コミュニティ賞
岐阜高専　抽象と具象が生む居場所
エーアンドエー賞
明石高専　トマリギ── 災害と共生する暮らし

構造デザイン部門
課題テーマ「つどい支える」
審査員:岩崎英治ほか2人
最優秀賞(国土交通大臣賞)
米子高専　鳶鷲
優秀賞(日本建設業連合会会長賞)

舞鶴高専　白銀の応力
優秀賞
徳山高専　翼棟
審査員特別賞
有明高専　一部と全部
福島高専　ふぁみりぃ
日刊建設工業新聞社賞
舞鶴高専　押しの弧——コンセプト×最適な分割

創造デザイン部門
課題テーマ「デジタル技術を用いたwell-beingに向けての都市と地方の融合」
審査員：吉村有司ほか2人
最優秀賞（文部科学大臣賞）
石川高専　たかが「雪かき」されど「雪かき」
　　　　　　——よそ者が担う地域文化の継承
優秀賞
舞鶴高専　PLAっと農業
明石高専　マホロバ——次元を超えたまちづくり
審査員特別賞
明石高専　いただきま～す！
有明高専　有明計画2050——Ariake Utopia
吉村有司賞
明石高専　水鞠
内山裕弥賞
都城高専　ぶらっと～　RINOBUる
　　　　　　——デジタル融合が生む日南の未来
塚本明日香賞
明石高専　いなみのいきもの万博
　　　　　　——ため池を未来につなぐために

AMデザイン部門
課題テーマ「新しい生活様式を豊かにしよう！Part2」
審査員：浜野慶一ほか2人
優秀賞
神戸市立高専　META MET
　　　　　　——3Dプリンタを活用した次世代ヘルメット
弓削商船高専　ディスポ持針器
審査員特別賞
仙台高専（名取）Crash・Marble
　　　　　　——拡張型ボードゲーム
弓削商船高専　トップナー

プレデザコン部門
課題テーマ「みんな、あつまれ！」
最優秀賞（科学技術振興機構（JST）理事長賞）
サレジオ高専　アビタ67団地
　　　　　　——Habitat67
　　　　　　（空間デザイン・フィールド）
福島高専　TUNAGARU TUNAGERU
　　　　　　（創造デザイン・フィールド）
津山高専　あつまる木（AMデザイン・フィールド）
優秀賞（全国高等専門学校連合会会長賞）
サレジオ高専　軍艦島（空間デザイン・フィールド）
舞鶴高専　growing up with ANAN
　　　　　　（創造デザイン・フィールド）
舞鶴高専　「五年の重ね」の塔（AMデザイン・フィールド）
特別賞（全国高等専門学校デザインコンペティション実行委員会会長賞）
舞鶴高専　NEW 京都駅（空間デザイン・フィールド）
松江高専　紬——Tumugi（創造デザイン・フィールド）
鶴岡高専　ご縁あってまたご縁
　　　　　　（AMデザイン・フィールド）

3次元ディジタル設計造形コンテスト[*1]

第1回　2008年　沼津大会
（主管校：沼津高専）
課題テーマ「マグネットダーツ発射装置」
審査員：岸浪建史ほか5人
優勝　釧路高専
準優勝　一関高専
3次元設計能力検定協会賞　長岡高専
特別賞　八代高専
　　　　　長野高専

第2回　2009年　沼津大会
（主管校：沼津高専）
課題テーマ「マグネットダーツ発射装置」
審査員：岸浪建史ほか7人
優勝　鹿児島高専
準優勝　岐阜高専
3次元設計能力検定協会賞　釧路高専
アイデア賞　函館高専
特別賞　茨城高専
審査員特別賞　明石高専
　　　　　長野高専
　　　　　沼津高専

第3回　2010年　長野大会
（主管校：長野高専）
課題テーマ「ビーズ・ポンプ」
審査員：岸浪建史ほか10人
優勝　鹿児島高専
準優勝　長岡高専
第3位　明石高専
第4位　沼津高専
第5位　長野高専
アイデア賞　明石高専
　　　　　苫小牧高専
特別賞　一関高専

第4回　2011年　北海道大会
（主管校：釧路高専）[*2]
課題テーマ「ビーズ・ポンプ」
審査員：岸浪建史ほか10人
優勝　釧路高専　ぽぽぽボーン・プ
準優勝　鹿児島高専　隼人ドルフィン
第3位　茨城高専　二刀流Linear Motion Pump
審査員特別賞　群馬高専　赤城嵐
　　　　　徳山高専　はこびにん
アイデア賞　一関高専　愛しのジェリー

3Dプリンタ・アイディアコンテスト[*5]

第1回　2014年　仙台大会
（主管校：八戸高専、仙台高専）
課題テーマ「IT関連グッズ」
審査員：千葉晶彦ほか5人
最優秀賞　北九州高専　スマートステッキ
優秀賞　石川高専　スタンド型全方位スピーカー
特別賞　木更津高専　バーチャルリアリティ脳観察
　　　　　　　　　　　ディスプレイ
　　　　　仙台高専（広瀬）Swallowtail
　　　　　　　　　　　Butterfly stand

第5回　2012年　明石大会
（主管校：明石高専）
課題テーマ「ポテンシャル・エネルギー・ビークル」
審査員：岸浪建史ほか7人
総合優勝　呉高専
総合2位　徳山高専
総合3位　茨城高専
最優秀設計技術賞　阿南高専
最優秀製作技術賞　呉高専
最優秀ポスター賞　阿南高専
最優秀作品賞　呉高専
CADコン大賞　徳山高専

第6回　2013年　米子大会
（主管校：米子高専）[*3]
課題テーマ「ポテンシャル・エネルギー・ビークル」
審査員：岸浪建史ほか2人
CADコン大賞（国立高専機構理事長賞）
茨城高専　Push out Machine
優秀賞　鹿児島高専　チェストイケ
　　　　　呉高専　F.O.D.
審査員特別賞
北九州高専　次世代ビークル：MONOWHEEL
熊本高専（八代）アース・ウィンド・アンド・ファイアー

第7回　2014年　やつしろ大会
（主管校：熊本高専〈八代〉）[*4]
課題テーマ「フライングプレーン」
審査員：岸浪建史ほか2人
CADコン大賞（国立高専機構理事長賞）
苫小牧高専　Jagd Schwalbe
優秀賞　阿南高専　ANAなん
　　　　　鹿児島高専　ひっとべっしー
審査員特別賞　明石高専　たこパルト
　　　　　旭川高専　ChikaPlaIn

[*1]：デザコン2015のAMデザイン部門（秋大会）、デザコン2016以降のAMデザイン部門の前身
[*2]：デザコン2011 in 北海道と同日開催
[*3]：デザコン2013 in 米子と同日開催
[*4]：デザコン2014 in やつしろと同日開催

奨励賞　呉高専　アクセサリー型イヤフォン
　　　　　米子高専　アドフェイン・スタンド
　　　　　岐阜高専　iヤPhoneケース
　　　　　秋田高専　マジックフィンガー

[*5]：デザコン2015のAMデザイン部門（夏大会）、デザコン2016以降のAMデザイン部門の前身

デザコン2024 阿南
official book
第21回全国高等専門学校デザインコンペティション

Collaborator:
全国高等専門学校デザインコンペティション2024 in 阿南　開催地委員会
阿南工業高等専門学校
箕島 弘二(実行委員長)、中村 厚信(実行副委員長)、松本 高志(実行副委員長)、森山 卓郎(統括責任者)、
吉村 洋(統括副責任者)、遠野 竜翁(統括副責任者)、錦織 浩文(統括副責任者)、松尾 麻里子(統括副責任者)、
増田 智仁(統括副責任者)

空間デザイン部門：多田 豊(部門長)、藤原 健志(副部門長)
構造デザイン部門：角野 拓真(部門長)、井上 貴文(副部門長)
創造デザイン部門：加藤 研二(部門長)、中島 一(副部門長)
AMデザイン部門：釜野 勝(部門長)、川畑 成之(副部門長)
プレデザコン部門：長田 健吾(部門長)、景政 柊蘭(副部門長)
ネットワーク担当：松浦 史法
ホームページ担当：園田 昭彦
事務局：山田 美由紀、増田 智仁、鈴木 智子、篠原 彩香

協力：阿南工業高等専門学校教職員、学生

全国高等専門学校デザインコンペティション専門部会
田村 隆弘(専門部会長／都城高専校長)、玉井 孝幸(幹事／米子高専)

一般社団法人全国高等専門学校連合会
大塚 友彦(会長／釧路高専校長)、福田 宏(事務局長)

写真協力：「デザコン2024 in 阿南」本選参加学生

Editorial Director: 鶴田 真秀子(あとりえP)
Co-Director: 藤田 知史
Art Director & Designer: 大坂 智(PAIGE)
Photographers: 坂下 智広、中川 敦玲、畑 耕(アトリエR)、畑 拓(畑写真店)、渡辺 洋司(わたなべ スタジオ)、
阿南高専教職員、阿南高専学生
Editorial Associates: 小杉 晴美、戸井 しゅん

Producer: 種橋 恒夫、三塚 里奈子(建築資料研究社／日建学院)
Publisher: 馬場 圭一(建築資料研究社／日建学院)

Special thanks to the persons concerned.

デザコン2024 阿南　official book
第21回全国高等専門学校デザインコンペティション

一般社団法人全国高等専門学校連合会 編
2025年4月25日　初版第1刷発行

発行所：株式会社建築資料研究社
〒171-0014　東京都豊島区池袋2-38-1 日建学院ビル 3F
Tel.03-3986-3239　Fax.03-3987-3256
https://www.ksknet.co.jp

印刷・製本：シナノ印刷株式会社

©一般社団法人全国高等専門学校連合会
2025 Printed in Japan

＊本書の無断複写・複製・転載を禁じます
ISBN978-4-86358-993-3

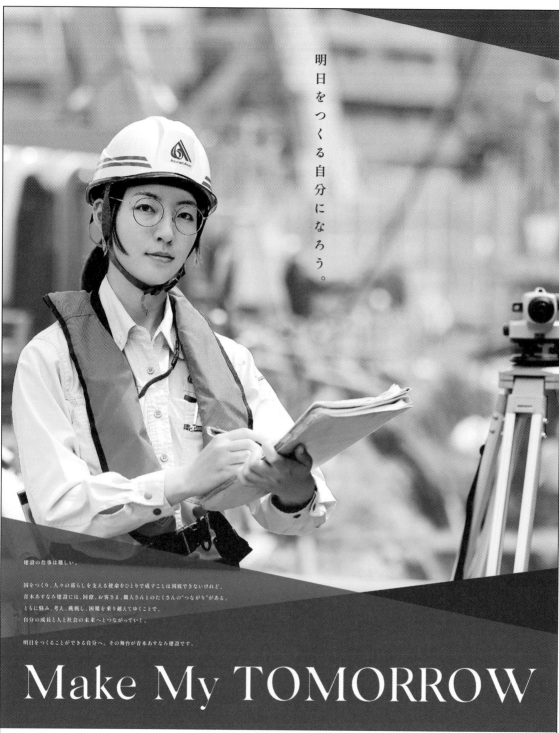

明日をつくる自分になろう。

建設の仕事は難しい。

国をつくり、人々の暮らしを支える使命をひとりで成すことは到底できないけれど、
青木あすなろ建設には、同僚、お客さま、職人さんとのたくさんの"つながり"がある。
ともに悩み、考え、挑戦し、困難を乗り越えてゆくことで、
自分の成長と人と社会の未来へとつながっていく。

明日をつくることができる自分へ。その舞台が青木あすなろ建設です。

Make My TOMORROW

人財育成グループ　TEL:03-5439-8503　

青木あすなろ建設は、大阪・関西万博の未来社会ショーケース「フューチャーライフ万博・未来の都市」ブロンズパートナーです。

浄水場の水質管理業務

浄水場・給水所の運転管理業務

水道管路の設計業務

水道管路の工事監督業務

あなたの力が社会を支える。

POINT 1 仕事とプライベートのバランスがとれる
東京都内の勤務地、大手ハウスメーカーの高品質な社員住宅、奨学金返済支援、男性育休取得率50％以上など多様な福利厚生や東京都水道局と連携した研修制度によりキャリアアップと生活の両立を推進しています。

POINT 2 水源から蛇口まで支える
水源林の保全管理、浄水場の運転管理、水道管路の設計・工事・維持管理、お客さま窓口の業務など、DXを推進しながら、持続可能な水道事業を支えています。

POINT 3 東京都が出資する安定企業
東京都水道局からの業務移転が今後も拡大する成長企業で、将来にわたり経営基盤が安定しています。

新卒採用情報
（マイナビ2026）

東京水道株式会社

〒163-1337　東京都新宿区西新宿6-5-1　新宿アイランドタワー37階　TEL(03)3343-4560(代)　https://www.tokyowater.co.jp/

OTIS

世界で初めてエレベーターの安全装置を発明したのはオーチスでした

Made to move you™

オーチス社は、より高く、より速く、よりスマートな世界で、人々がつながり、豊かになる自由を提供します。オーチス社は、エレベーターとエスカレーターの製造、据付、保守、改修を行う世界的リーディングカンパニーです。世界中で業界最多となる220万台以上のエレベーターとエスカレーターをメンテナンスし、毎日約20億人がオーチス社の製品を利用しています。

世界各地の代表的な建築物に加え、居住・商業施設や交通施設など、「人の移動」が関わる様々な場所にオーチス社の製品は設置されています。米国コネチカット州に本社を置き、約4.1万人のフィールドプロフェッショナルを含む6万9千人の社員を通じて、200を超える国と地域のお客様と利用者様の多様なニーズに応えています。

三菱地所コミュニティ

以前は住み替え前提の「フロー消費型」だったマンション
最近では質の向上や住みやすさから
長く住み続ける「ストック型」へと移行しています
単なるハード面の維持管理に留まらず、技術者としてＩＴ・テクノロジーを駆使し
新たな領域にもチャレンジしています

＼ 社員の**働きやすさ**に自信がある会社です ／

- 入社から**10年間9割の家賃**を会社が負担
- 月に1日好きな日に**15時退社**ができる
- **在宅勤務&ワーケーション制度**完備
- **資格取得支援**も充実

高専の先輩たちが多数活躍中！

公式HPはこちら！

【お問い合わせ先】人事部人事グループ　TEL：03-5213-6122　MAIL: recruit@mec-c.com

Consortium of Design Competition for KOSEN Students

一般社団法人 高専デザコンコンソーシアム

一般社団法人 高専デザコンコンソーシアムは、デザコンの継続的かつ安定的な活動を支援する目的で、2024年8月8日に設立いたしました。

私たちは、高専デザコン を応援しています。

会員企業

三菱地所コミュニティ株式会社、株式会社エイト日本技術開発、株式会社エスパス建築事務所、
株式会社大本組、株式会社ナカノフドー建設、西日本高速道路ファシリティーズ株式会社、
西松建設株式会社、日本国土開発株式会社、株式会社 Panopticon Investment、
株式会社フジタ、エスオーエンジニアリング株式会社、株式会社横河ブリッジホールディングス、
株式会社建築資料研究社／日建学院

（2025年1月末現在、順不同）

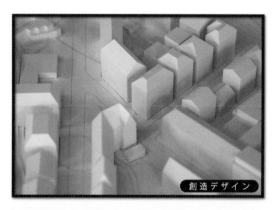
創造デザイン

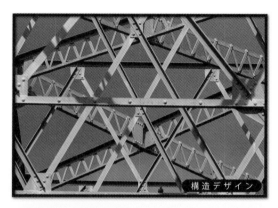
構造デザイン

空間デザイン

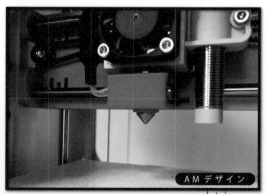
AMデザイン

※掲載の写真はイメージです

お問い合わせ　メディア総研イノベーションズ株式会社　〒550-0012 大阪市西区立売堀1-3-11 ダイタイビル6階